パーパス
ブランディング

鼓動した9つの物語

山田 敦郎
矢野 陽一朗
グラムコパーパス研究班

中央公論新社

目次

※登場する人物の所属や役職は、取材または執筆当時のものです

図表／取材先各社提供、または明昌堂・グラムコ株式会社作成

装幀／グラムコ株式会社

はじめに

【本書は誰のために】

・パーパスによって鼓動した9つのブランド（8つの企業と1つの大学）の物語です。

・それぞれのブランドが、どんな課題に直面し、どう乗り越えたか（乗り越えようとしているか）を、インタビューを通して解き明かしています。

・パーパスの開発にこれから取り組もうとしている経営者や実務担当者のみならず、パーパス導入後に行き詰まりを感じている人たちにも、打開するヒントを提示しています。

・パーパスという言葉に興味を覚えている若い方々（例えばこれから社会人になる学生の皆さん）にも、気付きを与えることが出来るでしょう。

「パーパス」という言葉は、企業経営者やビジネスパーソンの間でよく知られるようになった。

一般の方の認知はＳＤＧｓほどではないかもしれないが、多くの企業がパーパスやパーパスブランディング、パーパス経営を導入するようになったので、導入企業に勤務している人たちは必ず知っているだろう。

2017年の秋だったと思うが、私たちグラムコの提携先であるシーゲル＋ゲールのアジア・環太平洋地域担当プレジデントであるジェイソン・シースラックが、私たちとの共催セミナーの講師を務めるために来日した。シーゲル＋ゲール社は米国最大のブランディングファームにして、欧州や中東、中国にまで展開しているグローバルファームだ。わが友であるジェイソンは度々訪日し、パートナーとしての私たちにいろいろなことを教えてくれた。私が最初に彼らのニューヨークオフィスを訪ね、同社のCo-CEOであるデイビッド・スレアに会って以来（そういえばそれは2008年、リーマン・ブラザーズが破綻した年だった）、私の知る限り、彼らはほぼすべてのプロジェクトで、ミッションではなく「パーパス」を企業理念の最上位に据えて、名だたる企業でのパーパスブランディングで偉大な実績を築いている。

彼はあるホテルの会場で開催したセミナーで、早朝から参加してくださった30人ほどの私たちのクライアントやご招待した企業の方々を前にこう言い放った。

「ブランディングとは企業理念をベースにしている。その企業理念、特にミッションは、多くの人が（長年にわたり）こねくり回した結果、皆が理解出来ないようなものになってしまい、こんなものになぜ時間を使わねばならないのかと、社員はうんざりしてしまっていることだろう。そんなミッションは時代遅れであり早く葬り去るべきだ」

「一方パーパスは、何かが存在したり行われたりする本質的な理由、つまりビジネスを営む理由であり、企業活動の基盤に置くべきものだ」

「パーパスは広く知られた概念に基づいており、どのような文化においても理解されるものだ」

これを聞いた多くの参加者の皆さんは、一様に驚かれたようだ。

ブランディングやマーケティングに詳しい方もお招きしていたので、初耳ではない人もおられただろうが、ほとんどの人が「パーパスって何だ？」という感じだった。

その後私たちのクライアントだった東芝が、一早くパーパスブランディングに着手し、２０１８年10月発表に至る。同時期開発に取り組んでおられたソニーグループも、翌２０１９年１月にグループとしてのパーパスを発表している（第３章で、同グループのパーパス策定にあたって、吉田憲一郎代表執行役 会長 ＣＥＯを広報担当役員として支えた、執行役 専務の神戸司郎さんにお話を伺っている）。

２０１７年、（ほぼ）誰も知らなかったパーパスが、今や次々と日本企業の理念の最上位に位置付けられるようになった。その普及・浸透にいくばくかの貢献をしてきたと自負する私たちとしては、喜ばしく思っている。

ジェイソンがこき下ろしたミッションにも、実は素晴らしいものがある。他方額縁に入れられ動かなくなったミッションや理念があることも確かだ。制定年が古くて今の時代に合わなくなっているケースもあるだろう。もちろん、パーパスと名付けられたものの中に、疑わしいものが紛れているのも残念ながら事実だ。

ただパーパスは、企業にとっても、経営者にとっても、そこで働く社員にとっても「北極星」（変わらない目標の意味）なのだ。パーパスを掲げた企業は、これまでよりも「遠く」を見ることが出来るようになった。また社員の間の距離は、コロナ下でも「近く」なった。

パーパスは「存在意義」なので、より本質的且つ時を超える存在なのである。これを機に、数年サイクルで公表する中期経営計画だけでなく、長期経営計画や超長期の計画を立てるようになった企業も見受けられる。
社員間の距離が近くなった理由は、パーパスを考えるとき、多くの企業がトップダウンではなく、社員の声（ときに全社員アンケートなども行う）を聴いたり、社員にパーパス策定にあたってディスカッションさせるといった巻き込みを図っているためであり、上から降りて来たものではなく、「自分たちがつくった」「自分が関与して出来た」という体験を通して「共感」が生まれ、一体感が醸成出来るからである。

パーパスは、株主第一主義から脱却しようとするステークホルダー資本主義の象徴といえるだろう。企業（や組織）にとってのステークホルダーとは、株主・投資家、顧客、取引先、社員・従業員、地域社会・社会全般などだが、そこには序列というか、優先順位があった。米国の話ではあるが、２０１９年８月、米国主要企業のＣＥＯの団体であるＢＲＴ（ビジネスラウンドテーブル）が、「会社の目的」を「すべてのステークホルダーに価値を提供することをコミットする」としたのは画期的だった。なぜなら、遡ること12年前、１９９７年のBRT声明では、「企業の目的は企業の株主に経済的なリターンをもたらすことである」（つまり株主第一主義）と明言していたからだ。ここで米国の企業は大きく舵を切ったようにみえる。

多くの企業や組織で掲げ始められたパーパス。混迷の時代ではあるが、遠くを見つめて組織一体となり、荒波を乗り越えていくべきときだ。しかし、「うちのパーパス、掲げたはいいが、何も変化が起こっていないぞ」とか「そもそもうちの会社の企業理念の最上位にあるのは、創業者の言葉だ」という企業もあるだろう。後者はそれが企業のアイデンティティになっているので、そこに現代的で動的なパーパスが加わることが望まれる。他方前者では、「パーパスの額縁化」が起こってしまっているので、これを額縁から取り出して、組織の中に落とし込む実践活動を始めなければならないだろう。

本書は、パーパスおよびパーパスブランディングを「前に進める」ために、9つの組織における導入・実践の様子を詳しく紹介するものである。第3章に、「パーパスが鼓動させた9つの物語」と銘打ったのは、極力立体的な構成でパーパスブランディングで何が起こったのかを描いており、ときに落胆したり、ときに歓喜したり、最後に感動するといった起伏に富んだ構成になっているからである。

これからパーパスを策定しようと考えている経営者や担当部署におられる方だけでなく、パーパスは設定したものの手詰まり感を覚え、打開策を模索されている方々にもぜひ参考にしていただければと願う。

詳細を開示下さった8つの企業と1つの大学の皆様の心の広さとご協力に、心から御礼申し上げます。

第1章

パーパスブランディングの過去・現在・未来

1　あらためてパーパスとは何か

日本企業に定着する「企業活動を律するもの」

企業の社会的存在意義を意味する「パーパス」。今このパーパスが日本企業で熱い。

ＳＤＧｓは、国連総会で２０１５年に採択された２０３０年までの達成目標（持続可能な開発のための２０３０アジェンダ）だ。この前にはミレニアム開発目標（ＭＤＧｓ）があり、２０３０年には次の目標が掲げられるだろう。これほど周知されたＳＤＧｓだが言葉としてはいずれ過去のものになる運命だ。

一方パーパスは、あらゆる企業活動の根本を成し企業活動を律する自己定義である。ＳＤＧｓと同じころから徐々に知られるようになった。経営学者のピーター・ドラッカーが提唱して以来、ミッションも四半世紀以上に亘って幅を利かせてきた。それがこれからはパーパスに置き換わるか、パーパスがミッションの上位概念に置かれることになるだろう。

日本に紹介されて以来、パーパスは２０１８年から企業の中に急速に広がりはじめた。その後のあまりにも速い普及ぶりに、筆者はバズワード化して消え去るのではないかと心配したほどなのだが、案ずることはなかった。しっかり企業や組織の中に定着しつつあるからだ。米欧でもすでに着実に浸透し成熟期に入っている。

その企業が存在し、業を営むする理由

パーパスは、一般的に「目的」「意図」などと訳されることが多い。ニューヨーク在住の知人とチャットしていたら、法律専門の辞書には、「パーパスとは、企業が認可を受けて従事する事業活動（the business activity in which a corporation is chartered to engage）」という意味もあると教えてくれた。

本書で採り上げるパーパスは、「存在意義」であり理念体系の頂点にして基盤となるものだ。パーパスを一言で説明すると「その企業が存在し、業を営む本質的な理由」となる。昨今企業家や経営者、ビジネスパーソンが口にするパーパスは、この存在意義のことである。

更に米国のコンサルタントで、ベストセラー『WHYから始めよ！』を書いたサイモン・シネック氏は、同書の中でこう説明している。

「（パーパスは）自分が今していることを、している理由（WHY）。これを明言できる人や企業は少ない。ここで留意してほしいのは、このなぜそうするのかのWHYには、『お金を稼ぐため』という理由は含まれない。それは結果に過ぎない。私がWHYと問うとき、それはあなたの目的、大義や理念はなんですかと尋ねているのだ。なぜ、あなたの会社は存在しているのか？なぜ、あなたは毎朝、ベッドから這いだし出勤しているのか？」

パーパスを理解するには、先の「ミッション」と比較すると分かりやすい。ミッションは企業及び企業経営者が、「当社はこうなりたい」という思いを「企業起点」で表明してきたものだった。だから極端な話、ミッションが「我が社は1兆円企業になりたい！」でも構わないのだ。対してパ

ーパスは、企業活動そのものを「社会起点」で捉え、「社会の中で自分たちの会社はなぜ存在するのか」を深く掘り下げ自己定義するものだ。気候変動による影響や、貧困、不平等、格差など、世界的な問題を解決して、より良い世界をつくるという信念を掲げる「Environmental issue型」のパーパスもあれば、事業を通して社会に貢献するという考えに基づいて組織内の活性化や求心力醸成、価値観共有に重きを置く「Business activities型」のものもある。地政学的なリスクの高まりや緊張状態にある社会情勢など不確実性の高い時代に対応していくためにも、企業活動にとってパーパスは、より一層大切な基軸となっていくに違いない。

時間軸を無限大にするとパーパスになる

パーパスは、長期的な視点に立っているのも特徴だ。第3章では9つの企業・組織に話を聞いているが、その中でセイコーグループの高橋社長が、「経営の時間軸を無限大にするとパーパスになる」と、明快な言葉でパーパスの特性を表現されていた。パーパスを定めると、自分たちが何者なのか、自分たちが目指すところがどこなのか、意志を持って純粋に明示出来るようになったという。「経営がぶれることなく同じ道を目指していける」と言う意味では、経営者は、将来を見通したリーダーシップを振っていくことが可能となるだろう。

出来上がったパーパスは、本書の「はじめに」でも書いたように「額縁に入れて飾っておくもの」ではなく、組織内に「実装」し日々の企業活動に落とし込んでいくべきものだ。ただし、天から降ってきたパーパスを受け取り、上層部から「これでやってくれ」と言われても、社員が我がこととして受け止めるのは困難であり、行動にも移しづらい。だからパーパス開発段階から、社員の声を反映したり、実際の開発セッションに参加してもらったりして、ともに創り上げることが前提となる。

パーパス経営は人を大事にする「共感経営」「人本主義」

プロジェクト工程の初期に実施する「プレリサーチ」では、内なるステークホルダーである従業員にもヒアリングやアンケートなどで十分に意見を聴くことが肝心である（パーパスは社会起点、即ちステークホルダー起点であるから、エンドユーザー、客先・取引先、株主、地域住民や自治体などに話を聞くことも大事だ）。衆知を集めて妙案を得るためにも、組織内のベクトルを合わせるためにも、そして出来上がったパーパスに「共感」を抱いてもらうためにも、早くから従業員を当事者として巻き込んでいくことが肝要だ。自分事化してもらえば、企業のパーパスと、職業人としての個人のパーパスは一致するか近しいものになるだろう。これはエンゲージメントを高める効果が期待できるだけでなく、社員を大切にすることにもつながるはずだ。

今回の9つの物語に登場する1社では、社員からこんな声を聞いた。

「子供のころから当社に憧れていた。大人になったらこんな製品を送り出す側に立って、子供たちに夢を与えたいと思っていた。それができている今が幸せだ」

これは完全に組織のパーパスと個人のパーパスが一致しているケースだ。この社員は会社で自己実現が叶い、恐らく実力も発揮できて、幸福な仕事人生を送れているのではないか。

パーパスブランディングでは、浸透段階でも社員の力が非常に重要だ。

三菱ＵＦＪフィナンシャル・グループでは、ブーストメンバーと呼ばれる、自ら立候補し、社長に任命された60〜70名の社員が、1年間社内のアンバサダーとして活動するという。社員が仲間である社員へ呼びかけていくことで、より多くの人が活動に参加していく流れができそうだ。

企業は人でできている。企業を船、経営トップを船長としたとき、では船長は一人で船を動かせるのかと言えば否だ。船のたとえは第3章でも語られているが、人本主義に立ってパーパスで経営すれば、船は順調に前へ進むだろう。

なお、社員巻き込みプログラムは、まずパーパスや理念体系全体（ブランドビジョン、提供価値、パーソナリティかバリューズを含む）を理解してもらう「共有」プロセス、次いでこのパーパスなどに「共感」してもらうプロセス、このパーパスなどに則って実務に落とし込み成果を上げていく「共創」プロセス、という3段階で実施する。社員とともに創ったパーパスが基盤になっていたら、「共有」→「共感」→「共創」はスムーズに運ぶだろう。

パーパスブランディングで対外発信

ハーパスには発信力がある。パーパスを社内活動に留めることなく、これを最大活用して、顧客や取引先を含む「社会」（海外展開している企業なら「海外市場」を含む）へとコミュニケーションしている企業・組織は好ましい成果を上げている。パーパス＋ブランディングで、発信力をより強化することができる。この機会に、パーパスを端的に伝えられるスローガンを策定する企業が多い。もちろんＶＩ（Visual Identity＝企業のロゴなど）を再整備してもよいし、ブランドスタイル（ブランドの世界観を表す印象形成手法）を開発して発信するのもよいだろう。パーパスを定義するとリブランディングができるのだ。

日本企業・組織におけるパーパス浸透度

では現時点で、どれほどパーパスが日本企業の間に浸透しているか、見てみよう。

２０２０年11月に日本企業の売上高トップ１００社を調べたときは、パーパスを導入している企業は僅か4社だった。２０１９年1月に発表したソニーグループのほか、２０１８年10月に公表した東芝、加えてその他2社が導入していたに過ぎなかったのだ。２０２２年3月、『パーパスのすべて―存在意義を問うブランディング』という本を著者が上梓したころは10社増え、14社になっていた。そして２０２４年11月には45社に達した。僅か4年で11倍である（グラムコ調べ）。キャッチアップが早いのが、日本企業の底力である。

これをもって日本企業全体の45％がパーパスを掲げているとは言えないが、今日、これだけ社会的な存在感が増しているのだから、導入企業の今後のパーパスの舵取りが極めて重要といえよう。つまり宣言のみに終わっていないか、ということだ。パーパスをすでに事業に「実装」しているか、あるいは状態目標を掲げて一歩一歩前進しているかということだ。パーパスを広告のキャッチコピーと捉えている企業は、パーパスウォッシュ企業である。

なお、著者はミッションや企業理念、経営理念を否定しているわけではない。そう称していても、業を営む本質的な理由や社会との向き合い方を明示していれば、それらはパーパスライクなミッションや理念である。さらに社員も巻き込んで掲げた宣言を実践しているのであれば、呼称がパーパスでなくても良いと思っている。

2 パーパスの広がりと時代の変化を振り返る

パーパスの来し方を、時系列で捉えておこう。その浸透・普及を、関連する動きと合わせてみると、パーパスの背景がよくわかる。

また、ここに至る過程を知ることで、パーパスを宣言している企業や組織の経営者には、その重み（責任感）と、果たしていくべきことが何であるかが見えてくるかもしれない。

日本ではまだ新しい概念、新しい言葉と捉えている経営者もいるだろう。広告のコピーではないかと誤解している担当部署（経営企画部、広報部など）もあるだろう。しかし多くの関係者、団体や会議体、学者、何よりも数多の先行企業の経営者が切り拓き積み上げてきたパーパスの本質を知ることで、より真摯かつ前向きな姿勢で、このパーパスに正しく取り組んでいただきたいものだ。

きっかけはリーマンショック

パーパスに対する企業家の関心が高まり始めたのは2008年以降、米国においてである。同年9月、世界に展開する屈指の大手投資銀行、リーマン・ブラザーズが破綻するというショッキングな出来事が起きた。いわゆるリーマンショックだ。世界経済を著しい混乱に陥れた、その発端は米国での住宅バブルの崩壊だった。信用力が低い個人向け住宅ローン（サブプライムローン）の焦げ付きが進んだ結果、それらをまとめた証券化商品の価格が下落し、この商品を大量に抱え込んでいたリーマン・ブラザーズの資金繰りが行き詰まった。そこで、自己資本の充実など、危機に対応出来る国際的な銀行規制の枠組みづくりが行われることになったが、一方で、こうした事態を引き起こした企業の姿勢にも厳しい目が向けられた。不適切なガバナンスや、株主のために短期的に利益を追い求める姿勢に対しての企業への批判が広がったのである。

そこから、企業だけでなく投資家に対しても、中・長期的な企業価値向上を目指すべきであるとの声が高まった。

投資家の行動にも変化

リーマンショックから遡ること2年、2006年4月に、国連は「PRI」(Principles for Responsible Investment：責任投資原則）という機関投資家への原則を公表した。機関投資家の意志決定プロセスや投資方針の決定に「ESG」、つまり環境（Environment)、社会（Social)、企業統治（Governance）という課題を組み込み、受益者のために長期的な投資成果を向上させるという原則だ。このPRIに署名した投資家は、環境、社会、企業統治に関して責任ある投資行動をとることを宣言したことになる。PRIは原則のことであると同時に、署名機関の投資行動を支援するための組織名ともなっている。署名機関数は2024年7月末時点で5296団体／社まで大きく増加している（発足当初からの署名機関である三井住友トラスト・アセットマネジメント㈱のリリース2024年8月付による）。発足当初は僅か30社、2020年には3000社ほどだったから、今やPRIは投資家の世界的原則として定着したといえよう。

国連が主導したＰＲＩなどの動きもあって、機関投資家側も考え方を変えていくことになった。世界最大の資産運用会社である米国のブラックロックも、２００６年当初からこのＰＲＩに署名しているメンバーの１社だ。

米国企業の中でのパーパスの広がり

２００８年以降は、米国でパーパスを掲げる企業が急増することになる。２０１１年９月にヒューレット・パッカード（ＨＰ）の社長兼ＣＥＯに就いたメグ・ホイットマン氏は、就任して間もなくパーパス開発に着手、「HP makes technology work for you to advance the way we live and work ―ＨＰは、テクノロジーを活用して、私たちの生活と働き方を進化させます。」を発表した。同時にブランディングで同社のイメージを一変させた。２０１５年、同社はＰＣやプリンターを扱うＢｔｏＣ企業のHP Inc.と、企業向けサーバ、ネットワーク、ストレージを扱うＢｔｏＢ企業のヒューレット・パッカード・エンタープライズ（ＨＰＥ）の２社に分割されたが、メグがＣＥＯに就任したＨＰＥには、パーパスがおおよそそのままのかたちで引き継がれており（HPE advances the way people live and work. ―ＨＰＥは、人々の生活と働き方を進化させます）、現在まで受け継がれている。

リーマンショック以降、ＨＰのみならず多くの米国企業が、それまでのミッションを書き換えるか、書き加えるかたちで、企業経営の軸にパーパスを掲げるようになった。当初はＩＴ系企業が多かったが、その後はＧＥのような製造メーカー、医薬品、金融機関、航空会社など、業界を問わず、ＢｔｏＣ、ＢｔｏＢも問わず、パーパスがあっという間に全米に広がった。

欧州でもパーパスが広がる

他方2010年、パーパスの宣言は欧州に広がった。

英国・ロンドンに本社を構える世界的な一般消費財メーカー、ユニリーバが、本格的なパーパス経営に乗り出した。「To make sustainable living commonplace. ― 持続可能な暮らしをあたりまえにする。」はあまりにも有名だ。現在も彼らは、このパーパスの追求にあらゆる角度から取り組んでいる。

ロレアルのような世界最大の化粧品メーカーや、シャネルのような世界的に知られるラグジュアリーブランドも例外ではなかった。

ロレアルのパーパスは、「世界をつき動かす美の創造 ― Créer la beauté qui fait avancer le monde.」だ。原文はフランス語だが、丁寧に主要国の言語にコピーライティングされている。英語版は「Create the beauty that moves the world.」だ。現在はマテリアリティと達成度を訴求する美しいパーパスムービーも制作している。

パーパスには次のような解説が付されている。「ロレアルは『世界をつき動かす美の創造』をパーパスとして掲げています。ロレアルが何者であり、なぜ『美』を創造してきたのか、ロレアルの存在はこの言葉により意義付けられています。美は、強い力を持っています」

以下はパーパスステートメントである。これも単なる翻訳ではなく、各国語で作り込まれたコピーが用意されている。世界市場で共感を獲得したいと考えての、丁寧な展開といえるだろう。

美は、創造、革新、自己表現の力です。

自由とエンパワーメントを促す力です。

美は、交流を促し、共有を促進する力です。

垣根を取り払い、コミュニティを一つにする力です。


美は、世界をつき動かし、形づくることができる力です。

美は、私たちの地球とそこに住むすべての人々にポジティブな影響を与えます。

ロレアルは一丸となり、世界を動かすような美を創造しています。

「世界をつき動かす美の創造」

（ロレアルのパーパスサイトより）

SDGsは日本へ。パーパスとともに

ときをほぼ同じくして、米国では2011年、米国の経営学者で、ハーバード大学経営大学院教授のマイケル・ポーター氏が「CSV（Creating Shared Value）共有価値の創造」を発表する。CSVとは、企業が事業を通して、社会価値と経済価値の創出を実現することで成長できる、という考えだ。CSR（Corporate Social Responsibility）とは異なり、企業活動と直結しない寄付やボランティアではなく、事業そのものが利益を生みながら、社会価値を創出するという点が注目された。パーパスと関連深い戦略思考だ。業を通して社会へ貢献するのがパーパスなので、パーパスもCSVの考え方に近いところにあるのだ。

２０１５年９月、ニューヨーク国連本部において、「国連持続可能な開発サミット」が開催され、「我々の世界を変革する：持続可能な開発のための２０３０アジェンダ」が採択された。アジェンダは、人間、地球及び繁栄のための行動計画として、宣言および目標が掲げられた。それは17の目標と１６９のターゲットからなる「持続可能な開発目標（Sustainable Development Goals：ＳＤＧｓ）」であり、２０３０年までにこの目標を達成するよう世界へ呼びかけた。

これもまた、欧米企業（特にＥＵ諸国と英国）が矢継ぎ早にパーパスを掲げていくきっかけになっている。

このＳＤＧｓは、日本の国家的政策として、強力に普及浸透が図られていく。日本政府は２０１６年５月には当時の安倍総理を本部長、全閣僚を構成員とする「ＳＤＧｓ推進本部」を設置した。政府はまず、２０１６年12月にＳＤＧｓ推進のための中長期戦略である「ＳＤＧｓ実施指針」を策定。取組みを加速させるため、全省庁による具体的な施策を盛り込んだ「ＳＤＧｓアクションプラン」を適時策定し、民間セクター、ＮＧＯ／ＮＰＯ、有識者、国際機関、各種団体など広範なステークホルダーが集まる「ＳＤＧｓ推進円卓会議」も立ちあげるなど、その普及と伝播に力を注いだ。経団連なども会員企業に対して強く働きかけてきたし、政府は大手広告代理店を起用して、企業だけでなく一般国民にも広めるよう努めた。

その甲斐あってか、ＳＤＧｓは短期間のうちに日本人のコモンセンスになった。

この頃すでに欧米ではパーパスは常識化していたが、このＳＤＧｓが日本に急速に浸透したことで、パーパスの普及も後押しされたと考えてよいだろう。そして２０１８年から、日本企業のあいだでパーパスの宣言が、次々と行われるようになる。準備に１〜２年掛かったとしたら、２０１６、

2017年あたりからキャッチアップしていたということになる。

一企業がSDGsの17の目標すべてに対応していくことは不可能だ。事業を通して、どのような目標とターゲットに注力していくかは決めなければならない。パーパスを、その際の指針や裏付けにすることも出来る。どのような企業のパーパスも、サステナブルな未来を見据えて策定されているはずなので、SDGsへの取組み方の軸にもなるからだ。

ブラックロック・レターの影響

世界最大の資産運用会社であるブラックロックのローレンス・D・フィンク会長兼CEOが、投資先大企業の経営者に宛てて毎年1~3月に送るブラックロック・レターは、2018年から2020年にかけての書簡で、パーパスや企業理念の重要性を説いたことで有名だ。2022年には、株主だけでなく、顧客、従業員、取引先企業に加えて地域社会や環境までを含めたあらゆるステークホルダーに対して、長期的、継続的に利益を還元することを目指す「ステークホルダー資本主義」に立脚しつつ、すべてのステークホルダーから価値を認められる企業になるべき、と経営者に呼びかけた。2023年には「従業員との絆を築くことが出来る経営者は成功する」「企業文化の醸成が大事」などと強調。2018年以降の書簡では、常に環境問題、ネットゼロ、サステナビリティなどについて触れることを忘れていない。2024年のレターは近年ではもっともページ数が多かったが、インフラ、債務、リタイアメントの老後資金にフォーカスしていて、自らのパーパスを実現していく姿勢を見せている。ミレニアル世代やZ世代などの若い人たちが、「世界の未来に希望を見出すのが困難」であり「人生に目的を見出しづらくなっている」とも指摘して、若者世代へも注意深く目を向けるよう警鐘を鳴らしている。ブラックロックのパーパスは「To help everyone experience financial well-being ― より多くの方々が豊かな生活を送ることができるよう、サポートすること（彼らの日本語サイトにある日本語のパーパス）」である。

このレターを受け取った投資先経営者は、彼の声に聴く耳を持つのである。

BRTの声明がステークホルダー資本主義を表明

2019年8月、米国の主要企業のCEOで構成する団体、ビジネスラウンドテーブル（Business Roundtable＝BRT）は、同団体が1997年の声明で公表した「株主資本主義（株主第一主義）」を修正し、「ステークホルダー資本主義」への転換を宣言した。具体的には、次のように「会社の目的に関する声明（Statement on the Purpose of the Corporation）」として公表している。

- この声明は、1997年の声明にとって代わり、企業の責任に関する現代的な基準を示したものだ。
- 具体的には、BRTはすべてのステークホルダーに対する基本的なコミットを共有する。
- それは、顧客、従業員、供給業者、地域社会、株主に対するコミットである。すべてのステークホルダーが必須の存在であって、企業、地域社会、すべてのステークホルダーに対して価値を提供することをコミットする。

さらに企業は自社の利益の最大化だけでなく、パーパスの実現も目指すべき、と表明した。

また、翌年の2020年のダボス会議の場でも、企業は株主利益の最大化だけでなく社会全体にも資するべきで、企業が持つ能力とリソースは、収益の獲得だけでなく社会全体の課題（所得の不平等、社会の分断、気候危機など）を克服するための取組みにも振り向けるべきだとする「ステークホルダー資本主義」が議論された。当時話題になったのは、45代アメリカ合衆国大統領だったドナルド・トランプ氏と若き環境活動家、グレタ・トゥーンベリさんの対決だったが、会議自体はパーパスを後押しする大きな動きに繋がった。

ダボス会議は「世界経済フォーラム」（The World Economic Forum＝ＷＥＦ）の年次総会で、例年1月にスイスのリゾート地、ダボス・クロスタースで開催される。世界のリーダーが結集し、経済・政治・社会の課題について意見を交わす場となる。

コロナウイルスがパンデミックに

世界保健機関（ＷＨＯ）は、2020年1月末、新型コロナウイルス感染症について、「国際的に懸念される公衆衛生上の緊急事態」を宣言した。その後、3月11日にはこの世界的な感染拡大を「パンデミック」とみなせると表明した。

経済活動は著しく停滞したが、日本では2020年の2～3月頃から、各企業がリモートワークなどを取り入れながらビジネスを続けた。大学や行政機関もこれに同じであった。

海外はおろか国内出張もままならない状況で、私たちの会社でも、ほぼすべての業務がオンライン上で行われた。ブランディングのリサーチで実施するインタビューも、パーパスを検討するための社員セッションも（30名以上が参加するセッションも経験したが、オンライン上で幾つかのグループに分かれたり、また集合したり、とオペレーションが大変だった）、ロゴデザインやブランドスタイルのような視覚的な提案までＴｅａｍｓやＺＯＯＭやＧｏｏｇｌｅＭｅｅｔに頼らねばならなかった。

当社に限ったことではなく、不可能と思えるようなことを、皆がデジタルの力でやってのけたのだ。それも国境を越えて。

２０２３年５月、ＷＨＯはコロナの緊急事態終了を発表。発出から３年３カ月が経過していた。このパンデミックを経て、明らかな変化があった。

企業と顧客の繋がりでいえば、「共感の重要性」が高まったと言われている。パンデミックの間、多くの消費者は不安や孤独を感じる状況にあった。企業は製品やサービスを売るだけでなく、消費者の気持ちに寄り添う姿勢を示し続けた。飲料や食品などのキャンペーンでとりわけこうした傾向が強く打ち出されていた。企業は自社のパーパスを明確に伝えるコミュニケーションを増やし、社会的な価値や持続可能性に繋がる活動をより一層強調するようになった。

アンハイザー・ブッシュ・インベブという世界的な酒類会社の子会社、アンハイザー・ブッシュ（ビールのバドワイザーブランドを傘下に持つ）は自社のパーパス「人々を結びつけること—We exist to bring people together」に則り、ロックダウン中にオンライン飲み会を開催したり、休業中のレストランシェフの料理教室動画を配信したりした。パンデミック直後には、自社工場で消毒用アルコールを生産して医療機関へ寄付を行い、献血活動をスタジアムを借り切って展開した。ＬＶＭＨも、自グループが持つ香水工場のラインを使用して、やはり消毒用アルコールを製造した。日本でもシャープがいち早く、不足していたマスク製造に乗り出し好感度を高めた。

（アンハイザー・ブッシュはコロナ禍が収束したのを機に、現在はパーパスを「To create a future with more cheers」に変更している）

パンデミックは企業や個人が社会との繋がりを再認識する契機となり、パーパスがより具体的かつ社会的責任に基づくものであるべきとの認識が深まった。

さらにパーパスが、外部とのコミュニケーションや社会貢献の指針として、より一層機能するようになったともいえるだろう。いわば「共感」でステークホルダーと企業を繋ぐ架け橋になった（ただし、行動するパーパスだけが共感形成に寄与するとも言えるのだが）。

またパーパスは、組織内部にあっては、リモートワークなどで距離感が出来、一体感の薄れがちな人々を繋ぐ「絆」として、機能するようになったとも言えるだろう。

3　パーパス経営とパーパスブランディング

パーパス経営とは何か

パーパスは前述したように、企業理念体系の最上位に位置する、企業活動の「軸」や「基盤」となるものだ。そして、それは長期的、超長期的なものとされる。パーパスには社会課題に向き合い、その解決のために自社が存在するのだという壮大なプランが込められているので、短期で到達出来るはずがないからだ。

・パーパスに則した行動をとり、実体化させていく
・長期的、超長期的な視点を持つ
・環境・社会に資するだけでなく、利益に資する経営を志す
・すべてのステークホルダーに配慮し共感を獲得する
・社員・従業員の気持ちを束ね、モチベーションを最大化する

このような点を心掛け、追求していく経営手法がパーパス経営だ。特に1つ目の「行動して実体化させること」と最後の「社員の気持ちを束ね、モチベーションを最大化させるために巻き込みを

図っていくこと」が重要である。

トップが交代するたびにころころ理念が変わるといった現象は、かねてからよく見かける光景である。過去の理念を消し去ればよいものを、そのまま残していると、一社に理念が幾つもある、という状況が生まれる（事実、そういう複数理念の会社は意外と多い。歴史ある企業が多いからだろうか）。社員はどの理念の方を向いて仕事をしていいのか分からず混乱する。分かりやすい言葉で、かつ本質的に、「なぜ自社はこの業を営み、存在しているのか」、そして「なぜ自分はここで働いているのか」という問いに答えられるような「共感」を呼ぶパーパスを掲げて、リーダーたる人は社内・グループ内を束ねていかねばならない。

しかし数年置きに中期経営計画を書き換えて、その計画を標榜するスローガンをかざし、短期的な利益を追求するような近視眼的な経営をしていては、幹部も社員も疲弊してしまう。

社員を巻き込み、歩調を合わせ、パーパスと言う「大義」の下にパーパスの実体化を果たしていく、足元だけでなく「遠く」を見ていく経営がパーパス経営なのだ。

換言すれば、人を大切にし、中の人にも外の人（社会）にも「共感」してもらえる経営と言えるだろう。これを「共感経営」と換言しても良い。

ユベール・ジョリー氏という米国の世界最大の家電量販店「ベスト・バイ」の元CEO（現在はハーバード・ビジネススクールで教鞭を執る）が執筆した『ハート・オブ・ビジネス』（英治出版）という本がある。副題は「人とパーパスを本気で大切にする新時代のリーダーシップ」だ。初版の帯には「人こそがビジネスの核心」とある。邦訳版は、2022年7月に出版された。

業績不振で先行きが危なくなっていたベスト・バイを、一人のリストラもレイオフもせず立て直した背景がつまびらかに明かされた本だが、ジョリー氏がその中で伝えたかったこととは次のような点だ。

・人間中心の経営

従業員を単なるリソースではなく、個々の意欲や目的意識を持つ存在として尊重し、彼らの可能性を引き出すことが、結果的に組織の成功につながる。

・パーパスの明確化

企業は社会における自らの存在意義を明確にし、それを組織全体で共有することで、従業員のモチベーションやエンゲージメントを高めることが出来る。ちなみにベスト・バイのパーパス（彼らはこれをノーブルパーパス＝大いなる存在意義と呼ぶ）は「テクノロジーを通して暮らしを豊かにする」である。もしパーパスが「店舗ネットワークを通して、顧客に満足していただける家電を販売する」というような、これまでやってきたことの延長線上にあるようなものであったなら、再生に成功しなかったかもしれない。設定された新しいパーパスは、これまでの家電量販店と言う業態を超えていくものだった。提供価値が転換されたのだ。パーパスは「大いなるもの」であるべきである。

・利益よりも人とパーパス

短期的利益追求よりも、従業員や顧客との深いつながりと明確なパーパスを重視することで、長期的な成功と持続可能な成長を実現出来る。

・ヒューマン・マジックの開放

従業員一人ひとりの意欲や創造性を引き出す「ヒューマン・マジック」を開放することで、組織全体のパフォーマンスを向上させることが可能である。

パーパス経営にも様々な捉え方があるが、ジョリー氏はフランス出身で、マッキンゼーで敏腕を振るったのち別の企業の経営を軌道に乗せ、そののちベスト・バイのCEOに就かれ立て直しに成功した人である。凄いことをやってのけた人だ。しかしそのようなパワフルな印象とは真逆の、穏やかで温厚そうな人柄でもある。ジョリー氏は「人中心主義」「人本主義」のパーパスを貫いた経営者だった。

パーパスブランディングとは何か

「パーパス」＋「ブランディング」と2つの語が一体化されているので、そもそもブランディングとは何か、というところから紐解いておきたい。

ブランディングはブランドにingが付いている。ブランド戦略ではなく、「ブランディング戦略」という表現をよく目にするが、本当は「ブランド戦略」でないとおかしい。

ブランドは、卓抜性、広知性、独創性、伝説性を兼ね備えていないといけない、と当社では説明してきた。そして競合他社との差異化を図ったうえで、BtoCにせよBtoBにせよ、顧客から共感され、選択され、愛されるものである。ブランドによる価格プレミアムも生み出されなければならない。値引きをしなくても買っていただけるものであり、正当な利益を製品・サービス提供者は得るべきである。

企業をブランド化することには多くのメリットがある。そのことによって、コーポレートブランド（企業のブランド）が傘下の事業や製品・サービス群を保証して、それぞれの価値を押し上げてくれる。これはグループブランドを構築して、傘下の事業会社をエンドースする場合も同様である。こうしたブランディングの施策によって、リピーターやファンを増やすことも出来るだろうし、BtoB企業でもコンペティションで勝機を得やすくなるだろう。

また、ブランド化した企業はよい人材を採用しやすくなる。社員が自社に対しての誇りを持ってくれれば、顧客へのサービスが向上したり、生産性が上がったりすることも期待できる。

こうした、ブランドを「生み出すプロセス」または「プロデュースする作業」「管理して発展させ維持・活性化させる活動」がBRAND＋ING＝ブランディングなのである。ingには動詞を名詞化する機能と、現在進行形の意味があるが、この場合はブランドを構築する行為という意味で捉えると、名詞化のために付したingということになる。ただしブランド構築の活動は本質的に継続的なプロセスだから、現在進行形のニュアンスも含まれているともいえるかもしれない。

コーポレートやグループではない個別製品にも、もちろんブランド構築は可能である。「新製品をブランディングする」「飽きられてきた古い製品をリブランディングする」などという表現はよく耳にする。これらも、新製品ブランドを創り出していく、古くなったブランドを活性化させていく、という意味に捉えれば、なぜブランディングというのかおわかりになるだろう。

ブランド戦略は、付加価値をもたらしつつ顧客との強い絆づくりを支援して、長く愛されるように仕向けていく戦略だ。

そこで「パーパスブランディング」と表現したときの意味は、こうである。

パーパスブランディングとは、社内を巻き込みながらパーパスコンセプトを創り上げ、それを先ず社内・組織内の社員・従業員に知ってもらい、次いで広く社会の人々に認知してもらい、皆から「共感」を獲得すること。そのことによって企業価値を向上させることだ。短く表現するなら、「パーパス開発・発信による社内・社会からの共感獲得プロセス」と言っても良いと思う。

ここからは、社外発信を中心に据えてまとめてみよう。

社会の人々の中には、BtoBなら企業顧客、BtoCであれば消費者がいるわけだが、それ以外にも投資家・株主がいるし、地域社会や行政もある。社会からの賛同や共感を獲得するためには、それぞれのステークホルダーに対して、フィットする方法で訴求することだ。

顧客企業や取引先やユーザーに共感してもらえれば、ビジネスにもプラスになるだろうし、消費者との接点でパーパスを発信すれば、「私にこういうことをしてくれるのか。ならば友達になってみよう」とSNSでつながるかもしれない。とりわけZ世代の若者たちやミレニアル世代の人たちは、パーパスを実践している企業への好感度が高いという調査結果も出ている。

新卒採用、キャリア採用ターゲットの心にパーパスが刺されば、自分も仲間になりたいと思ってくれるだろう。2023年調査（2024年卒業予定の大学生）によると、学生のパーパスを持つ企業への好感度は高く、就職活動において、当該企業のパーパスを知ると、志望度が上がることが判明している。

——パーパスを制定する企業に持つ印象は？

好感が持てる34・7％＋どちらかと言えば好感が持てる34・4％＝69・1％

——就職活動において、パーパスを知ると志望度が上がりますか？

志望度が上がる26・9％＋どちらかと言えば志望度が上がる32・5％＝59・4％

（就職・転職情報事業を展開する「株式会社学情」調べ）

内なるステークホルダー、社員・従業員

何より重要なのは、内なるステークホルダー、従業員である。パーパスブランディングは、「共感」を集めて企業にとっての支持者やファンを獲得していくという考え方だが、企業を前に進めるためには、内なるファンを増やし、彼らのモチベーションを高めていくことが大事だ。

パーパスを決めただけでは何も変わらない。それを使って社内を動かすことが重要である。北極星を明確にしたら、誇りを胸に、足並みを揃えて、皆で高みを目指していく。そのためには、社員とパーパスを共有し、そのパーパスに共感し、最終的にはパーパスと自分の仕事や役割を結び付けて目標を達成したり、パーパスに沿った社会課題を解決出来るような新たな製品を開発したり、パーパスの人として仕事仲間や顧客や地域社会に語り掛けてくれるようになるだろう（いわゆるエバンジェリスト＝伝道者になってくれるのだ）。社員一人ひとりの意欲的な取組みは、今問題になっている労働生産性の向上にも好影響をもたらすのではないか。

パーパスで企業にも社会にも貢献出来た人のための、表彰制度も必要だろう。パーパス大賞を設けている企業もある。こうした表彰には推薦人が必要だ。むろん自薦でもいいし、推薦する人は上司でも部下でも同僚でもいいのだが、たとえばスマートフォンからも閲覧できるようなスペシャル

サイトを立ち上げて、全社員投票で決めるなど、様々な取組みが出来るだろう。これもインターナルブランディングといえる。

言葉にする、ロゴにして見せる

パーパスで変革を組織内に起こしたいとき、変革の旗印を目に見えるカタチで示すという効果的な手法もある。

ほぼすべてのパーパス導入企業では、パーパスや提供価値やバリューズ（パーソナリティ）を決定したあと、パーパスブックを作成して全社員に配布、イントラネット上にパーパスサイトを立ち上げるなどの取組みをしている。さらに社内の士気高揚と対外発信力強化のためにブランドスローガンを開発したり、スローガンロゴをつくったりしている。スローガンはパーパスやパーパスステートメントを端的に表したものなので、特に対外的に発信する際、直感的に理解してもらえるという効果が期待出来る。

さらに進化を表現するため、パーパスロゴの色を変えたら？　誇りを持てるようなカッコいいパーパスが出来たのだからロゴ自体も変えてしまったら？　額縁に入った古い理念を棄てて、現代的で誰にでも理解出来るパーパスに変わったのだから、新しい酒（パーパス）は新しい革袋（VIやロゴ）に盛れ、ということになるかもしれない。

ブランドスタイルを構築するのも効果的だ。ブランドスタイルとは、VIやロゴだけでは見せることの出来ない、ブランドの世界観を表現する手法だ。

4　米国、欧州、日本で違うのか

米国に端を発したパーパスは、2年と経たないうちに欧州に広がった。そこから7〜8年のタイムラグがあって、日本にも伝播してくるわけだが、それぞれの国や地域で多少異なる性格を持っている。

米国流のパーパスとパーパスブランディング

2011年に発表されたHPのパーパスは、「HPは、テクノロジーを活用して、私たちの生活と働き方を進化させます。」というものだった。内容は至って分かりやすく平明なものであり、HPEへも「HPEは、人々の生活と働き方を進化させます。」と微修正されただけでほぼ継承された。今となっては普通のワーディングに見えるが、当時のIT業界においては、「HPがそういうことを言うのか！」という驚きさえあったようだ。

当時組織としても様々な課題を抱えていた同社は、メグ・ホイットマン社長兼CEOの「いち早く社内を一枚岩にしたい」との強い思いもあり、急いでいた。そのためトップがイニシアティブを執って、このパーパスブランディングを素早く進めたということだ。

米国のパーパスブランディングに独特のパターンがあるとすれば、（ブランディングに限ったことではないだろうが）トップダウンで進められることが多いというところだ。ただし決定後は、インターナルブランディングで組織内にくまなく（それもグローバルに）浸透させていくことには時間もお金も掛ける。

米国のパーパスブランディングの最近の例として、コロナ下に実施された２０２１年の事例を見てみよう。

米国の事例 ― ＣＶＳヘルス

米国のＣＶＳヘルスという企業は、米国に駐在経験のあるビジネスマンや頻繁に米国出張や旅行をする方ならご存じだろうが、あまり日本人には馴染みのない名前かもしれない。ＣＶＳと聞いてコンビニエンスストアを想像する人もいるだろう。

米国人には認知度は高いそうだが、小さなコンビニ機能が付帯しているドラッグストアというイメージで、それ以上でも以下でもない店として受け止められていた。

しかし同社は、２０２４年度フォーチュン５００ランキングの10位に入る、売上高９４８・78億USドル（２０２４年12月あたりのレート、１ドル１５５円で日本円に換算すると14兆７０６０億円）の巨大企業なのだ。

以下、ニッセイ基礎研究所の２０１８年２月のレポートから引用させていただく。

「２０１７年12月、米国ドラッグストア業界大手のＣＶＳヘルスと医療保険業界大手のエトナが経営統合すると発表した。ドラッグストアと医療保険会社とは一見、何の関連もないように感じられるが、米国では極めて影響のある組み合わせで、この統合が実現すれば、米国ヘルスケア市場の風景を変える可能性があると見られている。

統合会社は規模が拡大して対製薬会社の薬価交渉における交渉力が強化される。

またドラッグストア内にミニ診療所を設け、在宅ヘルスケアサービスの提供も行うなど、医療関連サービスに積極的なCVSヘルスと医療保険会社エトナが統合することにより、ヘルスケアコストを高める方向に動きがちな医療プロバイダーである『病院』『製薬会社』と対峙する、消費者サイドに立つヘルスケアサービス業者が誕生することになる。

またこの統合は、ヘルスケアへの関与を強めつつあるアマゾンへの対抗策としての側面も色濃く有している」

このCVSヘルスはドラッグストアを主事業としており、同業のドラッグストアの買収に乗り出し、さらに健康関連事業として、クリニックやケア事業、そして保険事業までも手中に収め、今なお規模的成長を目指している模様だ。

この企業は、1963年、マサチューセッツ州ローウェルに、健康・美容製品を販売する「コンシューマバリューストア」という店を出したところから始まっている。その店名（社名）が1年後、CVSに変更されているが、もともとの店名 Consumer Value Storeの頭文字を取っており、コンビニエンスストア由来というわけではなかったのだ。

そのCVSヘルスは、2021年7月、以下のようなプレスリリースを出した。

「過去数年にわたり、私たちはパーパス志向の企業であることによって、経営陣から最前線にいる従業員に至るすべての人たちが、顧客のニーズと顧客に最も重要な問題の解決に集中し続けられることを目の当たりにしてきました。店頭からタバコを撤去することから、何百万人もの人々にCO

VID-19（コロナ）のワクチン接種を行うことまで、私たちのパーパスは私たちの北極星でした」
「本日、私たちは新しいパーパスステートメント『お客様の健康のあらゆる瞬間に心を込める（Bringing our heart to every moment of your health）』を導入します。新しいパーパスステートメントは、アメリカを代表するヘルスケアソリューション企業として、私たちがこれまで歩んできた道とこれから向かう道を思い出させてくれます。（中略）お客様の健康のあらゆる瞬間に心をこめて対応することが、当社の未来へのコミットメントであり、お客様、従業員、ステークホルダー一人ひとりへのコミットメントです。当社の新たな目的についてさらに詳しく知り、社長兼最高経営責任者であるKaren S. LynchのLinkedInのメッセージ（略）をお読みください。」

なお、ビジネスの世界で使う「北極星」とは、「私たちの変わらない目標」「すべての関係者がコミットする目標」という意味である。北極星は北極の真上に位置し、動かないように見えるため、そう例えるのだ。

シンボルマークは、角が丸くなった直線で構成される、特徴的なかたちの赤いハートだ。前述のように、タバコを店頭から撤去する、あるいはコロナワクチンの接種を何百万人の人に対して行う、といった社会的な行動を起こして、ヘルスケアソリューション企業としてのパーパスを体現化させている。

ヘルスケアが軸であるとはいえ、多様な業態を吸収していくと、当然アイデンティティは希薄化し、人々の印象にも残りづらくなる。そこで大きく拡張した事業を括って、1つのエンドースブランド（保証の印）として認知してもらい、共感してもらうために行われたブランディングと言ってもよいだろう。

どこが米国型かといえば、トップのリーダーシップが透けて見えるところと、異種混合の巨大組織を纏めていこうとするパワーが感じられるところだ。良い意味で、ビジネス成長の起動力としてパーパスを最大限活用している。

このパーパスブランディングを経て、薬局事業の収益が22％増加したという。また、最優秀ブランド進化賞（北米トランスフォームアワード）やPR WEEKのブランディングキャンペーン年間最優秀企業に選ばれたとの報告もある。

欧州流のパーパスとパーパスブランディング

SDGsの平均達成度ランキングで、2024年の1位はフィンランド（86・4）、2位はスウェーデン（85・7）、3位デンマーク（85・0）、4位ドイツ（83・4）、5位はフランス（82・8）であった。数字は持続可能な開発目標（SDGs）をどの程度達成しているかを示す指数スコアである。ちなみに米国は46位（74・4）と低調であり、日本（79・9）は前年の21位から順位を上げて18位となっている。（「持続可能な開発ソリューション・ネットワーク：SDSN」の調査による）

これを見ても分かるとおり、欧州各国の平均達成度は総じて高い。1位から24位（オランダ）までは、日本を除くとすべて欧州勢が占めた。とりわけ常に最上位に入る北欧諸国は、環境や人権問題などに関心が高く、このランキングでは優等生だ。

その意味で、欧州は米国よりもパーパスと社会課題の解決が、より強く結びついているといえるだろう。とりわけエクスターナルブランディング／コミュニケーション（顧客や社会に向けたブランド発信）においては、この側面がより強く出ているといえる。

ユニリーバ、ロレアルやシャネルなどの例は先に挙げたとおりだが、たとえばＢｔｏＢ企業で概観すると、ドイツのシーメンス（Siemens AG）や化学会社のＢＡＳＦ、英国の金融機関バークレーズ（Barclays）などが目立つ。

シーメンスのパーパスは、「毎日を変革させる技術の創造」。統合報告書などでよく嚙み砕いて、どう製品開発と結びつけているのかを分かりやすく説明している。パーパスブランディングでは意欲的なクリエイティビティを発揮しており、ブランドスタイルの整備や発信が上手く出来ているためインパクトが強められている。

ＢＡＳＦのパーパスは、「私たちは持続可能な未来のための化学を創造する」。このパーパスに則ったアクションプランを明示している。バークレーズのパーパスは「よりよい経済的未来のために協力する」。多様な顧客をサポートする体制がしっかり構築出来ていて、パーパスをビジネスにうまく落とし込めていると評価出来る。

いずれも大企業なので、ビジネスが多様化しており、パーパスも大きく抽象的になりがちではあるが、掲げたパーパスはしっかり事業に実装されていることが窺える。

パーパスが先に出来て、それに準じた事業を営む会社を興す、というようなベンチャーの事例も珍しくないようだ。イギリスの靴製造会社、ヴィヴォベアフット（Vivobarefoot）や、フードロスの削減に努めるべく近隣住民とのリユース品交換や余剰食品シェアに取り組むオリオ（Olio）はいずれもスタートアップ企業だが、それぞれ「パッディングを減らして、フィーリングを高めた世界を実現する」「ごみを減らすことで気候問題を解決する」というパーパスを掲げている。ヴィヴォベアフットのシューズは、人の足裏が本来持っている優れた機能を引き出すために、これまでのウォーキングシューズの流れに逆らって、極力パッドを少なくした製品を開発・販売して好調だ。

米国企業もインパクトレポートなどを公表して着実に投資家や社会にアピールしているが、消費者や顧客が感じる企業像としては、まだパーパスと深く結びついたブランドとして認識されていないように思う。そうした中で、CVSヘルスはウェルネス関連のブランドという立ち位置から、禁煙推進に強い姿勢で取り組んだり、コロナ下ではワクチンの接種で貢献したりするなどのファクトを背景に、コミュニケーションのトーンは欧州型に近い。

欧州の事例 ― オーステッド

デンマークのコントラプンクト（Kontrapunkt）は、2019年以来、私たちグラムコの欧州におけるアライアンスパートナーである。創設者のボー・リンネマンさんはとても人間的な魅力に溢れた人物であり、コペンハーゲン発の世界的なブランドクリエイティブエージェンシーの優れた経営者であるとともに、ひたむきなクリエイターだ（日本酒好きの我が友でもある）。

1980年代からデンマークの多くの官公庁や、国際的企業のデザインを手掛ける同社は、フォントデザインに始まって、モーションググラフィクスなどの先端的デジタルデザインやブランド戦略まで幅広く手掛けている。日本においても、三菱自動車やデンソー、アシックスなど多くの実績を持つ。

同社の実績から1つ紹介させてもらおう。それが「オーステッド（Ørsted）」だ。

オーステッドは、カナダのメディア・投資調査会社「コーポレート・ナイツ」による「世界でもっともサステナブルな企業100社（グローバル100インデックス）」で、ここのところ常に上位

オーステッド本社（デンマーク フレデリシア）

にランクインするグリーンエネルギー企業だ。

　コントラプンクトのクリエイティブディレクターを務めるフィリップ・リンネマンさんは、その名前からも分かるとおり、ボーさんの子息であるが、きわめて論理的に物事を語れると同時に、コンセプト構築や最新のテクノロジーを駆使したデザインを含む万能のトータルディレクションで、クライアントを魅了している。そのフィリップさんが、オーステッドのプロジェクトについて説明してくれた。

「２０１７年、デンマークで１００年以上の歴史を持つＤＯＮＧエナジーのＣＥＯから声が掛かりました。『大胆なミッションがあるんだ。ブラックエネルギーを扱う企業から、グリーンエネルギー企業へと完全に生まれ変わることにしたんだ』、そう打ち明けられ、企業としての完璧なリブランディングをしてほしいと依頼されました」

「同社の当時のイメージは、赤と黒のブランドカラーを使っていて、ちょっと近づきたくない企業に見えていました。そもそも社名のＤＯＮＧエナジー（Danish Oil and Natural Gas—デンマーク石油天然ガスの頭文字から命名）も重たい印象がありました」

　変えるべきことはたくさんあったが、ではその改革にどこから手を付けるかが重要だ。

　フィリップさんのチームは、まずパーパスプラットフォームという土台をつくるところから始めた。プラットフォームには3つの質問が用意されている。①企業にどんなチャレンジがあるのか、②そのチャレンジに対するパーパスは何か、③どのようにチャレンジを克服していくのか、というこれらの問いに、セッションを行って答えを出してもらった。

それは、

①Our Challenge：居住可能な地球を維持するために実行動をとる必要がある

②Purpose：グリーンエネルギーだけで稼働する世界を創る

③Mission：グリーンで独立した経済的に実行可能なエネルギーシステムを開発する

という内容で纏まった。

このブランドコンセプトとでも呼ぶべき基盤をもとに、社名をDONGエナジーからオーステッド（Ørsted）へと変更。この新社名はデンマークの著名な物理学者、ハンス・クリスティアン・エルステッドにちなんだものだ。社名を改めるのは必然だった。同じエネルギーとはいえ業態が全面的に変わったからだ。2017年中には同社の石油ガス事業を英国の企業に売却したので、もうオイル&ナチュラルガスではなくなったのだから。

2013年ごろからシーメンスなどと組んで、大きな洋上風力発電所を建設してきたので、ここに至るまで徐々に舵を切ってきたのかもしれない。

オーステッドが取り組む風力発電

フィリップさんは言う。

「デンマークならではの自然の力を表現するロゴに変えました。新たなパーパスと社名とロゴにすると、おのずと従業員が自社への誇りを高めてくれました」

従業員や顧客・社会へ、コンセプトが正しく伝わるように、且つ伝達速度が速まるように、可視化されたブランディングの部分も、VI変更やブランドスタイルの構築を通して訴求しているのだ。

Ørsted

オーステッドのロゴ

コミュニケーションのキーワードは『大胆な/Bold』『楽観的な/Optimistic』『独創的/Inventive』にした。バリューズやパーソナリティにも当てはまるワーディングだ。

デザインもウェブサイトも、コミュニケーション全般が洗練されていて、ロゴと合わせて開発されたオリジナルフォントも、あたかもデンマークの風を感じるようだ。

「コミュニケーションも、一方通行ではなく、消費者がそのパーパスやビジョンを一緒に達成しようと感じられるように仕向けなくてはなりません」

オーステッドは今やこう誇らしげに自分自身を紹介している。―オーステッドは、洋上風力発電の世界的リーダーであり、世界最大の再生可能エネルギー企業の一つです。―

「2050年のターゲットに見合ったパーパスをつくっていない企業は、ぜひそれを設定し実行してほしいですね」。フィリップさんはそう締め括った。

2015年のパリ協定を起点として、2021年現在125か国1地域が2050年までにカーボンニュートラルを実現することを表明している。日本もこの中の1国である。米国のトランプ大統領はこの協定からの離脱を決めてしまったが……。

日本のパーパスとパーパスブランディング

第3章を読んでいただければリアルに理解してもらえると思うが、ここでは日本におけるパーパスの取組みを概観しておきたい。日本は海外から積極的に様々な理論や手法を学び採り入れるが、日本の文化と風土に合わせて絶妙の解釈替えを含む調整を加えていくところがある。それは磨きを掛けるようなやり方だ。かつてのコーポレートアイデンティティ（ＣＩ：Corporate Identity）もそうであったし、全社的品質管理（ＴＱＣ：Total Quality Control）などもそうだった。

・社員巻き込み型で社内活性化へ活かす

日本版パーパスブランディングは、米国でトップダウンが多いことと比較すると、実行決定者や最終決裁者はトップ（ないしは取締役会や経営会議）であるが、他の要素を含むパーパスコンセプトは社内の中堅若手から構成する選抜チームでセッションを開催して案出することが多い。その前段階で実施するリサーチにおいても、社員の声を広く（ある場合には全社員から）集めている。

セッションでまとめたパーパス案は、この活動を推進するプロジェクト担当部署が、時には外部機関の力も借りながらブラッシュアップして、経営会議や取締役会へ提出し、最終承認を受ける。

欧米と日本でパーパスの解釈が異なるわけではないが、リサーチやセッションを通して社員の関わり方の深さが違う。日本では、企業活動や組織の活性化を目論んで、パーパスを軸とした理念体系を内部巻き込み型で浸透させ、社員のモチベーションを上げていくことを重視している事案が多いということである（米国でベスト・バイの立て直しに成功したユベール・ジョリー氏のように）。無論、パーパス浸透・発信の旗振り役は経営トップであり、その点は米欧と変わらない。

・従来の企業理念の置き換え

パーパスを企業理念体系の一番上に置くというのが基本となっている。その際、従来からあるMVV（ミッション、ビジョン、バリューズ）を廃して、PV（パーパス、バリューズ）またはPVVP（パーパス、ビジョン、バリュープロポジション＝提供価値、パーソナリティ）とするところや、従来のMVVも見直して、パーパスのPを頭に付けPMVVとしているところもある。

「パーパス」と「サステナビリティ方針」とを明確に分離し、宣言している企業が多いことも注目だ。この2つを並行して開発するものの（開発期間がまったく同じかは別として）、担当部署も分け、パーパスにはまさにこれまでの企業理念が担ってきたのと同様の機能を持たせる考え方である。内容はパーパスらしく社会起点で、企業として存在する意義や役割、顧客・社会への向き合い方などを込め貢献の姿勢も明示する。その際、バリューズやパーソナリティとセットにして、社員への行動を律する機能も持たせている。またパーパス副文などには、サステナビリティ方針と連結出来る言葉が添えられていることもある。

分けることで、それぞれがよりきめ細かく、各課題へ対応しやすくなるといえる。

・社是を創業者理念などに残し桐の箱に納める

別の角度から見てみよう。日本企業の中には100年の歴史を持つところが数多くある。400年を超える企業もある。そうした企業には古くからの家訓や社是や理念があるものだ。百年前の家訓を家宝のように大切にしていた老舗企業を著者も知っている。何でも新しくすれば良いというものではない。ただ時代にそれがそのままフィットするかどうかは疑問だ。

私の会社では、常にクライアントごとに個別の事情を勘案してプロジェクト方針を立てるようにしているが、老舗某社では、創業者が作られた社是はそのまま「創業者理念」と改称し、新たに策定した理念の横に（桐の箱に入れて）そっと置くこととした。これをもとに社員が行動するということはないものの、象徴的な存在として大切にすることにしたのだ。

・創業者の思いをすくい上げトランスフォームする

伊藤忠商事の「三方よし」は、初代伊藤忠兵衛が座右の銘とした、近江商人の商いのスピリットを示したものである。同社はこれを社会への貢献を表しているとして、そのままグループ企業理念に採用した。2020年のことだった。「三方よし」は、「売り手よし」「買い手よし」に加えて、（伊藤忠の源流である）近江商人がその出先で地域に貢献し、「世間よし」として経済活動が許されたことに起源がある。現代サステナビリティの源流ともいえるものでもあるとして、新たにこれを同社の前面に押し立てたとのことだ。パーパス的な解釈で設定されているものの、彼らはパーパスや存在意義とは呼ばず、企業理念の使命、英語ではMissionと呼ぶことにした。

さらに伊藤忠では新たな行動指針として、「ひとりの商人、無数の使命」という兼ねてからコーポレートメッセージとして使って対外的にも認知度の高かった言葉を、自らの行動を律するものとして再定義した。文言をトランスフォームさせたのではなく、位置付けを変換させたのだ。商いの精神だけでなく、自らの出自も表すミッションと行動指針であり、世界を股にかけて活躍するビジネスパーソンを奮い立たせるような効果がありそうだ。

未だ日本に到達してから間もないパーパスは、成熟しているとはいえない。今後新しいアプローチも出てくることと思う。ただ気を付けなければならないのは、一部で、口先だけのコピーになっている企業はないか、有言不実行になっていないかということである。

5　これからのパーパスはどこへ向かうのか

第1章では、これまでのパーパスの歩みという視点で過去を振り返り、欧米や日本の潮流を概観した。とりわけ先行した米国と欧州では、パーパスは当たり前のものとなり、成熟してきていると言えよう。それだけに、声高にパーパスを前面に立ててコミュニケーションする時期は一段落したようだ。しかし着実に事業への落し込みは出来ている。これからパーパスはどう展開されていくのだろうか。

国際的なクリエイティビティの祭典で

カンヌライオンズという、毎年6月にフランスのリゾート地、カンヌで数日間開催される世界最大のクリエイティビティの祭典がある。5月のカンヌ映画祭のすぐ後に行うよう開催期間が設定されている。その始まりは、1954年からの「国際広告フィルム祭」であり、映画館やテレビで流れるCMに限定したフェスティバルであった。その後「カンヌ国際広告祭」として広告全般へ広がり、「カンヌライオンズ国際クリエイティビティ・フェスティバル」に進化してクリエイティブもマーケティングもブランディングもありといった多元的なものへと時代と共に変化してきた。

2019年から2020年にかけて、カンヌライオンズに「パーパス」旋風が吹き荒れた。19年はリアルで開催され、20年はコロナでオンライン開催となったが、いずれもメインテーマはパーパスだった。

世界的に影響力のある祭典であるから、現地で参加していた人や、20年には日本に居ながらリモート参加した人たちから、「いま、パーパスが凄いぞ！」という感じで日本中に拡散したのだ。ちょうどいくつかの日本企業が、プレス発表などで自社のパーパスのお披露目をしたり、パーパスブランディングのコミュニケーションを始めたりした頃と重なり、広く日本人が知るところとなる。

カンヌライオンズでは、企業のパーパスをテーマにした広告や映像、パーパスネタのコミカルなショートフィルム、さらにパーパス経営に熱心に取り組む企業のトップたちが来場して、自社ケースを披露する講演などを行った。

時は流れ、2024年のライオンズでは、テーマが「ユーモア」となった。日経クロストレンドのレポート記事によると、「(事務局や関係者に) ここ最近の受賞事例が、パーパスや社会課題解決などを重視したシリアスな施策が中心になりすぎていることに対する危機感があった」としたうえで、「実際に今回のカンヌライオンズでは、パーパスという言葉を聞くことはほとんどなかった」と伝えられた。さらに「パーパスや社会課題解決を重視する流れ自体は、世界中で様々な社会課題が顕在化している中で必然的なものだが、それだけだと企業やブランドが消費者一人ひとりと深い絆を構築していくのは難しい」とし、だから今年のテーマが「ユーモア」なのだ、と伝えていた。

著者はこのレポートを読んで「なるほどね」と思った。

日本からの参加企業も年々増えているのだが、これまでカンヌライオンズを育んできた欧米勢の参加社数が当然マジョリティを占める。特にコロナ下では、本章でも採り上げたアルコール飲料メーカーも、化粧品会社も、ラグジュアリーブランドも、必死でコロナと戦っていた。「パーパスでＣｏｖｉｄ-19と戦う」「そして消費者には励ますように向き合う」という企業姿勢を、熱心にアピールしていたころなのである。その戦いもやがて収束していく。他方、ヨーロッパの一角が危険に晒されるような地政学的ショックが勃発した。２０２２年2月24日、ロシアが「ドネツク人民共和国」と「ルハンスク人民共和国」の住民保護を口実に、ウクライナを武装解除させる「特別軍事作戦」を実施するとして同国への全面的な侵略を開始したのだ。

そうした背景を踏まえて、テーマが「笑顔を取り戻す『ユーモア』が欲しい」、となったことは想像に難くない。米欧広告のトレンドとしては当然のこととして理解出来る。

これからのコミュニケーションのあり方が、先んじて摑めるクリエイティブの祭典なので、このイベントには日本からもどんどん参加するべきと思う。そしてむしろそのトレンド形成の先頭集団に立てるよう野望を持って、日本型パーパス訴求の未来を見せて欲しい。

パーパスの実装度

カンヌライオンズがパーパスを特集し始めたのは、日本でまだ導入企業が4社〜14社の時代である。日本企業の多くはパーパスを持たなかったし、そこを源流とするコミュニケーションも創り得なかった。

提携先や、欧州のコンサルティングファームの知己から、今回も執筆にあたり情報を収集してきたのだが、パーパスの浸透度や実行度合いについて問うと、彼らからはこんな答えが返ってきた。

・パーパスは十分に浸透している。言わずもがなの常識となっている。
・導入から10年を超える企業では、事業の変化もあり、現状に照らして修正しているところもある。
・スタートアップなども続々とパーパスを掲げて事業基盤としている。
・声高に一般の広告で訴求することはあまりせず、SNSを含むコーポレートコミュニケーションや関連イベント、統合報告書、サステナビリティレポートなどへの展開を中心に力を入れているところもある。
・一方で、VI変更やブランドスタイルクリエイションに注力し、パーパス由来でのブランド世界観の修正を行い、共感を高めようとする企業が散見される。
・持続可能な世界を創るという視点で、企業活動や発信に一貫性が出ている。
・BtoB企業での展開が強まっている。大手BtoB企業ではVIやブランドスタイルといった可視化された要素で、劇的に姿を変えたところも少なくない。

まさに成熟期である。

日本では2024年の正月あたりから、パーパスコミュニケーションと思しきTVCMや紙媒体、オンライン媒体への展開が急増した。2025年の新年にも、BtoB企業のCMや新聞広告が目立っていた。社内での準備で1~2年かかるので、先行企業群と、その取組みを見て追随した企業群との間には時間差が出来た。パーパスを対顧客・社会へのコミュニケーションに露出させるまでの時間が必要なので、2020年以降の数年間、タイムラグ的な空白期があったようにも見える。今内部で作業中の企業、パーパスブランディングを検討し始めた企業が外部発信を始めるのはまだ先だ。日本のパーパスが成熟期に達するまでにはまだ時間を要するだろう。

なおカンヌライオンズのレポートにある、「パーパスや社会課題解決などを重視したシリアスな施策」「世界中で様々な社会課題が顕在化している中で必然的なもの」という表現があったが、「ユーモア」と対比してみると「パーパス＝暗い」と言っているように聞こえなくもない。パーパス導入企業や導入仕込み中の企業には、そんな気配は毛頭ない。どちらかといえば、従業員も含めたステークホルダーのハピネスを追求する姿勢など、明るく元気になるイメージだ。人を元気づけるというのもパーパスの役割だからだ。

第2章

今、パーパスブランディングがなぜ必要なのか

1　日本という国の特別な事情

本章では、パーパスブランディングがなぜ日本で今必要なのか、その理由や背景を共有しておきたい。

まず、世界的な潮流がある。第1章で示したように、パーパスは様々な混乱の中でそれらを乗り越えるべく認識され、最上位概念にして基盤ともなる企業経営の軸として取り入れられてきた。

2008年のリーマンショックが引き金となり、世界経済は未曽有の大混乱に陥った。金融市場からは資金が引き上げられ、経済活動は大幅にダウンした。米国の企業は株主第一の短期的利益追求姿勢を改め、「企業視点」から「社会視点」へと変容すべく自己の存在意義を見直すようになった。この動きはほどなくして欧州へ広がり、かたや米国内でも経済界（ラウンドテーブル）が動きを見せることになる。

さらに地球温暖化の問題がいよいよ待ったなしとなり、2015年、人権問題なども含めた世界的な課題に立ち向かうための、国連主導による持続可能な開発目標（SDGs）が掲げられるに至った。これもパーパスの概念と結び付いた。

そこに、2019年末、地球を覆い尽くすパンデミックが襲いかかった。人々の暮らしを恐怖の底に陥れ、経済活動も著しい停滞を余儀なくされた。

そしてパーパスは我が国にも伝播し、日本企業も、社会との繋がりを一層重視する、パーパスが広がる時代に入った。

ところで、日本は「課題先進国」である。世界には多くの課題を抱えた国や地域がたくさんあるが、日本の場合は諸外国に比べて課題の重さが抜きん出ている。世界の人口が81億1900万人(2024年)となって今後も増え続ける傍らで、日本は、少子高齢化とそれに伴う人口減少が進む国として注目されている。企業活動への影響も計り知れない。

さらに日本の労働生産性の低さや、世界における競争力の低下にも改善は見いだせない。JTC(日本の伝統的企業)と揶揄される古い企業体質や、世界の中で最低値を示す日本の従業員の勤め先へのエンゲージメント(会社への愛着心や思い入れ)も、競争力や生産性低下と無縁ではない。

本章では〝日本固有の問題〟を手短に確認したのち、パーパスやパーパスブランディングの果たす役割、効果に触れていきたい。

加速する人口減少とそれに伴う問題

2024年7月、総務省は人口動態調査を発表した。2024年1月1日時点の日本人は1億2156万1801人で、前年から86万1237人減った。減少は15年連続で、前年比の減少幅は1968年の調査開始以来最大となった。

2025年1月、厚生労働省が公表した人口動態統計の速報値では、2024年の日本人の出生数が初めて70万人を割る可能性が強まった。こちらは過去8年連続で減少だ。人口を維持していくには、合計特殊出生率（ひとりの女性が一生のうちに出産する子供の数）が2・07以上でなくてはならないが、2023年の人口動態統計では1・20にとどまっている（婚姻数も過去最低を記録している）。過去の統計を見ると、1974年には既に2・07を割り込んでいて、その後50年間回復していない。この50年、何か打つ手はなかったのだろうかと悔やまれる。

時期は前後するが、政府が2023年6月に発表した「こども未来戦略方針」には、「急速な少子化・人口減少に歯止めをかけなければ、我が国の経済・社会システムを維持することは難し」く、「若年人口が急激に減少する2030年代に入るまでが、こうした状況を反転させることができるかどうかの重要な分岐点」で、それまでに「少子化トレンドを反転できなければ、我が国は」人口減少を食い止められなくなり、持続的な経済成長の達成も困難となる」とある。

一人当たりGDPと労働生産性、そして国際競争力

国際通貨基金（IMF）が2024年に発表した世界各国のGDPでは、日本はドイツに抜かれ、前年の3位から4位となった。1位は米国、2位は中国である。2000年までは、日本は世界2位だった。

同じ2024年末には、日本の一人当たりGDPが韓国に抜かれ、経済協力開発機構（OECD）加盟国中22位に後退した。円安に加え、高齢化による成長力低下や労働生産性の低さが足かせになったとされる。なお、間もなく台湾にも抜かれることが確定している。

一人当たりGDPを拡大し、経済的な豊かさを実現するには、生産性を向上させることが必要となる。この「生産性」を定量的に表す指標の一つとして「労働生産性」があり、一般に、就業者一

人当たりあるいは就業1時間当たりの経済的な成果として計算される。（総務省令和3年〔2021年〕版 情報通信白書生産性向上の必要性より）

公益財団法人日本生産性本部が発表した「労働生産性の国際比較2023」によると、我が国の就業者一人当たり労働生産性は、OECD加盟国38か国中31位、時間当たり労働生産性は30位と、1970年以降最も低い順位に落ち込み、主要先進7か国では最下位となっている。生産年齢人口の減少による労働力不足が懸念される中、労働生産性の改善が重要だと指摘している。低い理由として挙げられるのは、①付加価値を生み出す力が弱い（たとえば1つの業務に関わる人の数が多いとコストが上がり付加価値が減ずる）、②長時間労働傾向（むしろミスが生じたり効率が低下したりする）、③評価制度が適切ではない（成果主義でない企業では「頑張っても評価は変わらない」としてモチベーションが上がりづらい）、である。

世界67か国の経済をカバーした「世界競争力年鑑（World Competitiveness Yearbook）」は、スイス・ローザンヌに本部を置く、IMD（International Institute for Management Development、国際経営開発研究所）が1989年以来毎年発行している各国の競争力を相対的に評価するレポートだ。評価は、「経済パフォーマンス」「政府の効率性」「ビジネスの効率性」「インフラストラクチャー」の4カテゴリーに分類され、336の指標でスコアが付けられている。

この2024年版レポートにおいて日本は67か国中38位というポジションだった。2021年に少し持ち直したが、その後毎年順位を落としている。

なおIMDがレポートを始めた1989年から4年間は、日本が〝総合で1位〟だった。8年間は４位以内に居たが、その後１９９７年以降、バブル崩壊後の金融システム不安（著名な金融機関＝銀行・証券が破綻した）で一気に17位まで評価と順位を下げ、失われた20年、30年と言われる日本経済の長期低迷を背景に、その後高評価を獲得することなく今日に至っている。日本の総合評価は、企業文化の柔軟性、ビジネス効率性が低く、政府の効率性も低調としている。

とりわけ「日本企業の変化への対応力の弱さ」「新たなニーズを満たす人材不足と流動性の欠如」「起業や新事業を促す政策や制度面の課題」があるようだ。（三菱総合研究所：ＩＭＤ「世界競争力年鑑２０２４」からみる日本の競争力）

各国の順位は以下のとおりである。

１位シンガポール、２位スイス、３位デンマーク、４位アイルランド、５位香港特別行政区、６位スウェーデン、７位アラブ首長国連邦、８位台湾、９位オランダ、10位ノルウェーと続く。米国は12位、中国が14位、韓国20位、ドイツ24位、そして日本は38位だ。

ＩＭＤレポートは、我が国の課題として以下を挙げている。

- 人材、スタートアップ、イノベーションに投資することで生産性を高めるべき。
- 再教育、キャリアの柔軟性、流動性を通じて労働市場改革を推進するべき。
- 人口減少と高齢化の問題に取り組むべき。
- 財政バッファーを再構築し、財政枠組みを強化するべき。
- グリーン経済への移行を急ぐべき。

注目されるＪＴＣ（伝統的な日本企業）問題

「ＪＴＣ」とは、「Japanese Traditional Company」の略で、昭和的な古い体質を持つ日本企業を指す。この用語は２０１９年頃からインターネット上で見られるようになった。特定の学者や団体が提唱したものではなく、主にＳＮＳやブログなどで使われ始めたネットスラングだが、いまやビジネスパーソンや就職活動をする学生の間で定着してしまった感がある。

具体的には、以下の特徴を持つ企業を指すことが多い。

・縦割り組織：部門間の連携が乏しく、情報共有や協力が難しい組織構造。
・精神主義：成果よりも努力や忍耐（根性）を重視し、非効率的な働き方に陥る傾向。
・長時間労働：労働時間の長さが評価基準となり、勤務した時間の長さを重視。
・デジタル化への対応の遅れ：ＩＴＣ、ＤＸ化への対応や活用が遅れ、時代の変化に乗り遅れている。

多くの日本企業は終身雇用や年功序列といった伝統的な価値観を重視するあまり、変化への対応が遅れがちと指摘されている。そんな状況下で、ＪＴＣは、古い体質の企業を揶揄する言葉として、ネット上で飛び交った。

２０２４年１月22日付の日本経済新聞の「忖度・調整・決まらぬ会議…『働きがい改革』へ　ＪＴＣ大解剖」という特集記事が余りにも面白いので（笑いごとではないが）、一部ご紹介させていただきたい。

「課長が漏らした忖度、部長がこぼした一言、本部長が言い出した昭和な提案、全て盛り込んで各段階で手直し。できた資料はカオス……」。某社（ＪＴＣ的企業）勤務の30代女性はため息交じりに明かした。

取材を通して、「決裁権者は部長なのに、社長報告が済まないとゴーサインが出ない」「幹部10人が集まる会議で何も決まらない。偉い人の感想を持ち帰って軌道修正。延々その繰り返し」などの不満が噴出した、と同記事は明かしている。

この特集の取材班が実施したアンケート調査の結果も引用させていただく。（ビジネス向けＳＮＳのLinkedInと共同で、日本企業で働く１０００人にアンケート調査を実施した結果）

――ＪＴＣのダメなところ（複数回答）
「長いのに何も決まらない会議」（28・３％）
「年功序列・終身雇用」（24・９％）
「男性中心の経営層や管理職」「責任の所在があいまい」（いずれも22・５％）など。
――人事制度や労働環境の改善を最も阻害しているのは？
「社長・役員・経営陣」（43・５％）
「管理職」（21・３％）
「中高年社員」（14・７％）

労働生産性の話とも大いに結び付くところがあるようだ。リーダーシップのあり方が問われる。

意思決定の迅速化やそれを可能にする組織構造に転換するべきだろう。

世界で最低のエンゲージメント。幸福度も薄い

ギャラップ（Gallup, Inc.）は米国ワシントンに本社を置くグローバルに活動する大手調査・コンサルティング会社だ。このギャラップ社が毎年リリースしている「世界各国における従業員エンゲージメント調査」（State of the Global Workplace）というレポートがある。２０２４年版では、１３９か国で日本が最低を更新した。

２０２４年版ギャラップ社の報告書によると、日本の「仕事に対して意欲的かつ積極的に取り組む人（Engaged）」の割合はわずか６％で、前の年より１％改善したものの世界最低水準であることが明らかになった。「仕事に対して意欲を持とうとしない人（Actively Disengaged）」は、「意欲的かつ積極的に取り組む人」の４倍の24％もいることも分かった。

一方で、世界の「従業員エンゲージメント」の平均は過去最高の23％を、２年連続で維持した。調査対象１３９か国中、日本と同じ最低レベル（６％）だったのは、エジプト（昨年対比－６％）、香港（同－１％）だった。カッコ内は対前年比だ。他の主要国でみると、米国33％（－１％）、インド32％（－１％）、タイ29％（＋４％）、インドネシア25％（＋１％）、スウェーデン23％（＋１％）、デンマーク23％（＋１％）、豪州21％（＋２％）、中国19％（＋２％）、ドイツ15％（－１％）、韓国13％（＋２％）、英国10％（±０％）、スペイン９％（－１％）、イタリア８％（＋４％）、フランス７％（±０％）となっている。

エンゲージメントという言葉の意味は、「約束・契約」などの結びつきを表すが、従業員エンゲ

ージメントといえば、「会社への愛着心や思い入れ」という意味になる。これを「働き甲斐」「企業理念や方針への『共感』」「自発的な貢献意欲」というふうに分解してみてもよいだろう。

これは先の労働生産性の問題の根幹を成すようにも思えるし、企業にとってマイナスであることは間違いなく、社員自身もエンゲージできない状態で仕事を続けるのは辛かろう。サステナビリティやCSR（企業の社会的責任）をテーマとした日本初のビジネス情報誌「オルタナ」は、２０２４年６月17日の記事で、この現状を次のように分析している。

- 日本企業の従業員エンゲージメントが低い理由について、日本では回答において、国民性すなわち周囲に配慮し、自らに肯定的な評価を控える傾向が芳しくない調査結果に繋がっている。
- 仕事に対する姿勢が受け身的で、経営陣や上司が決めたことに従い、自分の会社の方向性を従業員自らが提案する風土が乏しいという傾向がある。
- 企業の成長には、従業員が企業のパーパス（存在意義）を理解し、自らの担当業務が社会に対して直接的・間接的にどのような意味を持ち、貢献しているかを認識することが不可欠であり、高い従業員エンゲージメントこそが成長のエンジンそのものであろう。

「世界幸福度ランキング」は、毎年３月20日に「世界幸福度レポート（World Happiness Report）」で発表されている。同日は国連が定めた「国際幸福デー」当日であり、幸福やウェルビーイングを啓発、促進するキャンペーンとしてスタートしたのがこのランキングだった。世界幸福度レポートは、世界エンゲージメント調査を行っているのと同じギャラップ社、オックスフォードウェルネスリサーチセンター、国連持続可能な開発ソリューションネットワーク（ＳＤＳＮ）、および世界幸福度レポート編集委員会の共同事業であり、世界幸福度レポート編集委員会の編集管理下で作成されている。

ＳＤＳＮは、２０２４年３月20日、同年版の「世界幸福度レポート」を発行するとともに、ランキングを発表した。首位は６年連続でフィンランド。日本は２０２２年版での54位から、２０２３年版では47位へと７つ順位を上げたが、２０２４年版は51位へと再び後退した。

なお順位は、１位フィンランド、２位デンマーク、３位アイスランド、４位スウェーデン、５位イスラエル、以降は適宜飛ばして、23位米国、24位ドイツ、31位台湾、51位日本、52位韓国、60位中国、…72位ロシア、１００位イラン……となっている。

2　自社の課題と日本の課題をあなたの仕事場で解決する

重層的な課題をどう解決するか考えてみる

あなたはある企業のトップである。あるいは、ある企業で働いている責任あるマネジメントのひとりである（規模は社員数百人でも1万人でもいい）。そのような立場に立ったつもりになって、この節を読んでいただければと思う。

さて、前述のとおり日本の課題は、人口減少という直ぐには反転出来ない問題を内包しているだけに、深刻だ。この問題は、世界のどの国も味わったことのないレベルに達している（既に韓国で始まり、いずれ中国も味わうことになるのだが）。あなたの会社がどんな業界に与していようとも、求める人材を採用出来ないという悩みは、あなたも持っているはずだ。

2030年までにこのトレンドを反転させられない場合は、（ほぼずっと）人口減少を食い止められなくなり、持続的な経済成長の達成も困難になるとの悲壮感漂う指摘もあるので、採用方針も見直さねばならないだろう。

いずれにせよ限られた数の仲間（社員）で、何としても会社を回していかなければならない。

しかし、社員エンゲージメントが著しく低い、ということは分かっている。「会社に愛着心が持てない」「働き甲斐も感じない」し、「仕事に対して意欲が湧かない」という社員が組織構成員のマジョリティを占めているとなると、あなたと経営企画担当チームがいかに完璧な経営計画を立てても組織が機能するはずはないし、予算の達成も事業の拡張もこの先難しくなってくるだろう。

一方、エンゲージメントの面からは、人材を受け入れる側の企業の体質にも問題がありそうという指摘があった。JTC病に罹患していないか、点検が必要だ。

前掲のとおり、JTCのダメなところは「長いのに何も決まらない会議」や、「年功序列・終身雇用」、「男性中心の経営層や管理職」、「責任の所在があいまい」などが従業員の声としてあがっていた。そしてそうした人事制度や労働環境の改善が図れない原因はトップにあると考える人が多い。あなたも胸に手を当ててみよう。

世界競争力年鑑を出しているIMDも「企業文化の柔軟性」「ビジネス効率性の低さ」「日本企業の変化への対応力の弱さ」を指摘している。

あなたには、自分がリーダーシップを振るわねばならない会社が、なぜその業を営んでいるかを再考してほしい。理念の最上位にパーパスを据えてみるのはどうだろう。好都合かもしれないことに、あなたの会社の理念は相当以前に作られ、埃を被っている。それが創業の理念ならば、桐の箱に入れて大切に保管し、新たな一歩を踏み出してみてはどうか。経済も技術も地球環境も潮目が大きく変化しているときだ。ここで存在意義を見直し、新たな長期的目標を立ててみよう。

その際には、インターナルブランディング（内的ブランド啓発活動）の一環として、エンゲージメントの低い社員の皆と敢えて対話し、自社の立ち位置をこれまでとは異なる角度からともに探っていくことが、多面的な課題の解決に結び付くのではないか。

パーパス経営とパーパスブランディングへの期待効果

パーパスブランディング導入で、どういう効果が期待出来るか、その効果を得るために、どんなアクションが必要か列記してみた。これは著者の会社でパーパスの実装をお手伝いしてきた中で得た知見に基づいている。

原則として、会社のパーパスを社員に押し付けるべきではない。でも、一緒に会社のパーパスを考えてもらうことは出来るだろう。出来上がっているパーパスがあるのなら（それが役員や社員の共感を呼び覚ますようなものであることが前提だが）、そのパーパスを自分なりの、或いは自分らしい方法で、どのように顧客や仲間やステークホルダーに手渡していけるかを考えてもらうことだ。

①自社の存在意義や働く意味を明確にして社員の誇りを醸成する

ポイント

- 報酬や評価、懲罰といった外発的動機付けによるマネジメントの時代は終わった
- これからは仕事に対する興味や関心など、内発的動機付けを重視する
- そのためには社員自身が働く意義を見出し、モチベーションを高めることが必要
- パーパスは組織の存在意義・目的を示し、社員のモチベーションを高める
- 単なる金儲けではなく、事業を通じて社会課題の解決に取り組む姿勢を示す
- 組織のパーパスは社員個人のパーパスと結びつき、単なる仕事を生きがいに変える

※外発的動機付けとは、報酬や評価、罰則など外部からの刺激によって行動を促すことを指す。給与、賞与、上司からの指導などがある。内発的動機付けとは、興味、関心、自己成長など内面的

な要因から生じる意欲の喚起であり、自走力を養うとされる。

第1章からここまで、何度「共感」という言葉を使ったことだろう。冒頭から、パーパスは人を大事にする、と書いた。ユベール・ジョリー氏の『ハート・オブ・ビジネス』を引用しながら、「人中心主義」「人本主義」の話もした。

では、どう人を大事にするのか。もちろん報酬で成果に報いることも必要だ。社員は自分が正当な評価を受けていないと、不満を抱いているかもしれない。評価の際に過ちを犯さないため、直接ワン・オン・ワンの対話の場を持つことも重要だ。

ただし、報酬や評価、懲罰といった外発的動機付けにのみ頼るマネジメントでは、よい変化を生み出すことは適わない。この流れを変えていく効果がパーパスには期待出来る。

まずは社内の声を集めてみよう。エンゲージメントリサーチのアンケートではなく、社員それぞれが何を目指して働いているのか（いないのか）、組織の中で何をやり遂げたいと考えているのか（いないのか）聞いてみよう。そして自発的な提案が出来る場を設けてみよう。それこそがパーパスブランディングのはじまりだ。

②組織の一体感を醸成し、ブランドの存在感を高める

ポイント

- パーパスは社会課題の解決や地球環境の改善といった大義と結びつく
- 結果、その組織が「なくてはならない存在」であることを示すことができる

・それを社内外のステークホルダーに伝えれば、期待を得られる
・さらに、事業活動を通じてパーパスを実践することで、共感を得られる
・このサイクルを繰り返すことで、ブランドの存在感が高まる
・結果、パーパスの説得力が増し、組織に一体感が生まれる

パーパスには大義がある。先ず社会課題の解決に向けた、業を通しての貢献である。あなたの会社の若い社員たちは、地球環境の改善には興味があり、前向きなはずだ。日々の仕事が大きな視点からの社会全体の、または地球規模のソリューションに繋がっていくことが分かれば、仕事の価値が変わり、彼らの価値観も変容してくるだろう。自社がたとえば社会やサステナビリティに対してどう向き合っているかを、社内外のステークホルダーに向けて発信すれば、期待感を得られるし、その期待感を原動力にして事業活動を行えば、実践者として認められ、企業ブランドの存在感が高まり、評価も得られるだろう。

③パーパスを踏まえて新分野や世界へ打って出る

ポイント

・パーパスは、新市場への進出や、新事業への取組みに意味を与える
・そしてパーパスは「何をやるか」「何をやらないか」を判断する基準をもたらす
・さらに普遍的なパーパスは国や文化を超えて期待と共感を生む

これまで国内市場に依拠してきた企業にも、海外展開に注力する時期が到来したとする。現に日本の市場が変化を遂げ、あるいは人口減少で国内市場が今後急速にシュリンクすることが見込まれる場合は、経営としては海外への事業展開を検討することになるだろう。その際に、なぜその市場でその市場に暮らす人々に自社の製品やサービスを提供しなくてはならないのか、明快な理由が必要となる。パーパスは市場や対象層を特定するのに役立つだろう。

パーパスは何をやるかを決めるが、何をやらないかの判断基準となる場合がある。当該市場に展開するのかしないのかも判断出来るだろう。また、自社のパーパスが普遍性を持ち、国や文化を超えられるものとなっていれば、向かう市場でも人々に好感され、期待され、共感されるだろう。

④ 地域や社会への貢献で人々からの信頼を得る

ポイント

- 社会貢献活動や環境活動は、パーパスを起点とした事業活動に結びつける
- それによって、その活動に意味がもたらされ、持続的に取り組むことができる
- 一過性でない取組みは、真摯に取り組む企業姿勢を示す上でも有効
- こうした取組みは社員のモチベーションを高める効果もある

これまでのCSRやメセナ、フィランソロピーの類では、企業としての貢献に、あなたの営む業と関わりのない活動も含まれていたのではないか。パーパス起点の発想では、事業と貢献活動などは結び付いていないといけない。木材を多く使用する事業者が「森をつくる」といえば、環境保全

と事業の循環サイクルが見いだせ、地域や社会の人々から共感を獲得することが出来るだろう（そうでない事業者が植林活動に取り組むには応分の理由が要る）。当社だからやるのだと社員の納得も得やすく、自分も協力・参画しようというポジティブな気持ちになれ、組織内の活性化にも一役買うだろう。

⑤顧客・取引先・投資家・市場を魅了する

ポイント

- 一貫した企業メッセージを発信することで、様々なステークホルダーを味方につける
- パーパスによって、どのような事業活動が行われているのか、その結果、どのような社会課題が解決されたのかを示す
- コミュニケーションにあたっては、あらゆるタッチポイントでメッセージを統一し、ブランドの世界観を統一するなど、ブランドを管理する

ステークホルダーは様々だが、ブランドスタイルをひとつに揃えて、いずれのステークホルダーにも同じ世界観を見せていく。

パーパスでブランディングしていく際には、どんな口調で語りかけ、どんな視覚表現で魅了していくのかが大事だ。ブランドスタイル（ブランドの世界観を表現するトーン&マナーやルック&フィールと呼ばれる概念・手法）の開発が効果的である。企業広告やコミュニケーションに留まらず、統合報告書や環境報告書などの冊子やＰＤＦ、中期経営計画や長期経営構想などの発表で用いられる

ＰＰＴやＰＤＦなどにも同じブランドスタイルが貫かれていると、消費者や顧客企業、投資家などは、直感的にあなたの会社の印象を、ブランドとしてそれぞれの記憶の中に残してくれることだろう。ファンを作る、という観点からも重要だ。

さあ、あなたもパーパスブランディングのリーダーとして、組織内を巻き込み、エンゲージメントを高め、社会に自社の存在意義を認めてもらおう！

3 「鼓動した9つのブランドの物語」の前に

次章では、パーパスブランディング（企業や組織によってその呼び方は変わるが）で鼓動した企業やグループ（1つの大学を含む）を紹介する。

各プロジェクトの特徴も立て付けも異なるので、全部カバーし切れていないケースもあるが、基本的に以下のような話を伺っている。

A　なぜ、パーパスブランディングに取り組もうと考えたのか、あるいはなぜパーパスを開発して導入しようと考えたのか。何か課題意識があったのか。
B　誰がプロジェクトを主導したのか。
C　どのようにしてパーパスや理念体系やコンセプトを開発したのか。ブランド体系についてはどんなものにしたのか。ワンブランド戦略なのかマルチブランド戦略なのか。
D　組織内・グループ内浸透はどのように図ったのか。
E　対外発信はどのように行ったのか。
F　どのような成果が得られたのか（得られつつあるのか）。
G　これからパーパスブランディングに取り組もうとしている企業や組織（もしくは一旦パーパス

を導入したけれどうまく回っていない企業や組織）へのアドバイスがあるとすれば、それは何か。

どのようにしてこれらの事例を選択したかといえば、アプローチは様々ながら、高い熱量で、当該ブランディングが組織に息づいている、参考に出来る事例であるかどうか、という観点からである。9つの物語の中には、1つの私立大学が含まれているし、業態と言う意味ではBtoCもBtoBもある。企業規模から見ると世界的認知を獲得しているブランドもあれば、これから頑張ろうというブランドもある。規模も巨大と呼ぶにあたう組織を含め大企業から中程度の企業もある（パーパス、パーパスブランディングは大企業だけのものではない。スタートアップ企業も中小企業も取り組めるものだ）。

取材を終え、追加の資料も拝見し、グラムコでも周辺のリサーチを行ったものを含め、単なるインタビューではなく立体的にストーリーを構成した。

そうすると、以下にとりまとめたとおり、多くの共通点が発見された。

①トップの理解と実践

トップおよびマネジメント陣がパーパスの力を信じ、単なる企業理念として掲げるだけでなく、組織運営の方向性を示す羅針盤として、積極的に活用している。その結果、組織として「何をやるか」「何をやらないか」が明確になり、中期経営計画の柱に据えたり、従業員や投資家など社内外のステークホルダーに対するコミュニケーションを一貫して行ったりすることが可能になっている。特に、事業を変革させたいという思いを持つマネジメントにとっては、強力なツールになっている。

②全社的な取組み

パーパスを組織に浸透させ、実践させるために、部門横断的な組織を作り、様々な活動に反映させている。トップ自らがパーパスについて積極的に語り、社員と対話活動を行っている。本業の事業活動、新規事業開拓、採用・教育・評価などの人事、社会貢献活動などと結びつけることで、パーパスの具体性が増し、説得力が高まっている。

③社会に向けた発信

広告宣伝や広報活動を通じて、広く社会に向けてパーパスを発信し、期待と共感を獲得しようとしている。こうした発信活動はブーメラン効果で社員にも届き、組織に対する帰属意識と誇りを醸成している。

以上は全ケースで見られた特徴だ。成功の条件といっても間違いではないと思う。組織内を巻き込み、対外的な発信もしっかり行えているのは、トップの理解と実践、あるいは自ら旗振り役としての深い関与があったからだ。

プロジェクトを取り仕切る事務局や部署、チームに、優秀なリーダーがいるのも特徴だ。パーパスを掲げたのに「実践しない」のはまさにパーパスウォッシュのそしりを免れないのだが、そういう企業には、自社組織内に優れた推進チームが作れない、という事情があるのかもしれない。強力に実践し、「継続的に前に進めている」組織では、社員のエンゲージメントも高まり、啓発された事業部門から新製品が生まれたり、端的に業績が伸びたりするなどの効果が表れている。

なお、近年の傾向として、世界的に環境やＳＤＧｓ対応を軸にした「Environmental issue」型のパーパスブランディングと、事業を通して社会に貢献していくという考えに基づいて組織内活性化を目論んだ「Business activities」型のものに大別されるのだが（第1章で「欧州型」「米国型」などと呼んで紹介したとおり）、9つの事例は、環境対応は別のチームが取り組む、または別のプロジェクトとして取り組むといった2本立てにして対応しているところが多く見受けられた。

鼓動した物語を楽しんでいただきたい。そして貴社で取り組む場合、取り組んでいるけれどうまく行かない場合の参考にしていただきたい。

第３章

パーパスが鼓動させた9つのブランド

1 ソニーグループ――多様性を包み込む、企業文化の再確認

「感動」による変革を経て

戦後の日本を代表するエレクトロニクス企業として、世界に羽ばたいたソニーグループ株式会社(以下、ソニー)。創業者のひとりである井深大さんは、会社設立の目的を「真面目なる技術者の技能を、最高度に発揮せしむべき自由闊達にして愉快なる理想工場の建設」と記している。同社に宿る「人のやらないことをやる」というチャレンジ精神はつとに有名で、トランジスタラジオ、ウォークマン、トリニトロンカラーテレビなど、画期的な商品を次々と生み出してきた。その後、ビジネス領域は大きく拡大。祖業のエレクトロニクスに加え、ゲーム、音楽、映画などのエンタテインメント、イメージセンサーを中心とした半導体、保険、銀行の金融など、多岐にわたる。2024年3月期の連結の売上高および金融ビジネス収入は約13兆円、営業利益は1兆2000億円を超える規模にまで成長した。

しかし、ここに至る道のりは決して平坦ではなかった。特に2010年代の前半にはエレクトロニクス事業が苦境に陥り、パソコン事業は売却、テレビ事業は分社化し、5000人にも及ぶ人員削減に踏み切った。当時の社長兼最高経営責任者(CEO)の平井一夫さんは、著書『ソニー再生　変革を成し遂げた「異端のリーダーシップ」』(日本経済新聞出版、2021年)の中で次のように振

り返っている。

私の社長在任期間中にも「テレビ事業を売却しないのか」とよく聞かれたが、その考えはなかった。ソニーのテレビは必ず復活できるという結論に達していたからだ。ただし、そのためには抜本的にやり方を変えなければならない。それが「量から質への転換」だった。量を追うことを前提とした経営からの脱却である。

その平井さんがCEO就任時に掲げた言葉が「感動」だった。ソニーを「感動を提供する会社」と位置付けることで、向かうべき方向性を示し、量から質への転換を社員に訴えかけたのだ。「感動」という日本語を英語に置き換えることはせず、「KANDO」と表記することで、海外の社員にもストレートに響くことを狙ったという。平井さんは世界中の拠点を回ってタウンホールミーティングを開催し、社員と対話しながら「KANDO」について語りかけた。その数は、6年間の在任期間中、70回を超えたという。「製品とサービスを輝かせる。そのためには社員を輝かせなければならない」。平井さんは、この活動を通して従業員の心に火をつけ、見事に経営危機を乗り切ったのだった。

多様性をまとめる、共通の「何か」

平井さんがソニーの変革を成し遂げ、2018年にCEOを託したのは当時CFOの吉田憲一郎さん（代表執行役 会長 CEO）だった。その吉田さんが、就任後すぐに取り組んだのが、ソニーのパーパスを作ることだった。当時の詳しい経緯とその後の展開を、広報担当役員として支えた神戸司郎さん（執行役専務）に伺う機会を得た。

「吉田がCEOに着任したのは2018年の4月でした。6月に株主総会が終わり、正式に新経営体制が株主に承認されたというタイミングで、社内のブログを通して『ミッション・ビジョン・バリューを見直したい。ついては社員の皆さんの意見が欲しい』と呼びかけたのです。当時ソニーには前任の平井が作成したミッション・ビジョン・バリューというものがあって、そこでは感動という言葉が使われていました」

Mission
ユーザーの皆様に感動をもたらし、人々の好奇心を刺激する会社であり続ける

Vision
テクノロジー・コンテンツ・サービスへの飽くなき挑戦で、ソニーだからできる、新たな『感動』の開拓者となる

「さらにさかのぼると、創業者の井深が起草した設立趣意書があります。エレクトロニクスでスタートしたソニーが、七十数年経ってエンタテインメント、エレクトロニクス、金融と、非常に多様な事業を運営する会社に大きく変わり、かつ全世界に約11万人の社員がいる。そうい

う中で吉田が考えたのは、多様性というのはまさにソニーの特徴の一つではあるけれども、これからさらに成長していくためには、この多様な事業、多様な社員が、同じベクトルで進んでいく、一つの共通の何かが必要ではないかということでした。前任者の平井から受け継いだ『感動』は大事にしていきたい。しかし吉田としてはもう一回このミッション・ビジョン・バリューを再定義したい。そこで社員に対して、アイデアがあったらぜひ寄せてくれ、と呼びかけたのです」

パーパスの策定と、言語の壁

こうして、ミッション・ビジョン・バリューの再構築がスタートしたわけだが、最初からパーパスをつくるというアイデアがあったわけではなかった。

インタビューに答える神戸さん

「吉田の中には最初からパーパスという言葉があったわけではありませんでした。あくまでミッション・ビジョン・バリューを再定義しようという考えからスタートしたのです。吉田の呼びかけに対して100件ほどのアイデアが集まり、スタッフと議論を重ねる中で、『最近いろいろなアメリカの事例などを見ていると、パーパスという、存在意義を使っている会社もありますよ』と。もしかしたら、今回定義したいものは、このパーパスとバリュー、これで整理した方がいいかもしれません、というやりとりがあって、この形に至りました。

社員のエンゲージメントはとても大事にしました。いかに理解し、賛同し、そして社員自身もそこに価値を感じてくれるか。そして会社も、社員に対してきちっと応えることができるか、提供できるか。のちに吉田が、パーパスは会社と社員の約束事だよねという言い方をしているのですが、策定の過程においても、社員から意見を募りました」

ソニーは外部の力に頼ることなく、トップの吉田さんを中心としたチームによって、パーパスとバリューをまとめ上げた。策定にあたっては、社員のエンゲージメントを特に重視したという。社員から吸い上げた意見をもとにドラフトを作り、マネジメント層に対する説明を行った。ここにはグローバル企業ならではの、地理的・文化的な壁を乗り越える狙いがあったようだ。

「ソニーグループのヘッドクォーターは東京にありますが、我々を支えているのは事業です。6つの事業セグメントがあって、ゲーム、音楽、映画、エレクトロニクス、半導体そして金融と、それぞれ拠点はいろいろなところにあります。例えば、ゲーム、音楽、映画のヘッドクォーターはアメリカです。一方で、エレキと半導体と金融は日本。ですから、ドラフトの段階では各事業トップともかなりやり取りをして、理解・納得していただくようにしました」

さらに、言葉の壁を乗り越えるための工夫も凝らした。

「これだけ多様な事業をやっていて、社員11万人のうち、日本人は半数ぐらいで、それ以外は海外の人たち。従って、言葉も日本語を先に作ってから英訳ではなくて、日本語と英語を常に並列、同時に作っていました。文章やスピーチを作るときに、はじめに日本語を作ってから英訳した場合、それをネイティブの人たちが見たときに、本当に彼らがゼロから作ったときに同じ言葉になるかというと、なかなか難しい。逆もまた然りでしょう。英語で元々ある部分を日本語にそのまま直訳すると、日本人からは何となく、違和感があるものになってしまう。そこはかなり意識をしました。吉田からの指示もあり、最初から英語ネイティブの人にチームに入ってもらい、英語と日本語を同時に作り、最終化していったのです」

これはグローバルな日本企業にとって大きなヒントになるのではないだろうか。いくら日本語で美しい表現を凝らしたとしても、その翻訳が海外のネイティブの心に響くわけではない。早くから海外に出てグローバルでビジネスをしてきたソニーだからこそできた、優れたアプローチだったと言えよう。

持続的に浸透させるには

社員への呼びかけから半年あまり、2019年1月にソニーは新しいパーパスとバリューズを発表した。

【日本語版】

Purpose 存在意義

クリエイティビティとテクノロジーの力で、世界を感動で満たす。

Values　価値観

夢と好奇心

夢と好奇心から、未来を拓く。

多様性

多様な人、異なる視点が良いものをつくる。

高潔さと誠実さ

倫理的で責任ある行動により、ソニーブランドへの信頼に応える。

持続可能性

規律ある事業活動で、ステークホルダーへの責任を果たす。

【英語版】

Purpose

Fill the world with emotion, through the power of creativity and technology.

Values

Dreams & Curiosity

Pioneer the future with dreams and curiosity.

Diversity

Pursue the creation of the very best by harnessing diversity and varying viewpoints.

Integrity & Sincerity

Earn the trust for the Sony brand through ethical and responsible conduct.

Sustainability

Fulfill our stakeholder responsibilities through disciplined business practices.

発表にあたって、トップである吉田さんは全社員に向けてレターを送った。このレターにはその熱い思いが込められている。その一部を抜粋してご紹介しよう。

SONY
Purpose
存在意義
クリエイティビティとテクノロジーの力で、
世界を感動で満たす。

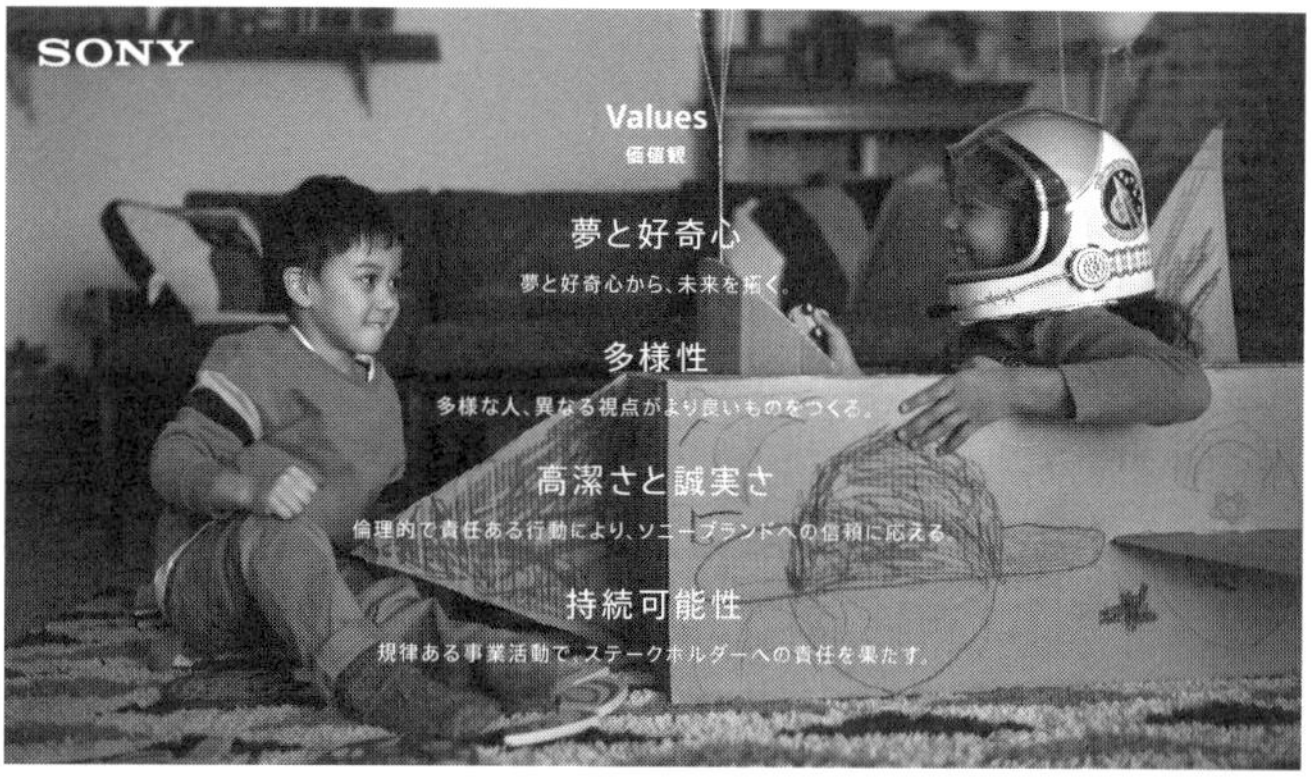
SONY
Values
価値観
夢と好奇心
夢と好奇心から、未来を拓く。
多様性
多様な人、異なる視点がより良いものをつくる。
高潔さと誠実さ
倫理的で責任ある行動により、ソニーブランドへの信頼に応える。
持続可能性
規律ある事業活動で、ステークホルダーへの責任を果たす。

人にはそれぞれ夢があります。

ソニーも技術の力を用いて人々の生活を豊かにしたいという強い思いを持ったファウンダーの夢から生まれた会社です。また、同じ夢や志をもつ人々が、思う存分に能力を発揮できるような環境を整えることを、設立当初から目指した会社でもあります。(中略)

ファウンダーの夢と志から生まれたソニーは、時代を追うごとにさらに多くの人の夢と結びつき、エレクトロニクス・エンタテインメント・金融を擁する現在のソニーグループへと成長を遂げてきました。

そして、ソニーグループ全体に通底するもう一つの共通項は、社員の皆さんが優れたエンタテインメントを通じた感動体験で人の心を豊かにする、高い技術やユニークな金融サービスで安心や安全を提供する、など、事業を通じた社会的な意義を志向している、という点です。

(中略)

ソニーにはオーディオ/ビジュアル、イメージセンサー、ロボティクス、AIなど、幅広い技術を蓄積してきたテクノロジーカンパニーであるという強みがあります。これらのテクノロジーと皆さんのクリエイティビティを掛け合わせることで、テクノロジーに裏打ちされたクリエイティブエンタテインメントカンパニーとして、また世の中に安心や安全を提供する企業として、全ての事業領域において新たな顧客価値を生み出し、それによって社会に貢献していくことが出来ると考えています。

この度、我々が長期視点での価値創出に向けて同じベクトルで進んでいくことが出来るよう、ソニーの存在意義と、グループの社員が共通で大切にしたい価値観を定義しました。人の心を動かすという同じ夢や志を持つ人々がソニーブランドの下に集い、有機的に協力し合うことで、ソニーという企業が社会にとって意義のある存在であり続けることを願っています。

パーパスとバリューズの発表とその後の社内浸透には、トップのリーダーシップのもと、部門横断的な取組みがなされた。

「私たちは特に社内に向けて、持続的に浸透させていくことを目指しました。そのために、まずパーパス＆バリューズの事務局を発足させました。ここには吉田直下のCEO室、社内・社外向けの広報、人事、ブランド・デザイン部門の各チームから代表者に集まってもらいました。この事務局を中心に、どうやって11万人のグループ社員全体にパーパスを浸透させていけるかというプランをしっかり作って、その中でさまざまなコミュニケーション・アイテムを作りました。キービジュアル、パーパス動画、CEOメッセージ動画などを作ってそれを繰り返し、繰り返し展開していったのです」

一般的な企業において、パーパスの策定を推進するのは経営企画や広報・ブランディングの担当部署であることが多い。その過程では多くの部署から意見を募り、各部署から選抜された社員とディスカッションをしながら、マネジメント層の意見も反映しながら固めていく。しかし、発表後もこの勢いを持続していくことは難しい。パーパスが「出来上がった」ことで関係者が達成感を感じてしまい、あとは担当部署任せになってしまうことが多いのだ。もちろん意識の上では「言葉を掲げるだけではダメだ」「社内浸透をしっかりやるように」という会社がほとんどだ。しかし、担当部署だけで全社の浸透活動をやり切ることは難しい。トップの指揮のもと、部門横断で推進事務局を設置したソニーのアプローチはとても参考になる。そして、前任の平井さん同様、吉田さんもまた、自らの足で世界中の事業所を回って、ソニーの新しいパーパスについて社員に直接語りかけた。

「トップからのメッセージというものは非常に大事なので、吉田が世界中の事業所に行ってタウンホールミーティングで話すときに必ずこのパーパスから入りました。また経営方針説明会のような対外的なイベントにおいても、パーパスから始めました」

トップが繰り返しパーパスについて語る。それも社内外のイベントで、必ず冒頭で語る。自分たちが何のためにビジネスをしているか、その理由から語り始めることで、その後のストーリーに説得力が生まれ、共感を生む。パーパスの表現というのは一見、曖昧に見えるものだが、具体的な事業内容や、今後の戦略と結びつけて語ることで、手触り感のあるものになるのだ。

共鳴する多くの社員たち

ソニーがパーパス＆バリューズを発表したのは2019年1月だった。それから半月も経たないうちに、世界最大の資産運用会社であるブラックロックのCEO、ラリー・フィンク氏が企業経営者に宛てた公開書簡を発表した。ブラックロック・レターと呼ばれるこの年次メッセージは、グローバル企業のみならず、機関投資家やメディアに対しても強い影響力を持っている。

私は昨年、企業にはこの困難な環境を乗り越える枠組みが必要であり、そのために、企業のビジネスモデルや戦略の中で企業理念（パーパス）を具現化することから始める必要がある、と申し上げました。ここでいう企業理念は、単なるキャッチコピーやマーケティングのキャンペーンではなく、その企業がなぜ存在するのか、日々、ステークホルダーに対する価値を創造するために何を行っているのか、といったことを意味します。企業理念は単に利益を追求することではなく、それを達成するための活力であるということができるでしょう。

利益の追求と企業理念は矛盾するものではなく、むしろ分かつことができない程に密接に関連しています。企業が株主、従業員、顧客、地域社会などすべてのステークホルダーに長期に亘り貢献するためには、利益の創出が必要不可欠です。それと同様に、企業がその存在意義を真に理解して行動に移すとき、長期的な収益力の向上をもたらす明快で戦略的な行動規範となって機能し、経営陣や従業員、地域社会の結束を強固なものにします。また、それは倫理的な行動を促すとともに、ステークホルダーの最善の利益に反する行為に対するチェック機能も果たします。企業理念は企業文化を醸成し、一貫性のある意思決定のための枠組みを提供します。そして、結果的に貴社の株主に対する長期的なリターンを創出するために寄与するでしょう。

「たまたまですけれども、ちょうど我々がパーパス&バリューズを発表した直後に、ブラックロックのラリー・フィンクさんが一年に一回出しているレターの中で、企業のパーパスの重要性について書いてくださいました。企業の存在意義が利益創出にとって大事になってくる、というメッセージは、私たちが資本市場と対話していく上で追い風になりました」

パーパス&バリューズが発表されてから6年以上が経過し、いまや世の中にも広く知られている。社員の意識は、どのように変わったのだろうか。

「毎年実施している社員を対象とした調査において、パーパス&バリューズを発表した2019年の認知度が61%だったものが、翌年には92%と急激に伸び、現在まで続いています。共感度も同様に高く、それに加えて約70%の人が、日々の活動において指針になっていると回答しています。これは、エレクトロニクスからエンタテインメント、金融まで幅広い業務があるなかでは、かなり良い数字だと思っています」

神戸さんは「残りの30%の人はまだそうなってないので、まだまだやるべきことはある」と謙遜するが、これはかなり高い数字だ。

「ちょうど2020年からコロナ禍が始まり、数年続く中で、海外にいるたくさんの社員から、パーパスの言葉にとても勇気づけられたというメッセージをもらいました。若い世代の人になればなるほど、自分が働いている会社に社会的な意義を求める傾向が強くなってきていると感じます。日本もそうですが、欧米では特にその傾向が強いと思いますね。ソニーは社会インフラをやっている会社ではありません。ソニーの場合は、技術にしても、コンテンツにしても、いわゆるエンタテインメントによって人の心を豊かにすると言っているわけです。映画、音楽、ゲーム、エレクトロニクス、半導体で何か共通点があるのかといったときに、そこにはワクワク・ドキドキがあって、感動させている。これが共通点なんですね。ところがコロナで皆が外に行けなくなり、人との触れ合いが失われてしまった。そんなときに私たちがパーパスに基づいたメッセージを発信し、それに関わるビジネスをやっているということを多くの社員に知ってもらうことで、彼らを勇気づけられていたし、彼らがそれで周りの人たちを勇気づけられた。そこにすごくやりがい、生きがいを感じてくれたんだと思います。最近も、いろいろなところで対立が起きたり、日本でもSNSによる誹謗中傷が問題になったりと、社会が分断されていると感じている人は多いと思います。そうした中で、吉田はエンタテインメントを通じて感動を提供していくことが、人と人をつなぎ、人々の心を豊かにするんだと言っています。そこに共感する社員が増えているということだと思います」

戦略よりも企業文化が大事

吉田さんがCEO就任時に求めていた「多様な事業、多様な社員が、同じベクトルで進んでいく、一つの共通の何か」は、コロナ禍を経てソニーの社員に深く浸透していったようだ。

では、新しい人材の獲得や維持には、どのように役立っているのだろうか。

「もともと私たちは、パーパスは外向けというよりは社内向けのメッセージとして考えていました。さきほども申し上げたように、会社と社員の約束事として、パーパスを繰り返し発信していくことが、新しい人材の採用や、リテンションにも役立っていると思います。もちろん言葉としてパーパスがあるというだけではなくて、パーパスを起点として、社会との向き合い方を事業として考えなくてはいけませんし、サステナビリティについても、しっかり実践していくということが必要なのだと思います」

「会社と社員の約束事」というのは印象深い言葉だが、これは神戸さん自身がソニーに入社したときから、ソニーに根付いていた考え方のようだ。ソニー創業者のひとりである盛田さんについて、印象的なエピソードを伺うことができた。

「私がこの会社に入社した40年前の入社式で、当時の会長であった盛田さんが言っていた言葉の一つが、これから君たちは社会人だと。おそらく一つの会社、ソニーに入っていつまでやるかわからないけれども、ものすごく長い時間、この会社で一緒にやると。だけど、この会社が違うと思ったらすぐやめた方がいい。君たちは会社でそれなりの時間を使うのだから、もったいない。だから、この会社が自分の人生において働く価値があるかどうかっていうことはよく考えてくれと。当面、君達は会社にコントリビューションするより、会社が君たちに投資するものが多い。会社は学校じゃないので、投資されたものはちゃんとリターンとして戻してもらわないと困る。数年後には、ちゃんとリターンしてもらう。だけども、とにかく、この会社は違うと思ったらやめた方がいいと言われました」

経営者は、従業員が働く価値のある会社にしなければならない。それが建前だけでないことは、同社の人事制度の話を聞くとよくわかる。

「毎年実施している『BE Heard』という社員意識調査の中には、エンゲージメントというスコアがあって、会社に対する満足度を測っています。これはマネジメントの評価指標の中に入っていて、エンゲージメントスコアが前年に比べて上がっていれば加点、下がっていれば、減点になります。これに加えてサステナビリティやグループ連携も評価軸に入っていて、報酬に反映されるわけです。社員エンゲージメントの向上や、サステナビリティ、グループ連携などは、言い換えるとパーパスに一生懸命に取り組むことでもあります」

つまり、パーパスを実践するために求められる具体的な行動が指標化され、マネジメントの評価に反映される仕組みになっているのだ。さらに、マネジメント同士の会話においても、会社の長期的な方向性を議論する土台としてパーパスが機能しているという。

「吉田も今の社長の十時も財務出身で、数値的な評価は当然ありますが、それに加えて長期視点の経営というのは、かなり重視しています。10年という長期でものを考えたときに、会社としてどういうアイデンティティを持ち、何をやっていくかということが、短期的な数字よりも大事で、特にコロナや自然災害が起きたときには、戦略より企業文化が大事だという考えなんですね。もちろん戦略も大事ですが、それ以上に社員やステークホルダーと共に、どう一緒にやっていくんだという、その文化を重視しています。特にこれだけ多様な事業があり11万人の社員がいて、世界の不確実性が高まる中で、どのように会社に価値を見出すか、中期のディスカッションをする場で話す機会が増えています」

年に数回、マネジメントチームが集まる場でも、吉田さんは繰り返しパーパスについて触れるという。

「世界を感動で満たすことが、ソニーの社会的な貢献であり、そのためには安心して暮らせる社会や健全な地球環境が前提になります。そして私たちは人を中心に成り立っている会社なので、人は本当に大事にしています」

「同じベクトルを向いている」

パーパスの考え方は、ソニーのサステナビリティ活動にも直結している。ソニーのサステナビリティビジョン「感動に満ちた世界を創り、次世代につなぐ」は、パーパスを起点としたサステナビリティ活動について、人、社会、地球環境の視点から整理したものだ。

「サステナビリティについては、2010年に、温室効果ガス排出量実質ゼロ（カーボンニュートラル）の達成年を2050年と置いていましたが、気候変動は喫緊の課題だということで、

2022年に、2040年へ前倒ししました。私たちとしては、サステナビリティ、特に地球環境へのコミットメントの度合いが強くなっています。これは、パーパス経営がより浸透してきていることも影響していると思います。他社のケースとして聞くところでは、本社の環境チームは一生懸命取り組むけれども、売上・利益・コストなどを考えて事業の方がなかなか同じベクトルにならない。もちろんソニーの中においても一定レベルではあります。しかし最近は、自分たちの事業を長期の目線で考えたときに、この課題にちゃんと向き合わないと自分たちは存続し、かつ競争力を持ってやっていけないと考えられるようになってきました。会社としてパーパスを掲げたうえで、サステナビリティにどう取り組んでいくかを示すことが、採用においても、社員のリテンションにおいても大事な要素になってきていると思います」

このインタビューに同席した広報部の金光里緒さんは2022年入社で、パーパス策定後に入社した世代にあたる。その動機を次のように語ってくれた。

「私自身、学生時代にボランティア活動などを通じて人の心に触れるような活動をしてきた経験があったものですから、感動を作りだしている会社で、それをパーパスに掲げているソニーにすごく魅力を感じました」

彼女は実務の傍ら、社内募集でインドの社会課題を現地で視察し解決を模索するプログラムに参加したという。ソニーが実践しているサステナビリティ活動の一環である。

「社員8名でインドの社会課題の現場を見て、ソニーとして何ができるかを考えました。帰国後にもディスカッションを続け、社内コンペで事業アイデアを提案した結果、大賞と賞金をいただくことができましたので、今年度中にもう一度インドに行って、実証実験をできたらいいなと思っています」

若い社員に機会を与え、事業を通じてサステナビリティに貢献するチャンスがあるのも、パーパスによって社内が同じベクトルを向いているからこそである。

一方で、パーパスを起点としたコミュニケーションは、顧客や取引先、投資家など、さまざまな社外ステークホルダーとのコミュニケーションにも役立っているようだ。

「私たちには様々な社外ステークホルダーがいます。ソニー製品を使っていただいているお客様、ソニーの映画や音楽を楽しんでいただいているお客様、BtoBのお客様もいます。それから、資本市場、ソニーに投資してくださっている個人株主、機関投資家、コミュニティや社会、あるいは政府機関などの方々がいるわけです。当然ながら、お客様に対しては、いかに良い製品やコンテンツを出していくか、資本市場では数字が重視されるという部分があります。こうした方々に対して私たちがメッセージを出すときも、やはりパーパスが起点になっているのです。ソニーのパーパスはこうです、そのもとにこういう事業があって、こういう製品・コンテンツを作っていますというメッセージングをしています。主には資本市場向けに出している統合報告書でも、吉田のメッセージで常にこのパーパスが語られていて、おそらく、今の社会においては、投資家の方々も、私たちと同じベクトルを向いていると感じています。特にソニーの株主の半数以上は海外の機関投資家の方々で、どういうフィロソフィーなり、どういう考え方でソニーというのは運営されているのか、というところを問われているように思います」

インタビューの最後に、パーパスの策定と浸透、実践について、神戸さんにアドバイスを求めた。

「会社がおかれている環境も、事業内容も違いますので、必ずしもソニーがやったことと同じことをそのままコピーしてうまくいくかどうかは分かりません。しかし、経営者が社員とどう向き合うかを真剣に考えた上で、言葉にして、直接社員と語り合うことが大切だと思います。会社が大きくなればなるほど、あるいは会社ができてからの時間が経てば経つほど、インタラクティブなコミュニケーションは重要になると思います。新しい会社だったら、企業のトップが、創業者がこれをやるんだ、これについてくる人、この指とまれでいいと思うんですけども、やはり経営が何世代目かといった場合は、自分はこういう考えなのだけれども、皆さんたちはどうですかと、インタラクティブにコミュニケーションすることが大切です。ですが、最後はトップダウンで決めるべきです。これは必ずしも多数決で決めるべきではなく、最後は経営トップが自分の言葉にして進めるということです。そうして、経営トップはその言葉に責任を持って、繰り返し、繰り返し、コミュニケーションを続け、自分たちの事業や、いろいろな活動

上／（左）広報部コーポレート広報グループゼネラルマネジャー岡田康宏さん
（右）同グループ金光里緒さん
下／神戸司郎 執行役 専務

をそこに合わせていくという努力が必要だと思います」

偉大な創業者たちが築いた企業文化を、「感動」という言葉で蘇らせ、企業としての再生を果たした平井さん。その後を継ぎ、グローバルに通用するパーパスに昇華させた吉田さん。それをさらに発展させ、事業を拡大していくステージに入った十時さん（社長ＣＯＯ兼ＣＦＯ）。11万人の社員がこのパーパスでひとつになり、世界を感動で満たしていく。これからソニーがもたらしてくれるであろう、さまざまなワクワク・ドキドキを、読者の皆さんと一緒に楽しみにしていきたい。

2 セイコーグループ
――グループシナジーを追求する。そして世界へ打って出る

創業家の直系にあたる服部真二会長兼CEO

セイコーグループの代表取締役会長兼CEOの服部真二さんにお目に掛かったのは、東京・銀座の四丁目にある、SEIKO HOUSE内にある応接フロアだった。屋上に大きな時計塔がある銀座のシンボル的なこのビルは、1932年に建てられ太平洋戦争の戦禍を免れ、当時のままの姿を保つ歴史的建造物だ。

筆者は、ユベール・ジョリー著の『ハート・オブ・ビジネス』が、服部さんの愛読書であることを日経新聞の書評で知り、この本についてのインタビューを同氏に申し入れたのである。当時、当社社長の矢野が出版に関わったこの『ハート・オブ・ビジネス』をテーマとしたウェビナーを企画しており、そのゲストとして服部さんの出演をお願いして実現した対談だった。SEIKO HOUSEの厳かな一室で撮影された動画は、ウェビナーで放映され、オーディエンスの印象に残るものとなった。

服部真二さんは、その名前で分かる人も多いだろうが、セイコー（旧・服部時計店、精工舎）の創業家一族で、創業者服部金太郎氏直系の曽孫にあたる。金太郎は、1881年（明治14年）、服部

セイコーグループ代表取締役会長兼CEO服部真二さん（右）、左は筆者

時計店として輸入時計の小売を始め、顧客サービスのための修理を手掛けたのち、その技術を発展させ、１８９２年（明治25年）、精工舎として自ら時計製造へと乗り出した人物であり、掛け時計の生産からスタートし、当時の主流だった懐中時計からの変化を先取りして、日本初の腕時計を作ったことなどで、我が国の時計産業の礎を築いた。実は現在の銀座四丁目の建物は二代目で、最初の時計塔付きの建物は１９２１年（大正10年）に改築のため取り壊され、１９３２年（昭和７年）に、初代よりはるかに大きな現在の時計塔ビルを竣工している。金太郎が亡くなったのはその２年後の１９３４年（昭和９年）のことである。

　東洋の時計王とも呼ばれる歴史上の人物を曽祖父に持つ真二さんだが、大学卒業後は総合商社に就職し、厳しい鉄鋼貿易の世界で腕を磨き実績を上げたのち、精工舎（現・セイコータイムクリエーション）に入ったという、なかなかの仕事人である。気さくでウィットにとんだ性格の彼は、社員にも慕われているようだ。敏腕経営者でありながら、あるイベントでは、Ｔｅａｍ Ｓｅｉｋｏテーマソング「素晴らしき仲間たち」（作詞：セイコー社員、作曲：服部真二）を社員とともに熱唱し、２０１１年の東日本大震災以来、東北３県と東京で開催し続けている「〝わ〟で奏でる東日本応援コ

セイコーグループパーパス動画より抜粋　©2023 SEIKO GROUP

挑戦の歴史の振り返り

「そんなチャレンジ精神とともに、」

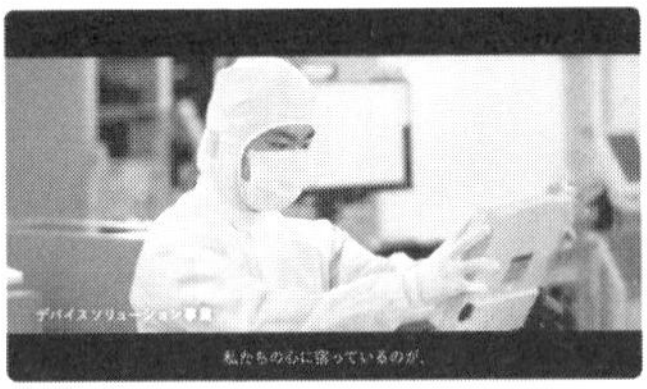

「私たちの心に宿っているのが、」

「世の中に感動を与えたいという思い。」

（服部会長）「さあ、進もう。」

「進もう。進みつづけよう。」

ンサート」をプロデュースする音楽通でもある。

同社が制作したパーパスムービーの中では、グループパーパスを紹介したあと、服部会長が社員に向かって、「さあ、進もう！」と呼び掛け、先頭に立って歩く。今のセイコーグループの「顔」であり、アイコニックでシンボリックな存在が服部さんといえるのではないか。

人を中心にして経営していく経営こそ、魂の入った経営

『ハート・オブ・ビジネス』を書いたユベール・ジョリー氏は、当時アマゾンなどのネット販売の台頭で苦境に立たされていた

「ベスト・バイ」（日本のヤマダデンキのような家電販売店。売上規模はヤマダデンキの4倍以上）を、パーパス経営で再生させた名うての経営者だ。その際、リストラやレイオフといった手段は一切取らなかった。従業員を大切にし、役員と意見交換しながら会社を建て直していった。

服部さんはこの本を読んだ感想として、こう語った。

「人を中心にして経営していくというのは、とても大事なこと。対話しながらやっていく経営というのは、魂の入った経営といえるんじゃないでしょうか」

服部真二さん

10年にわたった商社マン時代を振り返り、仕事での苦労話なども披露してくれた後、商社も人がすべてだと指摘した。一生懸命取引先と向き合った結果、「服部のためにひと肌脱ごう」、と取引先が言ってくれたことをよく覚えている。

「仕事は人生の中で探求できるものです。自分の価値、自分の目的と仕事が一致していたら、こんなに素晴らしいことはない。これが一致すると人はより力を発揮できる」

本当にその通りだ。そう相槌を打つと、服部さんはサーバント・リーダーシップという考え方に基づく説明をしてくれた。

池田守男さんという資生堂の元社長が、「組織は逆三角形でなくてはならない」と教えてくれた組織論で、逆三角形の一番下に社長がいて、社長は社員に仕えなくてはいけない。組織で偉くなるとどんどん三角形の下へ降りていくことになる。

「僕は社員に仕える身なんです」

だから下から社員を支えて、社員をやる気にさせながら、彼らの持っている力を解き放たなくてはいけないという。

服部さんは、さらにこうも言った。

「うちはずっとトップダウン型の組織でした。企業風土も140年の歴史があるから、古いままだった。社員にエンゲージメント調査をしてみると、新入社員は課長に何でも言える、課長も部長にはまぁまぁ意見出来る。でも部長から役員には物が言いづらいらしいのです」

「だから私がCEOになってからは、いろいろな改革をやってきましたよ。席次廃止、上司に対しても『さん』付け。役員会では席順自由。ネクタイも廃止しましたしね」

老舗企業にありがちな硬直した風土も、相当風通しが良くなってきたのではないか。

ベスト・バイは、「テクノロジーを通して暮らしを豊かにする」というパーパスを掲げた。

役員との対話を深めるだけでなく、ジョリー氏はときに店頭に立って、販売員との対話も行っていたようだ。その結果、店舗の雰囲気は前向きなものとなり、店員も顧客に少しでもたくさんのお金を使わせようという強引な接客姿勢をやめ、顧客に寄り添う姿勢へと変化していったという。他方、アマゾンとの対立も解け、店頭にアマゾンコーナーを設け、相乗効果をもたらせるようにもなった。

グループパーパスを社員全員で考える

「我が社には、いわゆる社訓というものがないんです」と服部さん。

時代の一歩先を行くという、先進性、革新、挑戦、日本初、世界初などのDNAはあったのだが、企業理念体系のようなものはなかった。

「2021年、当社が140周年を祝うタイミングで、思い切って『パーパス』を作ろう、という決断をしたんです。2019年のビジネス・ラウンドテーブル（米国における日本の経団連のような組織。ないしは財界ロビー団体）で、米国でも短期的なリターンを求めたがる株主への偏重をやめて、長期的に経営をやっていこうと決めましたね。長期的な視点で会社を経営していくということです」

「ただ、長期的に、といっても、会社がなぜ存在し活動していくのか、というものがないと、長期戦略も立てられないわけです」

そこで、「みんなで」パーパスを作ろうということになった。

「私はグループ各社から上がってきたパーパスのアイデアを、全部読みました。そうすると『笑顔』という言葉がたくさんの人たちから出てきていることに気付きました。また、『挑戦、革新、信頼』というのは創業の精神です。挑戦は時代の先を行く、という精神に表れています。革新はいくつもの日本初、世界初を生み出してきたので、これも創業以来の精神です」

服部金太郎は、関東大震災の折、銀座の服部時計店の建物を失い、同時に、顧客から修理品として預かっていた1500個の時計も焼失してしまった。時計は当時も高価なものだったが、金太郎はこれを全部新品の時計でひとりひとりの顧客へ返したという。
「これが信頼です。でも感動と笑顔というのは創業精神にはなかった」
そこで出来たグループパーパスがこれだ。

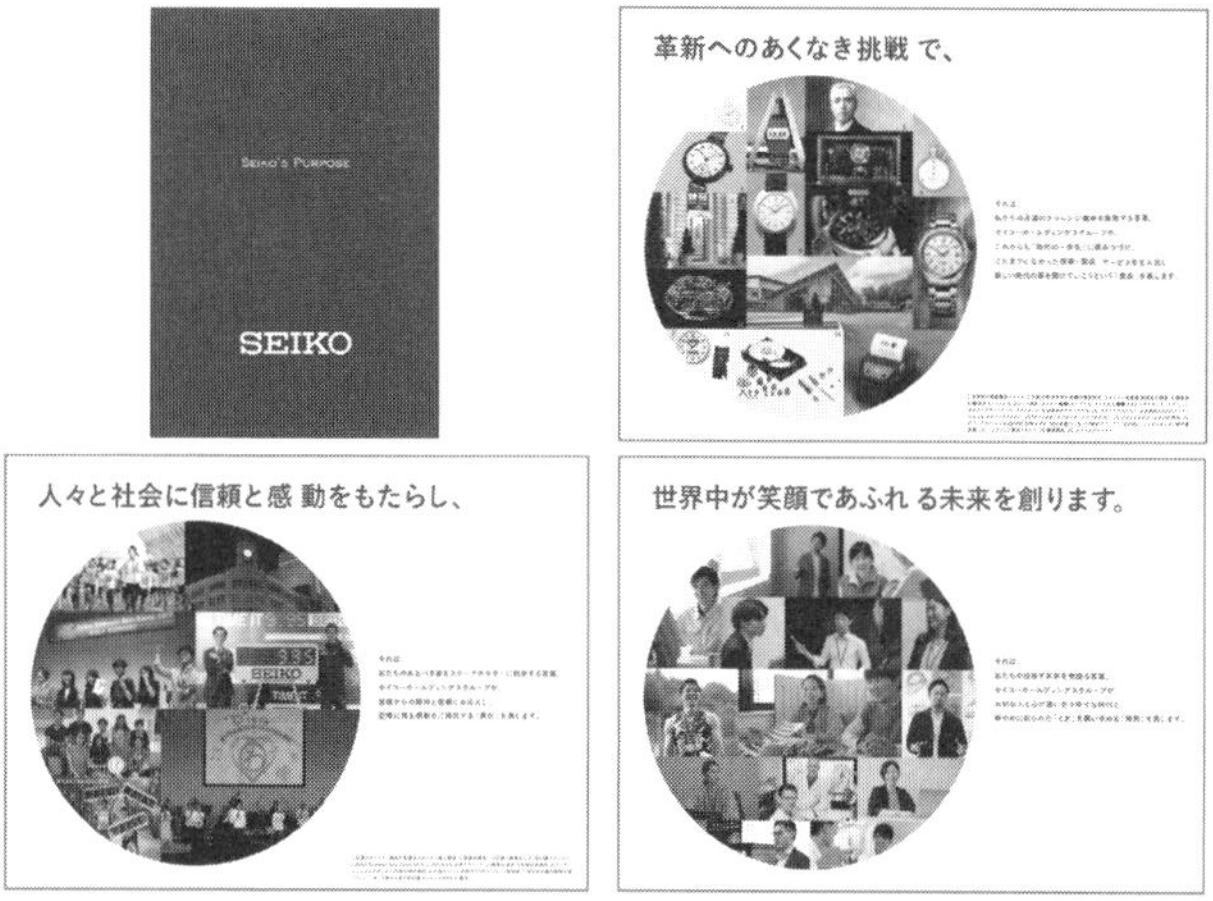

セイコーグループのパーパスハンドブック　2022年1月発刊

◇グループパーパス

〝革新へのあくなき挑戦で、
人々と社会に信頼と感動をもたらし、
世界中が笑顔であふれる未来を創ります。〟

説明文も付帯する。

〝これまでになかった技術・製品・サービスを生み出すために常に挑戦します。社会課題を解決することで、世の中に貢献して、ステークホルダーに信頼と感動を与え、笑顔であふれる未来を創ります。〟

「文章としては少し長いんですが、社員ひとりひとりの想いを汲み取って、込めたいことを全部入れるとこうなりました」と服部さん。

２０２１年に制定し、２０２２年５月の新しい中期経営計画ＳＭＩＬＥ１４５（２０２２年度〜２０２６年度）発表の際にも、10年ビジョンとともに、パーパスが冒頭の頁の一番上に掲げられた。

同じ年の10月には、持株会社の社名をセイコーホールディングスから、セイコーグループとした。グループ企業各社の一体感を高め連携を図るには、名前もグループとしたほうが分りやすいということだったのだろう。

時間軸を無限大にするとパーパスになる

服部さんの勧めもあり、セイコーグループ株式会社の代表取締役社長である高橋修司さんにお目に掛かって、さらに詳しく話を伺うことにした。

高橋さんは、大学の理工学部を卒業後、セイコーグループの前身である服部時計店に入社し、セイコーウオッチで社長を務めた後、２０２１年から現職に就いている。

服部さんと高橋さんは、二人が会社にいるときは毎日、直接意見交換をするなど、常に密に情報交換や戦略の摺合せなどをしているそうだ。トップ同士の関係としては最良のかたちであろうし、ぶれない経営の基本であるように思う。

セイコーグループ本社でお話を伺った。

――なぜパーパスを制定することになったのですか？

「中期経営計画についてこのあとお話ししますが、中計（中期経営計画）の期限を３年、５年などと区切ると、人間の性《さが》で、３年後、５年後どうなっているのだろうと予測したくなるものです。ただ、このVUCA時代には予測の精度が悪くなる、というかほぼ外れます」

VUCAとは、Volatility：変動性、Uncertainty：不確実性、Complexity：複雑性、Ambiguity：曖昧性という4つの言葉の頭文字をとった造語で、社会やビジネス環境の複雑性が増すこの時代には、想定外のことが起きたり、将来の予測が困難だったりする、不確実な状態であることを指す言葉だ。

そして高橋さんは、「時間軸を無限大にするとパーパスになる」と言った。

その意味を詳しく伺った。

セイコーグループ代表取締役社長の高橋さん

「パーパスを作るということは、時間軸を最大限に広げるということなんです。そういうものを定めると、予測するのではなく、自分たちが何者なのか、自分たちが目指すところがどこなのか、意志をもって純粋に明示できるようになります。天変地異があろうが、パンデミックが起きようが、リーマン・ショックのようなことが再び起ころうとも、目指すものは何も変わりません」

「中計をどうするか議論し、SDGsのことなどもいろいろ話し合っていくうちに、確か服部が『パーパス』はどうだろう、ということを言い出したのです。当時私もパーパスについてよく知りませんでしたが、この考え方はとても良いと思いました」

パーパスで時間軸を超えた方向性を明確にし、それをもとに「バックキャスティング」（未来に亘って普遍的な存在意義を決め、未来から現在へ遡って直近のシナリオを描くこと）していけるのも、パーパスのメリットだ。そう高橋さんは語った。

「そこでパーパスを作ることになったのですが、こんな大事なものを、トップダウンで上から下ろすのはダメでしょう。それをやったら社員の気持ちが入らない。これは服部会長が作ったとか、高橋が作ったということになると、自分たちの会社の存在意義や志だとは信じられないものになる」

そこで、グループ全社員の考えを聞こう、ということになった。

「グループの全事業会社から公募し、約３０００もの応募があったのですが、そこで上がって来たものを、服部と当時社長だった中村吉伸と私の３人で纏めていったのです」

グループ経営とパーパス

先のインタビューで服部会長から、これからは時計だけでなく、広範な事業展開をしていく方針だと伺った。服部さんは、「実は全事業のうち時計関連が占める割合は半分に過ぎないのです」と強調していた。

そこで高橋社長には、「グループ経営」について伺うことにした。

時計のイメージが強いセイコーだが、それ以外のいろいろな事業を展開していることは、一般にあまり知られていない。中期経営計画のＳＭＩＬＥ１４５では、２０２６年のありたい姿として、「人々と社会に感動をもたらす高付加価値・高収益な製品・サービスを提供する、ソリューションカンパニーになる」と書かれている。

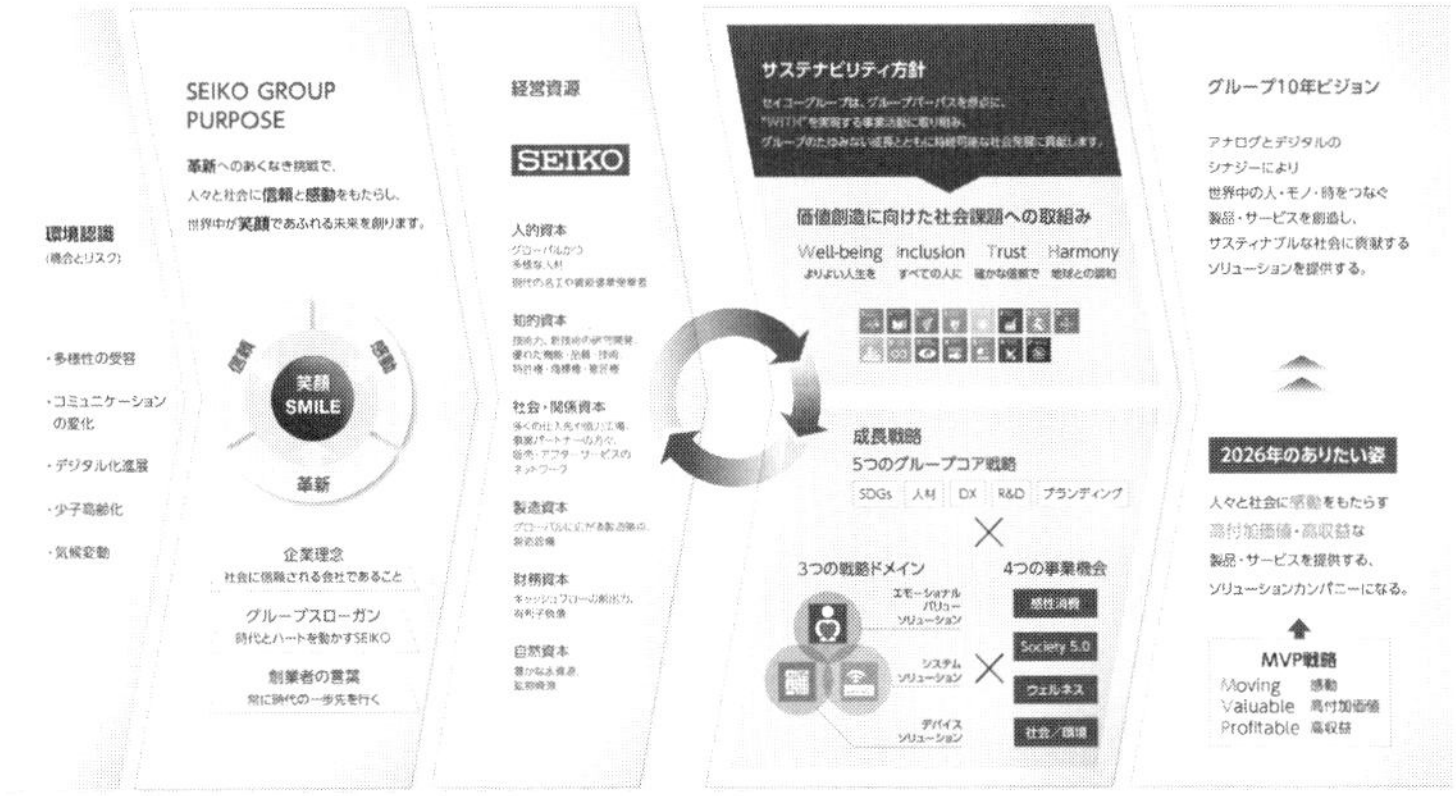

中期経営計画SMILE145（2022年度－2026年度）で示された価値創造プロセス

創業１５０年（２０３１年）に向けた「グループ10年ビジョン」にも「ソリューション」という言葉が使われており、「アナログとデジタルのシナジーにより世界中の人・モノ・時をつなぐ製品・サービスを創造し、サスティナブルな社会に貢献するソリューションを提供する」と謳われている。ＢｔｏＢ事業を含めセイコーグループはどんな企業グループになろうとしているのか、目指すグループ像とはどんなものか。

「その話はパーパスにも繋がっていくことになると思います。ＳＭＩＬＥ１４５という我々の第８次中期計画は、それ以前の、第７次中期計画までの７回とはガラッと変えたものにしたのです。第８次中期計画で一番大きく変わったのは、新中計が、何よりも『パーパスありき』でつくられているということです。

第８次は２０２２年からスタートしていますが、その前年、２０２１年の後半ぐらいに策定を始めました。パーパスは２０２１年前半にはできていましたから、その完成のあとに中計策定に着手しました。そこでまず出てきたキーワードが、『ソリューションカンパニー』なんです。我々は社会課題を解決しながら自分たちの事業を成長させていくのだというところがまず決まったのです。これこそ、パーパスをベースにして決定された『中計の軸』です」

セイコーといえば、あるいはＳＥＩＫＯというロゴをみたら、私たちは時計を思い浮かべるだろう。時計の世界では、ＳＥＩＫＯは今や世界の誰もが知るブランドになったし、あとで触れるが、Ｇｒａｎｄ Ｓｅｉｋｏ（グランドセイコー、以後ＧＳ）も、腕時計の最高峰を目指すブランドとして、日本だけでなく米欧でもじわじわと認知を上げてきている。

ただ時計はセイコーの祖業ではあるが、グループという視点で見ると、かなり多角化が進んでいて、中期経営計画ＳＭＩＬＥ１４５では、「エモーショナルバリューソリューションドメイン」「デバイスソリューションドメイン」「システムソリューションドメイン」という３つの戦略ドメインを設定している。

時計の事業は「エモーショナルバリューソリューションドメイン」として位置付けられている。そこにはウオッチ（セイコーウオッチ㈱）やクロック・設備時計（セイコータイムクリエーション㈱）、それに高級宝飾や高級時計、服飾、雑貨品販売（㈱和光）が含まれる。

高橋さんによれば、このようにして事業が多角化していくなかで、事業間での距離感がかなり出てきてしまったという。

「従来の時計中心だった時代は、何もしなくても求心力があったのですが、事業の幅が広がってくると、遠心力が働くようになってきました。

それぞれかなり距離感のある事業といえるかもしれません。時計もあるし小売の和光もある。それにデバイスも、システム系もあるという構成ですから、距離感をなくすような束ねる力が必要です。でも我々には、みんなが力を合わせて作ったグループとしての『パーパス』があるじゃないか。そしてこの錦の御旗（パーパス）の下、『ソリューションカンパニー』でいこうじゃないか、というのが今回の中計の軸なのです」

私益と公益の両立を目指して、社会課題解決型の企業になっていこうということが、中期経営計画SMILE145の軸だというのである。

システムソリューションとデバイスソリューション

BtoB事業のシステム事業とデバイス事業は、明快に社会課題に向き合っている、と高橋さんは説明する。

システムソリューションドメインに属する「セイコーソリューションズ㈱」は、省エネルギーや省人化で、AIなどを駆使して、DXを推進している。そのソリューションの提供先は、金融や食品、運輸物流、医療、通信などの様々な産業分野に及んでいる。

無線通信機器、情報ネットワークシステム、データサービス、コンピュータ性能管理ソフトなど、提供するソリューションも多様だ。

デバイスソリューションドメインでも、「セイコーインスツル㈱」や「セイコーNPC㈱」が、マイクロテクノロジーや匠の技を強みに、少子高齢化で深刻化する人手不足に対応して省人化を推進し、CO_2排出量削減に向けて省電力化を推し進めていくという図式だ。

このドメインには、水晶振動子や発信器、マイクロ電池のような電子デバイス、サーマルプリンターやミニチュアボールベアリング、センサ、エンコーダから工作機械のような製造設備まで含まれる。こうしたデバイスや製品で、社会が求める高機能・高品質を提供するのが目的だ。

ただ、互いに無関係なまま、分野が広がったわけではないだろう。多くの事業や製品が、祖業に結び付いていることに気付く。時計を構成するのに欠かせない部品やテクノロジーから発展したと思われる事業内容だ。そういえば服部金太郎は、自社の懐中時計を製造するために、歯切り加工を行う工作機械（ピニオン旋盤機）を、１９０８年（明治41年）に自製しているではないか。

エモーショナルバリューソリューションとは？

「実は我々の中で一番難しかったのが、エモーショナルバリューソリューションと呼んでいる時計事業の位置付けです。時代の流れの中で、ウェアラブルではスマートウォッチが大きな勢力となり、価格も普及価格帯へと移行しつつあります」

では、セイコーの製品である、いわゆる中・高級品の時計はどうなるのか。

以前は、時計と言えば計時のための生活必需品だった。しかし今の時代、皆が皆、腕時計を着けているわけではないし、仮に時計を着けていたとしても、それで時間を確認していない人もいる。アクセサリーとして着けていて、時間はスマホで見ているかも知れない。つまり中・高級価格帯の製品は、嗜好品であり、ラグジュアリーブランドのビジネスになってきているということだ。

では、その分野が果たすソリューションとは何なのだろうか。あるいは何に対してのソリューションなのだろうか。

「ちょっと難しいかも知れませんが、我々が今背負ってるのは、『日本の価値を上げる』ということなんです。日本の文化、匠の技と先進技術、さらに自然というのもあります。我々がグローバルでのラグジュアリービジネスをやっていく中で、とても重要なことがあります。インバウンドも増加し、世界から今、日本が高い関心を持たれていますが、グローバルなマーケットでヨーロッパ勢と競い合っていくためには、『日本』という自分たちのアイデンティティが大事になってきます」

差異化のためだけでなく、その日本の価値を、時計を通してさらに広めつつ高めていくという志が、セイコーにはあるのだという。日本の職人の真摯な姿も知ってもらいたいし、精緻なモノづくりの姿勢も伝えていきたい。さらに、世界で製品の販売が伸びることで、セイコーの製造拠点がある岩手県の雫石や長野県の塩尻などの地域産業を守り、地域の自然保護や環境保全にも役に立ちたいと考えているのだ。事実、セイコーでは雫石の白樺林の環境を保全する活動などをサポートし、自らも取り組んでいる。

世界の時計業界でも、エシカルがトレンドとなっているが、セイコーもセイコー流のやり方で、環境に負荷を掛けない製造やDXを活かした生産方法、フェアトレードなどを志向している。製品上で、セイコーもこうした姿勢を、自ら積極的に訴求していくことが可能であろう。

ドイツから世界へ羽ばたいた時計ブランドが、実はここ十数年でいくつかある。そのことで、自動車だけでなく微細加工を伴う精密技術を持つ国、というイメージも形成されつつあるようだ。我が国もクルマのブランドは世界的な認知を得ているが、セイコーの時計が、ハイエンドマイクロテクノロジーと日本の美意識を伝えることで、日本の評価がさらに高まることを期待したい。

他方でエモーショナルバリューソリューションドメインを別角度から定義するならば、顧客に技術的、感性的、社会的価値を提供することで感動を与え、優れた顧客体験を通じて、人生に寄り添い、喜びのときを共有するドメインであり、人々の心を豊かにして、幸福感で満たす、というソリューションを提供している事業とも言えそうではないか。

事業の特徴やコンセプトは異なるものの、1つのパーパスの下、今後、各事業間でシナジーが働くよう取り組むのは当然のことだろう。

3つのドメインに6つの事業会社があるわけだが、ここにセイコーは7つ目の会社を加えた。「匠・小・省」とデジタル技術の融合で新たなソリューションを創出する「セイコーフューチャークリエーション㈱」だ。セイコーグループ㈱のR&D部門が分離独立して設立され、セイコーグループ全体の研究開発、生産技術を担うという役割を持つ。

「2年前に立ちあげた会社で、いろいろなバックグラウンドを持った人間が集結しています。今後は各事業間のシナジー創出や、ファクトリーオートメーションなど新しい分野の開発も目指して、鋭意活動中です。多角化にチャレンジしていくラボ的な位置づけの会社です」

セイコーのブランド体系──まずグランドセイコー「クワイエットラグジュアリー」の分離

ここからはパーパスブランディングというよりも、完全なブランド体系論になってくるのだが、セイコーのブランド体系は非常に興味深い。

第一に、セイコー（SEIKO）とグランドセイコー（Grand Seiko）をはっきりと分けたことだ。グランドセイコーにも「Seiko」は含まれているが、ビジュアルアイデンティティ、つまりロゴとしては全く異なるものになっている。

時計の世界では世界的によく知られていて、優れているけれどラグジュアリーのポジションが取りづらいＳＥＩＫＯに替わって、グランドセイコー（ＧＳ）でラグジュアリービジネスを展開しようと考えたわけだ。このＧＳの分離独立化というポジションの変更は、２０１７年の国際的な時計の展示会で発表し話題になった。

ただ、スイス勢に同じアプローチでぶつかっていっても勝てない。そこで高橋さんはこういう言葉を使った。

「世界の潮流でもあるのですが、『クワイエットラグジュアリー』（深みがあって本質的なラグジュアリー）というのがＧＳのコンセプトです。これ見よがしのラグジュアリーではない。これを持っていたらお金持ちに見えるだろう、というようなラグジュアリーではないというポジショニングにしたのです。

環境に負荷をかけない、シックで、シンプルで、ミニマルで、ナチュラルで、ある意味ストイックなデザイン。そして日本の美意識だとか文化、自然が滲むものにしたかったのです」

姿かたちにはＧＳコードとも呼ぶべきものがあり、外見では大きな冒険はしない。かつて一部からは、地味、ベーシック過ぎ、との声も聞かれたが、今では、日本の時計ファンや海外ユーザーがポジティブに評価してくれるようになった。

「『ザ・ネイチャー・オブ・タイム』というブランドフィロソフィーで訴求しています」

海外の販社なども既存のＳＥＩＫＯとＧＳは別会社に分けて販売を担当している。トヨタのレクサスのようなことであろうか。

服部さんが紹介したのが、KODOという GS最高峰の複雑時計だ。コンスタントフォースとトゥールビヨンを同軸で搭載した世界初の時計である。コンスタントフォースは、動力ぜんまいの巻き上げ量（ぜんまいのトルクの大小）にかかわらず、機械式時計の精度を司る「てんぷ」という重要部品に、一定したエネルギーを届ける機構である。トゥールビヨンは、「てんぷ」と周辺の部品を一定の速度で回転させることで、腕の向きで変わる部品の重力差によって生じる精度誤差を、キャンセルする機構のことだ。

全世界限定20本の製造で、価格は4400万円。2022年、ジュネーブ時計グランプリにおいて、卓越した精度を備えた時計に贈られる「クロノメトリー賞」を受賞している。

しかし高橋さんは、まだまだGSのグローバル展開は始めたばかりなので、もっと知ってもらう必要があると強調する。

「日本を背負って立つくらいの矜持を持って、GSが成功していくことで日本の価値も高まっていく。そんな好環境を生むブランディングを進めていきたい」

GSは、エモーショナルバリューソリューションドメインの旗手といっていい存在だろう。

「SEIKO」ブランドの価値を他事業へ展開

さて、第二のブランド体系戦略としては、GSとSEIKOの距離を取りながら、SEIKOをよりシステムソリューション、デバイスソリューション寄りのブランドとして展開しようと考えていることだ。SEIKOに蓄積された挑戦、革新、信頼といったイメージと、加えて抜群の知名度

グランドセイコー最高峰の複雑時計KODO

を活用して、SEIKOブランドがこういうことをやっているのか、と顧客ターゲットに認識させることが出来れば、ビジネス拡大に有利に働く。今後とりわけシステムインテグレーターとして市場に入り込んでいこうとするなら、高い知名度の競合社に対抗できるようになれるかもしれない。

高橋さんは、こんな野望を持って、イノベーティブなビジネスモデルにSEIKOの冠を付けていきたいと考えている。

「セイコーソリューションズ社には、時計にルーツを持つ会社らしく、『タイムスタンプ』という時刻認証の仕組みがあって、これがひとつの強みになっています。システムには正確な時間という考え方は切っても切れないものですし、セキュリティや安全・安心イメージも、SEIKOブランドの強みとつながっています。今後はまだ十分認識されていないシステム事業で、SEIKOブランドを押し出していくつもりです」

セイコーグループの社会貢献

セイコーグループは、SDGsにもしっかり取り組んでいる。明確にマテリアリティも定めて、積極的な活動を展開している。

一例として、盛岡セイコー㈱の工場内にある、グランドセイコースタジオ雫石は、岩手県雫石町にあるGSのスタジオ（工房）である。閑静な白樺の林の中に佇む建築家の隈研吾氏が設計した工房は、周辺の緑と一体化して、あたかも一幅の日本画のように見える。ここはGSのメカニカルウォッチの細密な組立作業を受け持っているのだが、セイコーグループはこの自然林を維持するためのサポートを行っている。工房の庭園にも、生き物が自然に暮らせる環境を整えたビオトープがある。

その自然の白樺林のイメージは、GSの時計の文字盤デザインなどにも映し込まれており、ミニマルにしてナチュラルなイメージを時計にまとわせているのだ。

詰まるところ、事業と社会貢献を切り離して考えるべきではない、というのがセイコーグループの基本姿勢なのだろう。本業で社会課題のソリューションを提供し続けることが出来れば、事業自体が社会への貢献となる。服部会長も、工場やビルで、故障の予兆を管理するシステムの話などを紹介しながら、ハードとソフトを合わせたソリューションで社会に貢献していきたいと、抱負を述べていた。

高橋社長は、「社会課題の解決」と「事業の成長」というのは両立させるべきものだ、と社内で説き続けているのだそうだ。

「服部CEO賞」「高橋社長賞」「ビッグチャレンジ賞」という3つの賞

セイコーグループにも、パーパスにまつわる表彰制度があった。上半期と下半期、年に2回実施している。

傘下の7つの事業会社トップから推薦が来て、そこから服部さんと高橋さんが表彰するプロジェクトを決めている。この賞の立て付けは、少々変わっており、「服部CEO賞」「高橋社長賞」に加えて「ビッグチャレンジ賞」という賞があるのだ。

「服部CEO賞」はパーパスの「信頼と感動と笑顔」というテーマに沿って、服部さんが決める。目覚ましい業績を上げた、得意先に貢献をして業績を押し上げた、など定量的に測れるものではなく、かなりエモーショナルな評価視点となる。

高橋さんいわく、「でも服部はこのエモーショナルな視点を大事にしています。一方、私の高橋社長賞は、『革新と挑戦』という視点から、イノベーティブな成果を重視しています。技術革新であるとかビジネスモデルの新たな提案などから選びます」

「二人のキャラクターに合わせて賞を作って選んでいるんです」

エモーショナルとイノベーティブとは素晴らしいコンビネーションだ。

さらに、高橋さんは「ビッグチャレンジ賞」についてこう明かす。

「1回目のときはなかったのですが、2回目からチャレンジ賞を設けました。これは、言ってしまえば『失敗賞』なんです。チャレンジしたけれど惜しくも失敗したが、会社にとっては大きなノウハウが得られた、あるいは他の事業会社にもの凄く参考になった。そういう失敗の仕方に対して『ビッグチャレンジ賞』を授与しているんです」

失敗したら責める、叱る、ではなくてそのチャレンジを褒める、というカルチャーは人財が伸び伸びと成長できそうである。

「これが服部流なのです。減点主義ではなくて、失敗を褒めるという思考なんです」

でも「服部CEO賞」「高橋社長賞」は各社から候補がしっかり上がってくるけれど、「チャレンジ賞」は必ずしも各社から上がってこないという。失敗を褒める、という感覚がまだ浸透していないのかもしれないし、失敗するのは自社の恥だ、と感じる人もいるかもしれない。だが、これが浸透すればよりよい風土改革に繋がりそうだ。

これまでのチャレンジ賞の一例は、と問うと、

「高速のサービスエリアのトイレの空室情報を電光掲示板で表示する、というプロジェクトがありました。スポーツ競技場や設備時計などの官公庁の仕事しかしていなかったチームが、BtoC的な発想で民間サービスに目を向けてきた。自分たちの技術で何か出来ないかと考えてくれたのですが、まだ売上には貢献していません。よちよち歩きの状態です」

ただこれは将来に繋がりそうだ。今までハードを売ってきた人たちが、ソリューションに目を向けてきたという点を評価して、褒めることにしたそうだ。

セイコーグループにとってのパーパスは、経営がブレることなく道を進むため

高橋さんへの最後の質問は、「これからパーパスを策定しようとする企業や経営者に向けて、何かアドバイスをいただけませんか」である。

「まだ途上なので偉そうなことはいえませんし、課題もまだいっぱいありますが、パーパスという

概念が、うちの会社に合っていたと思います」と高橋さんは答えてくれた。

「経営がブレることなく、同じ道を目指して進めるようにするためには、パーパスが必要です。このインタビューを受けることが決まって、今日に備えて頭の中で整理してきたのですが、我々の会社にはパーパスが必要だったのだと改めて感じています。ＶＵＣＡに振り回されないためにも、私益と公益を両立させるためにもです。

　最近はＪＴＣ（Japanese Traditional Company）などと揶揄されています。我々も御多分にもれずですが、日本の伝統的な企業というのは、経営理念や創業者理念と実際の事業計画や中期計画が乖離しているのです。経営理念としては定めていませんが、当社にも、創業者の言葉で、常に時代の一歩先を行く、などいろいろあります。それらを意識はしているものの、ダイレクトに事業計画には結び付きにくい。少し距離があると思っています」

　多くの企業は、企業理念、経営理念、創業者理念やミッションなどを持っているが、それらは経営にポジティブに機能しているだろうか。〝パーパスで時間軸を無限大化して長期的に活動していく〟、というセイコーグループの二人のトップの視点は、多くの経営者の参考になるのではないか。

　高橋さんは、ソリューションカンパニーの根底には、創業者の思想が息づいているとも付け加えた。

「『黄金の刻《とき》』（セイコー創業者の服部金太郎の会社草創期からの生きざまを、２時間ドラマとして描いたもの。２０２４年３月末、テレビ朝日系列で放映された）にも服部金太郎の苦闘が描かれていたのですが、彼が明治のころにやっていた事業は、社会課題の解決と事業の発展でしたし、ある意味パーパス的なものを持った事業家だったのだろうと思っています」

SEIKO HOUSEの応接室で、服部会長は最後にこう話してくれていた。

「パーパスは時間を掛けて、5年、10年と言い続けねばなりません。会社が存在する限りそのパーパスも続く。継続こそ力なりです」

このパーパスを浸透させていくために、パーパスワークショップとして、服部さんは定期的に社員とのランチ会を催して、パーパスをテーマにディスカッションを続けている。たとえば「あなたのパーパスは何ですか」といったような話をざっくばらんにやっている。高橋さんも手分けしてやっているのだそうだ。

服部さんは先のインタビューをこう締めくくった。

「グループ全員パーパスが自分ごとになるまで、パーパスの浸透活動は続けていきますよ」

3 UACJ――大きな組織を軽やかにまとめる

世界初の100％リサイクルアルミ缶がサントリーのプレモルに

2022年8月31日、マスコミ各社は、「サントリーのザ・プレミアム・モルツが、〝世界初〟の100％リサイクルアルミニウム缶で限定販売される」と報じた。そして9月6日、一部のコンビニやスーパーの店頭に並んだプレモルは、あっという間に売り切れとなったのである。販売された本数は70万缶で、今のところ再度販売される予定はない。

世界初の100％リサイクル缶の中身（つまりビール）を製造して販売したのはサントリー株式会社だが、100％リサイクルしたアルミニウム素材を缶へと加工したのは、東洋製罐ホールディングス株式会社だ。そしてその100％リサイクルアルミニウム素材を製造したのが、国内最大のアルミニウム総合メーカー、株式会社UACJ（ユーエーシージェー）なのである。

中身は通常のザ・プレミアム・モルツだが、このビールを充填したアルミ缶は通常のものではなかったというわけだ。

アルミ缶のリサイクル率（再生利用率）は非常に高く、約97・5％（2023年度アルミ缶リサイクル協会調べ）がさまざまな形で再利用されている。サーキュラーエコノミーを支える素材の優等生といえるだろう。その中で、アルミ缶から再びアルミ缶になる、いわゆるCAN to CAN率はおよそ73・８％（同上）。こちらも高い割合といえるのだが、再生する際には、強度を保つために新しいアルミの地金を混ぜており、新地金を入れない１００％リサイクルのCAN to CANを作るのはとても難しいといわれている。同社の技術力のなせる業といえるだろう。

缶のデザインは通常のものとあまり変わりないのだが、１缶あたりのＣＯ$_2$排出量は通常品より大幅に削減できている。商品ロゴの上には「ＣＯ$_2$ 60％削減缶」と明記されており、缶の反対面にも「リサイクルアルミ材１００％使用缶」と書かれている。さらにその下には、ＵＡＣＪのロゴが大きく表示されている。素材提供メーカーのロゴが商品の上に紹介されるのは滅多にないことだ。

この取組みは、ＵＡＣＪが誇る先進的技術力や、志を共にした３社の連携、そして社内における部署横断的な協力の下で実現出来た。このプロジェクトは２０２１年度から始まった社内表彰制度の対象となり、最優秀賞を受賞している。

世界初の100％リサイクルアルミニウム缶

２社統合による大組織の誕生、そして拡大

株式会社ＵＡＣＪの発足は２０１３年10月１日、古河スカイ株式会社と住友軽金属工業株式会社が経営統合して出来た大組織だ。住友軽金属の源流となる住友伸銅場の開設は１８９７年。古河ス

カイは古河電気工業株式会社のアルミニウム事業部門とスカイアルミニウムが2003年に合併して出来た会社だが、その起源は1910年にまで遡る。歴史ある業界トップ2社の経営統合当時の事業環境はというと、国内では少子高齢化による最終需要の減少、国内供給先（つまり直接の顧客）の製造拠点の海外移転が進むことで生じる国内市場の空洞化、海外では中国・韓国の新興メーカーの台頭があり、東アジアでの競争激化が続いていた。こうした環境下ではスケールメリットを追求する必要があると決断した両社は、共同で米国のアーコ・アルミニウムを2011年に買収。その2年後に両社は統合して世界3位のアルミメーカーとなった。

株式会社UACJ 石原美幸取締役会長

合併を決めた当初から、両社の社名は新会社の名称に用いないという方針を打ち出していた。新社名は社内公募で決めた。国内首位と2位が合併する新会社が一つになって世界市場を目指すという意味を込めて「United Aluminum Company of Japan」の頭文字をとり、「UACJ」とした。

一貫して同社の経営理念浸透活動の総指揮を執ってきた石原美幸取締役会長にお話を聞いた。「経営理念」という言葉を使っているが、当時パーパスが日本で一般的に知られていなかったため、あえて呼称をそのようにしたという。しかしその内容の本質はまさにパーパスである。なお英語版では、経営理念をPurposeと言い換えている。

石原さんは2018年6月にUACJの代表取締役社長に就任以来、組織の一体化、活性化に取り組んできた。

「統合から5年経過した2018年当時、元々の統合会社のメンバーが全体の3分の2、UACJとなってから入社したメンバーや北米や東南アジア地域で新しく仲間になったメンバーが3分の1。1万人を超える組織となっていました」

海外のメンバーが増えたのは、この間にUATH（UACJ (Thailand) Co., Ltd.）の立ち上げや、UWH（UACJ Automotive Whitehall Industries, Inc.）のグループインなどによる。

「統合直後は、統合前のそれぞれの会社の価値を生かしながら国内事業でしっかりと利益を出して、その利益で北米、東南アジアなどに投資を行い、世界でアルミニウムのリーダーシップを取れる会社になっていくことを目指していました。ところが2018年あたりから、米国と中国の貿易摩擦などもあり、日本の経済そのものの雲行きが怪しくなってきたのです」

翻ってUACJはというと、まさに2018年と2019年には海外投資のピークを迎えていた。収入は減るが、投資による出費は増えるという状態の中で、日本国内の稼ぐ力をもう一度復活させ、その間に新しい拠点の利益が出せるよう先行投資の刈り取りを急がねばならなかったのだ。実際、2018年度の経常利益は対前年比68%減と大幅に落ち込んだ。

統合以来の危機的状況に立たされていたのである。「稼ぐ力の向上」のほか、「財務体質改善」「経営のスピードと質の向上」が喫緊の課題となっていた。

新しい風土をつくる

「そのために、2019年9月に構造改革を宣言したのです。ただちに構造改革本部を設置し、その中に『企業風土・文化』のワーキンググループを作りました。その後、2020年4月に『風土改革推進部』を立ち上げたのですが、私は現在の風土そのものを否定するような言葉は嫌いでしっくりこなかった。これまでのよい風土・文化を生かしながら、新しい風土をつくっていこうという思いをこめて、2020年8月には『新しい風土をつくる部』という名称に改めました」

構造改革は6つの柱からなっていた。生産設備やビジネスモデルの見直し、組織の大幅な変更、役員数の絞り込みなどの改革に加えて、6つ目の改革テーマを「企業風土・文化」とした。改革を実現するには、企業風土そのものを見つめ直し変えていくべき、という強い思いが、石原さんの心の中にあった。

石原さんはこう続けた。

「海外も含め、UACJとして一丸となって危機を乗り越えていくために、理念や価値観の確認からスタートしようというのが、『企業風土・文化（の改革）』の狙いでした。

我々の会社の創業理念には、住友の精神と古河の信条があり、根本にある考え方は同じだと気づいたのです。つまり、共にきちんと社会の役に立って、将来を見据えて成長していくことが大事だとしていたので、それをもう一度みんなで見つめ直しながら、自分たち自身の企業としての存在価値を再定義しようと決めたのです」

統合当時、新会社の経営理念は作られていた。しかし、それは2社の理念を足して2で割るといったものだったかもしれない。少なくとも内部に求心力や一体感をもたらすものではなかったようだ。

企業理念を作り変える

インタビューに立ち会っていた「新しい風土をつくる部」の斎藤和敬部長も、「（統合当時に作った）理念が前面に出てきたところを一度も見たことがありませんでした」と述懐する。斎藤さんはUACJが発足してからのキャリア入社組なのだが、彼が入社してすぐに感じたのは、ベクトルがばらばらだということ。旧・古河スカイの人、旧・住友軽金属の人、両社を知らないUACJに新しく入ってきた人たちが一体となっていないように見えたのだ。斎藤さんの前の職場が「理念ドリブン」の強烈な会社だったこともあり、このようなまだ融合し切れていない会社には、組織を束ねる強い理念が必要、そう思うようになっていた。

石原さんもインタビューの中で、こう述べている。

「統合する前の2社のお客様は、もともとほぼ同じです。それぞれの営業部門は互いに競い合っていたわけですから、統合後も同じお客さまに対して、それぞれが（出身社によって）違うアプローチの仕方をしてしまうこともある。製造部門も各々独自のプロセスを持っていたので、作り方が違います。これでは合理性に欠け、経済性も低い状態になるので、ひとつにしていかなければならなかったのです」

石原さんは、当時の理念やコーポレートスローガンをどうするか思案していた。タイミングよく斎藤さんから「企業理念再定義」の提案が上がってきたこともあり、石原さんは「企業理念を作り変える」ことを決断した。

ただし新理念を策定するにあたっては、上で作って下へ下ろす、というやり方は避けたかった。

「設立当初に策定した理念は、経営会議の中だけで決めたものでした。目指すものが天から降ってきたのでは、皆で目指そうとしても目指しようがない。それで、もう一度作り直そうという決断に至りました」

石原会長（左）と新しい風土をつくる部の斎藤部長（右）

「では新しい企業理念をつくるということがどのようなことかというと、自分たちの会社が何のために存在しているか、その会社に所属している一人ひとりのメンバーが何のために、誰のために仕事をしているかということを明らかにしていくことなのです。

ＵＡＣＪといっても、アルミの会社だというのはなかなか分かりづらいですよね。アルミの会社だということをもっと対外的にもＰＲすると同時に、そのアルミを通して企業価値を上げて社会に貢献するのだという思いをひとつにしないと、この構造改革は実現できないだろうというところから、新しい理念開発の作業はスタートしています」

完成した新しい企業理念、目指す姿、価値観。そしてスローガン

２０２０年２月、新しい企業理念を含むＵＡＣＪグルー

プ理念が、海外を含むグループ全社・全社員が共有するものとして発表された。日本語版・英語版に加えて、中国語版・タイ語版も用意された。

―UACJグループ理念―

◇企業理念（英語版ではOur Purpose）
素材の力を引き出す技術で、持続可能で豊かな社会の実現に貢献する。

◇目指す姿
アルミニウムを究めて環境負荷を減らし、軽やかな世界へ。

◇価値観
・相互の理解と尊重　・誠実さと未来志向　・好奇心と挑戦心

UACJグループ理念の実現に向けて、社員一人ひとりの〝道しるべ（羅針盤）〟となる行動指針、「UACJウェイ」も定められた。新グループ理念発表から2か月後の4月だった。

このUACJウェイは「安全とコンプライアンス」を行動原則として、前掲の3つの価値観に沿って行動することを促している。

UACJグループが、永続的に社会や生活を支える企業であり続けるために、グループ社員が共通して持つべき行動の指針だ。

◇行動指針「ＵＡＣＪウェイ」

—相互の理解と尊重

・地域社会との交流を大切にし貢献する。

・人の多様性を認め、価値観を尊重する。

・オープンなコミュニケーションを実践し、チームと個人の成長を大切にする。

・「イキイキとした職場づくり」を推進する。

—誠実さと未来志向

・５ゲン主義に基づき行動する。

・現実に真摯に向き合い、物事の本質を捉えた「誠実なモノづくり」を通じて、ステークホルダー目線の期待に応える。
・「未来志向」で時代を先取りし、地球環境を守る活動に積極的に取り組む。
（※5ゲン主義…現場・現物・現実・原理・原則）

―好奇心と挑戦心
・環境の変化に対して常に「好奇心」と「挑戦心」を持ち、社会が必要とする製品とサービスを提供する。
・社会の将来に向けたオープンイノベーションに対して、創造力を持って取り組む。

このUACJウェイを説明するシンボリックな羅針盤の絵は、石原さんのアイデアだ。UACJウェイと言えば、この絵が思い起こされる仕掛けである。

さらに石原さんのたっての要望で、UACJという社名からは直ぐに分からない、アルミの会社だということが直感的に訴求出来る「コーポレートスローガン」も策定された。このスローガンはロゴ化されており、UACJのコーポレートロゴに付帯させて使うことも可能なものとなっている。さらに「ブランドメッセージ」を添えて、新たな理念のもとで世界を軽やかに変えていくという意志を強調している。

◇コーポレートスローガンとブランドメッセージ

Aluminum lightens the world
アルミでかなえる、軽やかな世界

私たちUACJグループは、高品質なアルミニウムの供給を通じて、
人びとの暮らしの向上や持続可能な社会の実現に貢献していきます。

アルミが世界に誕生してから200年。
高いリサイクル性や軽量性で、環境負荷低減に貢献してきました。
高機能や意匠性、加工性で、ユーザーを魅了してきました。
そして今、持続可能な社会の実現に向けて、
この素材への期待はさらに高まっています。

UACJグループは、
100年に亘り究めてきた技や術を結集し、
これからもアルミの可能性を拡げていく。
より良い地球環境づくりのために、
この世界をより明るく、軽やかに変えていく。

Aluminum lightens the world

Today, through the supply of high-quality aluminum,
the UACJ Group is committed to improving people's lives
and helping to realize a more sustainable society.

Aluminum has been in use for about 200 years. It first
attracted attention for its robust composition, high
functionality and workability. Other qualities, such as
high recyclability and light weight, have long made the element
important in reducing the environmental impact of industry.
Now, as the world places great value on sustainability,
expectations for aluminum are even higher.

For more than 100 years, the UACJ Group
has combined technological expertise and creative
inspiration to develop a mastery of aluminum.
Today, our focus is sharper than ever.
How can we expand the possibilities of aluminum
to create a better global environment?
We believe we will make the world lighter and brighter.

新しい風土をつくる部のタスクとは

ここからは、「新しい風土をつくる部」部長の斎藤和敬さんの話を伺っていこう。

ＵＡＣＪグループ理念をつくる、という大仕事は、構造改革本部の企業文化ワーキンググループの時に成し遂げた。２０２０年２月の発表後、風土改革推進部を経て「新しい風土をつくる部」となってからは、このグループ理念をグループ傘下の全社に浸透させていくという活動フェーズにタスクが移行した。経営企画部・構造改革本部時代の理念開発に向けての取組みと、その後の浸透活動について、紹介していこう。

「私が経営企画部にいたころ、経営企画部長や担当役員に、理念の作り直しの提案をしました。そしていよいよ当時社長だった石原に提案しました。理念まるごと変えましょう、と言ったら、石原は即座に『いいね』と反応したのです。そして『そもそもＵＡＣＪが何の会社か分からないから、スローガンのようなものも入れたいね』という指示ももらいました」

即座のトップの反応には、斎藤さんも少し驚いたのではないだろうか。

「いつからやるのか問われたので、少し準備してから、と答えたら、『いや今からすぐにやりなさい』と言われました」

当時のＵＡＣＪは先に述べた理由で業績が

グループ理念とコーポレートスローガン、ブランドメッセージが掲載された「UACJブランドブック」という冊子と携帯カードも、この時期に社員に配布されている

悪化しており、石原さん（当時代表取締役社長）は、改革は待ったなしだと思っていた。事実この「すぐやる」決断は正しかった。世界的なコロナ禍前の理念発表（２０２０年2月）にぎりぎり間に合ったのだから。

ここで注目すべきは、リーダーの取組みに対する強い意志である。事実、理念やＵＡＣＪウェイ、スローガンなどの開発プロセスでは積極的に後押しをし、発表後の内部浸透においては、各種施策を支援するとともに、後記する理念対話会のパワフルな推進役となった。トップ自らが変革を実現するために先頭に立って旗を振るのが、こうしたプロジェクトでの成功の重要なカギとなる。加えてプロジェクトを、スピード感をもって推進するためにも、このリーダーシップは必須である。

新しいグループ理念開発のための行脚

そこで斎藤さんは社内のあちこちにヒアリングを掛けていくことにした。国内だけでなく、海外にも飛んで意見を聞いた。何を聞いたかといえば、「ＵＡＣＪの強み」や「ＵＡＣＪらしさとは」「これからＵＡＣＪに必要なものは」などだ。

徐々に皆の意見の中にある共通項が見えてきた。

「真面目なものづくりの会社」だけれど「エキサイティングさ」や「楽しさ」「挑戦心」が若干乏しいということ。さらに「完璧を求めすぎるきらいがあり、減点主義の組織」になっていることも分かってきた。斬新なこと、挑戦的な試みを思いついても、「つぶされる」ので「どうせ言っても無駄」という諦めの気持ちが、皆の中にあった。

「若手がもっとグイグイ前に出られるような風土になったら」と斎藤さんは思ったという。

前職でシリコンバレーの企業と付き合いが多かった時期があった。社内の話を聞いていくうちに、以前大手IT企業やITベンチャーを訪ねたときのことが思い出された。

これらの会社は、年齢に関係なく議論できる風土があった。年齢はジャスト・ナンバーでしかないという捉え方だ。肩書も関係ない、考えていることの中身が重要、そういう思考パターンが根付いていた。敷地内に広い芝生の庭がある。そこに寝そべってパソコンを使って仕事している人がいる。芝生で車座になってディスカッションしながら、大きなことを決めてしまう。ターバンを巻いた人がいるなど、いろいろな人たちがいて、対等に議論し、いいものを開発しよう、まずはやってみよう、といった前向きな風が吹いているようだった。

「これじゃ日本企業は勝てないな、と思いました」。斎藤さんは、そう当時を振り返る。

そしてUACJでいろいろな意見を集めてみると、

「JTC（Japanese Traditional Company）であってはならない。内側であれこれやっているのではなく、もっと外へ出て戦わないと。こんなことをしていたら競争に負けてしまう」と、自社の現状に一層の危機感を募らせたという。

一方で、ヒアリングしていくうちに、中には素晴らしい人材が沢山いることを実感した。「凄いことをやっているのだが」「それを表現出来る場がない」、「謙虚過ぎて」「アピール不足」であることも多々あるようだった。

力を発揮できる場さえあれば、大輪の花がいっぱい咲くだろうと思えた。こうしたヒアリングやリサーチの結果は、折々に石原さんに報告した。

国内外で続けられた本社とグループ会社への行脚の結果、斎藤さんは105名の生の声を得、さらに追加でアンケートも行って、400名の意見が聞けた。1万人のうちの5%だから多いとは言えないが、明瞭な方向性が得られたので良しとした。

国内外で違ったのは、海外からは「多様性の尊重」への配慮を促す声があったことだ。この点について日本はやや弱かった。「持続可能性」についても海外の声の方が大きかった。「挑戦する」「好奇心」「スピード感」なども海外の声のほうが強かった。「誠実さ」「相互の理解と尊重」などは日本人から多出していた。

この斎藤さんの行脚の結果とアンケート集計結果をもとに、UACJグループの現在の姿を描き出す「4つのDNA」がまとめられた。

旧2社の信条や、役員会議での議論なども加味して、共通の因子や根底に流れる皆の想いを見つけ出し、具体的な言葉や考え方としてまとめていった。UACJウェイに盛り込まれた項目の中には、すでに組織内に醸成されていて今後も残すべきものと、今は強くないけれど、これから必要になってくるものの両方が入っている。「皆の意志や思いをひとつにまとめる」という大変な作業だった。

石原さんも、インタビューの中で、こう当時を振り返っていた。

「何の相談もなく経営層が作って下ろした最初の失敗に学びました。皆で作り込んでいくというプロセスが大事なのです。今回は、逐次斎藤から進捗報告のレポートをもらって、ディスカッションしていました。もちろん経営層や外部の専門家の方とも作り込んでいき、最後は自分の思いも表現に込めました。皆さんから集めた声をもとに練り上げていくというやり方が良かったと思います」

今も続く社員との「理念対話会」

浸透施策の中心となる活動は、何を置いてもまず「理念対話会」だろう。きっかけは、石原さんの行動だった。

「理念対話会というのを、発表後すぐに始めました。直接社員と対話しながら理念を理解してもらおう、と石原が言い出して始めたのです」と斎藤さん。

この対話会は今も続いており、この会に参加した人数は、過去4年間で1153回、6801人に達しているという。これはグループ全体の従業員数の約7割だ。さすがに石原さん一人でこれを成し遂げたわけではない。自分ひとりでは限界があるからと、部門長や各社の社長にもやってくれと声掛けを始めたら、呼応して各地域で開催するようになった。

石原さん自身による対話会は、このうち136回928人に上る。

「日本だけでなく、海外も含めて取り組んでいます。1回の参加者は5～6人。国内では90分から100分、海外では通訳を入れることもあるので、120分を1つのタームとして開催しています」

「幹部との対話もしますが、現場のメンバーともやっています」

そう石原さんは語りながら、チェコのプラハでの対話会の写真を見せてくれた。自動車向け部材の製造を行っている工場だ。

チェコ（UACJ Extrusion Czech s.r.o.）での理念対話会

対話会では理念についての説明をすると同時に、参加者がどんな風に目指す姿やＵＡＣＪウェイを意識して仕事をしているかについて対話している。

発表当初は、コロナ禍が拡大し、オンライン開催から始めたが、オンラインだとどうしても伝わりづらい部分があるので、コロナが一段落してからは、対面式で実施している。

石原さんは理念対話会の価値について、やってみて分かったことがあったという。

「開催して一番良かったと思うことがあります。ものを作っている人、経理の人、人事の人、研究の人など違う職種の人が集まるのですが、同じ事務所の中でもポジションが全然違いますから、お互いのやっていることや仕事への想いを知る機会が少ないのです。グループ理念の話を切り口にしての私との対話ではありますが、彼ら同士も会話して、互いに分かり合おうとしているのです」

ＵＡＣＪウェイにある「相互理解と尊重」につながっているということである。

10周年記念イベント　2023年10月10日午前10時

浸透活動はこつこつと継続することが大事な作業だが、ところどころに大きな「見せ場」を作るとより効果的だ。その意味で、「UACJ統合10周年記念イベント」はUACJのパーパスブランディングともいえる一連の活動において、最大の見せ場だったといえるだろう。

斎藤さんは、このイベントをこう説明する。

「この統合10周年記念イベントは、理念をテーマに行ったイベントなので、いろいろなことを仕込みました」

石原さんは10周年記念イベントの挨拶に羽織袴姿で登場

「イベントは語呂を良くしようと、2023年10月10日の10時から開催しました。時間はきっかり1時間だけ、UACJの歴史を振り返るムービー、石原が羽織袴を着て登場して挨拶、UACJの作業着コレクションを動画で面白おかしくやったり、UACJの10大ニュースといって、ここ10年で起きたことで印象に残っていることを社員に事前投票してもらって発表したりしました。上位に食い込んだトピックスは動画で発表しました。ちなみに10大ニュースの1位は、2021年度の過去最高業績達成でしたね。構造改革を成し遂げた結果に皆喜びを感じてくれたのだと思います。最後に未来に向かってのメッセージや、みんなで社歌を歌って踊るなど、盛り上がりました。

本社（東京・千代田区大手町）があるビルの3階にある大きな会議室を複数借りて、リアルとオンラインのハイブリッドで行いました。ホールには本社と近隣のオフィスの人が出席し、他の国内製造所などとは中継でつなぎ、時差が大きくないタイとベトナムなども同時中継でつなぎ、時差が大きい米国などはアーカイブ配信しました。でも夜ふかしが平気な人は、生中継を見ていたらしいです」

時間は、現場を止められないなどの理由もあり、1時間きっかりにしたので、リハーサルのようなシミュレーションは事前にしっかりやったという。

「秒刻みで、これは少し長いから縮めようとか、コンテンツの中身も、お手伝いいただいた制作会社さんと一緒に調整しました。見ている視聴者の人は、テレビ番組を見ているような感じだったでしょう。カメラも何台も入れて、テロップなども流しました」

社歌

記念イベントで皆が歌った「社歌」は、大きなブランドアセット、財産になっている。

なぜ社歌を作ったか。グループ内が一丸になるように、というのが理由だ。誰が作ろうと言い出したのか。それはひとりのベテラン社員だった。

新しい風土をつくる部の立ち上げと同時に、イントラネット上に何でも意見が投稿出来る「目安箱」を設けた。ここへ先の社員から、「他社では一体感の醸成を目的に、周年イベントなどで社歌を作っている。当社でもやってみたらどうか」という提案があったのだ。

調べてみると、各社各様の取組みをしているし、今どきの企業の社歌は、昔のようにベタなものではなく、社員が口ずさめるようなものが多いらしい。日本経済新聞社が主宰する「日経社歌コンテスト」なる催しもあるらしい。ではやってみよう、ということになり、およそ2年の歳月を費や

社歌「つづけ」のミュージックビデオ　世界中で仲間が歌ってダンスする

して制作された。

ＵＡＣＪグループ社員に向けて募集をかけて、候補案を２つ選び、さらに１曲に絞り込んで、プロの作詞作曲家やミュージシャンが手を加えて完成させた。

出来上がった楽曲は「つづけ」と題された。映像が付いたミュージックビデオも出来た。アルミニウム板コイルが並ぶ工場の中で、ユニフォーム姿の社員たちが歌って演奏して踊るシーンから始まり（プロの振付師に飛び込みで依頼して、ダンスを指導してもらったそうだ）、国内製造所・オフィスはもとより、全世界のＵＡＣＪの従業員から当時社長だった石原さんまで、リズミカルな曲に合わせて楽しそうに躍る姿が映し出される。ラストシーンは湘南の海岸にころがるアルミ缶を、小さな女の子がリサイクルボックスに放り込むところで終わる。折々に挿入される映像も詞もタイトルも、環境やサステナビリティを意識した内容になっていて、その点も共感出来る完璧な仕上がりだ。

このミュージックビデオ化された社歌は、10周年イベントの前に内部へ配信されていたため、２０２３年

10月10日のイベントで参加者全員が唱和し踊ることが出来た。この社歌ビデオは、その2日後にはＹｏｕＴｕｂｅにもアップされている。日本経済新聞社が主催する「日経社歌コンテスト2024」では、見事チームワーク賞を受賞した。

大変な手間が掛かっているが、グループ内をつないでいくには、うまい手法である。

記念史と写真集

10周年の記念事業として、125年の歴史をまとめた記念誌「ＵＡＣＪ設立10周年アルミニウム圧延125年」（いわゆる社史）も作った。

さらに、世界のすべての従業員が掲載されている写真集も制作した。撮影したり、写真を集めるのが相当大変だったようだ。記念誌で182ページ、写真集で282ページもある大作になった。

この記念誌と写真集は、デザイン的にも1つのセットになっている。1万人近いすべての従業員が1冊の本にまとまった写真集など、他にあるだろうか。

石原さんは「系譜図」（記念誌の冒頭にある『ＵＡＣＪグループ系譜』）作成の取組みも高く評価していた。

「私たちの会社は、過去を振り返れば多くの企業が一つになってきたという経緯があるので、過去に在った全部の会社を取りこぼすことなく調べて集めて、大きな家系図のようなものを作成しました」

小さな川が合流しながら、ひとつの大河になっていく。来し方を見詰めて行く末を想う（構想する）には必要な家系図だ。

表彰制度

表彰制度は2021年から始まった。UACJウェイの行動指針に照らして、その年度に活躍したチームを表彰している。「素材の力を引き出す技術」で「アルミでかなえる軽やかな世界」を実現するための成果を出したチーム。あるいは「相互の理解と尊重」「未来志向」「好奇心と挑戦心」のように、価値観やウェイに謳われていることに相当するようなチームを、自薦・他薦ともに受け付けて、対象となったチームの活動を一次審査、二次幹部審査で決めて表彰する制度だ。報奨金も「結構出る」とのことだ。

過去3年、最優秀賞を受賞したチームは3つあるわけだが、本項冒頭でご紹介した「世界初の100%リサイクル缶の実現」は、このうちの1つのチームが手掛けた実績だ。

この完璧なリサイクル缶は、サントリー、東洋製罐とともに、脱炭素社会・循環型社会へ挑戦する取組みが評価され、2023年8月、「日本パッケージングコンテスト」におけるジャパンスター賞／経済産業省産業技術環境局長賞を受賞している。

好奇心と挑戦心を盛り立てる、グループ全社員に響く素晴らしい事例ではないか。

石原さんもインタビューの間に自室に戻り、この100%リサイクル缶の貴重な実物を持ってきてくださった。製造プロセスやコストも含め、今後の生産は検討中であるが、大変な困難を乗り越えた末に実現した取組みだけに、レアな缶が神々しく輝いてみえた。

「ALUMINIST」49号の表紙

社内報の変化

社内報の「ALUMINIST」は、2013年の統合以来発刊されているが、2023年度「経団連推薦社内報審査」で最高位の優秀賞を受賞している。従業員が主役となっている点や、グループ理念・UACJウェイの浸透、一体感の醸成に軸足を置いた発行目的や編集方針である点が高く評価されたという。とりわけカーボンニュートラルへの挑戦をテーマにした号は、従業員自身が、自社の製品が社会に役立っていることを感じられる内容であると評価された。「UACJ設立10周年、アルミニウム圧延125年」をテーマにした号も、この先も明るく元気に歩む気持ちにさせてくれる内容だとの評価をもらったそうだ。

実際この「ALUMINIST」は、2019年の構造改革宣言以降、2019年から大幅に内容を変更し、新しい風土をつくっていくための重要な役割を果たしている。2019年6月号では深夜ラジオになぞらえた「オールナイト☆UACJ」という10ページの特集を打って、従業員が現在の会社や仲間に対して感じている生々しい「本音」を炙り出した。この広報誌では、ES（従業員満足度）調査を毎年行っていたが、ES指標が低下の一途を辿っていたことも問題だった。そこでこれ以降、「楽しく読める」「共感できる」「モチベーションが上がる」の3点を編集方針として設定している。

ブランドスタイルの構築

ＵＡＣＪのグループ理念浸透において、もうひとつ特徴的なことを挙げるとすれば、デザインの活用が上手だったということだろう。

国内の福井や深谷などにある製造所には、ブランドブックの抜粋版のような大きな看板が掲出されており、タイ・ラヨン県にあるＵＡＴＨにも、タイ語に翻訳された同じデザインの大型看板が、熱間圧延ラインのお客様用見学コースと従業員の出退勤通路脇に並べられている。本社内をはじめ各所に掲示されているポスターやパネルも、コーポレートカラーに彩られた手描きイラスト風の絵が添えられるなど、ブランドブックのデザインと連動していた。

２０２０年2月に完成したブランドブックのビジュアルデザインが、こうした理念浸透の基盤となっていたのは、石原さん発案の羅針盤と同じく効果的だったと思われる。

さらに同社では、２０２１年1月にＵＡＣＪブランドガイドラインを制定して、ロゴやブランドスローガンの表示方法を規定するとともに、ブランドスタイルも定めている。ブランドスタイルとは、カラーパレット（各コミュニケーションで使用出来る色）、グラフィックエレメント、写真などで表現されるＵＡＣＪブランドらしさの表現だ。カラーパレットには7種類のブルーが制定されていて、その使い分け方なども記されている。同社のウェブサイトへ行けば、このブランドスタイルに則ったデザインを見ることが出来る。

中にあっては浸透力と求心力の醸成、外に向けては発信力の強化につながるこうしたスタイル構

ブランドスタイルガイドラインとその展開例

築の試みは、ＢｔｏＢ企業と思えないほどきめ細やかに実践されている。ただし海外の競合大手も同様の取組みをしており、ＢｔｏＢにおいてもグローバルでの戦いには欠かせない常識になりつつあるといえるだろう。

企業文化を変えていくためのＵＡＣＪの試みは、このほかにも数え切れないほど存在する。「ふどつくフレンズ」という、新しい風土（ふど）をつくる（つく）ためのサポーター社員制度もそうだ。ボランティア的な要素が高いものの、役割は社内公認である。現在40人が活動しているという。

アルミニウムが果たす役割

石原さんが自室からインタビューの場に持ってきてくれたものがもうひとつあった。

「こちらはアルミの特徴を生かした高い密封性と紫外線などの光を通さない遮光性で、12年間の長期保存を保証しています」

ＵＡＣＪはアルミボトル缶入りの備蓄水と供給ネットワークサービス「水の架け橋」の実証実験を、２０２２年８月下旬より開始している。

本実証実験を通じて「水の架け橋」の利用者を段階的に増やし、

災害時に飲料水を支援し合うネットワークの構築を目指しているのだ。本製品を導入する事業者や自治体は、買い替え頻度の削減、入れ替えや廃棄作業に掛かる費用と人的なコストの削減が見込める。

石原さんの説明はこうだ。

「各所が保存している水は、大概賞味期限が3年くらいのペットボトルです。災害がなければその備蓄水は3年に一度廃棄され更新されます。こちらの『水の架け橋』は12年保管出来るので、更新頻度が4倍長くなります。そしてどこかで災害が起きたときのためにネットワークを作っておけば、連絡を取り合ってその長期保存可能な水を融通することができます。日本全国で同時に災害が起こることは稀なので、どこかが困ったときには、別のどこかから支援出来るわけです。

水を売るというよりもそのネットワークを使って社会貢献をしようという取組みなのです。2024年1月の能登での地震災害時には、ある自治体から備蓄していたものを能登に送っていただき、なくなった備蓄分をまた弊社からその自治体に供給しました」

世界初100%リサイクル缶（左）と備蓄水「水の架け橋」（中・右）

この製品とサービスは、2021年度に開始した社内ベンチャー制度、「UACJ Innovators」事業化の第一弾で、有志メンバーによって提案された。グループ理念の「好奇心と挑戦心」を軸に、「素材+αの付加価値拡大」「新領域の創出・拡大」を目指す試みだ。

日本国内のみでの事業だが、地震や近年では豪雨などの災害が頻発する我が国で、この新しいシステムは活躍を始めている。

リサイクルのことを考え、アルミ製のキャップと胴体は分別が不要なよう作られており、再びアルミ缶にすることで、環境負荷低減、資源循環に貢献すると同時に、減災・防災にも一役買っているのだ。販売元はUACJと明記されている。

こうした特別な取組みもある一方で、アルミの可能性は自動車の世界にも広がっている。

主にEV（電気自動車）の軽量化に役立っているのは知っていたが、最近の車には相当量のアルミが使われていることを改めて学んだ。

石原さん曰く、「ボンネットを開けていただくと、特にエンジン回りには多くのアルミが使われています。冷却用の製品やラジエーター、エンジンを冷ますクーラーなどもそうです。車の重量を軽くすれば燃費が向上するので、EVに限らず車全般でアルミが取り入れられているのです。高級車では大半がアルミボディに替わりつつあります。米国のCAFE規制もアルミには追い風です」

CAFE規制とは、米国で、乗用車と小型トラックの2032年モデルの燃費基準値について定めたものである。毎年の改善目標が掲げられており、欧州も日本も追随している。

アルミ製品の統合ブランド化

石原さんは、今このアルミを取り巻く事業を、1つのブランドで括ろうとしている。それが「ALmitas+（アルミタス）」だ。

「〝アルミっておもしろい〟をブランドコンセプトとして、アルミニウムが人々の生活に面白さを足して、ワクワク感で満たしていくといった思いを込めたブランドです」

ＵＡＣＪに数ある製品名称の頭にこのＡＬｍｉｔａｓ＋を付けて、ブランドを統一していくブランディング戦略を実行しつつあるそうだ。

「元々2社別々にあったころには、住友軽金属にも古河スカイにも、沢山の製品ブランドがありました。ただ今も製品名称がいろいろ溢れているので、ＵＡＣＪとしてはこれもひとつにするべきだろうという思いもありました」

ＡＬｍｉｔａｓ＋の下に8つのブランドカテゴリーを設け、各製品ブランドを整理。再生原料やグリーン地金等を活用したＵＡＣＪグループの環境配慮製品ブランドは、もともとUACJ SMARTと名乗っていたが、これは「ALmitas+ SMART（アルミタススマート）」に変更した。高機能性アルミニウム塗装材はＵＡＣＪコートと言っていたものを「ALmitas+ Coat（アルミタスコート）」に変えた。

このＡＬｍｉｔａｓ＋という名称も社員でプロジェクトチームを作り、考えたそうだ。

これからのＵＡＣＪはどうなっていくのか

世界のアルミニウム圧延メーカーの上位社は、自国で地金を作っているところが多い。インド、中国、米国などの企業だ。対してＵＡＣＪは、地金を海外から輸入している。コスト競争で不利な状況を、最先端の技術力や研究開発力、先進的な生産設備で補って、付加価値を高めて売っていくのが差異化の道であり、成長の原動力となっている。だから常に「先を行くことが大事」ということだ。高い製品クオリティを維持しながら、リサイクル率を上げていくこと。その結果環境負荷を下げていくという取組みも、グローバルを意識すれば、他社の先を行く必要がある。

これからの貴社はどうなっていきますか、と問うと、石原さんは持続可能性という言葉を使って次のように答えてくれた。

「持続可能、続くということが大事だと思っています。それは地球環境と同じで、UACJは100年後もしっかりと生き続けている会社でありたいと思っています。そのために、何を価値として追求していくかと言えば、しっかりと環境負荷の低減に貢献するということに尽きます。

会社の成長も大事ですが、その成長の中には人の成長も当然含まれます。最近よくウェルビーイングと言いますけれど、自分の幸せ、家族の幸せ、会社の幸せ、地域社会の幸せ、人類全体の幸せ、と、どんどん幸せが広がっていくことが大事です。社会になくてはならない会社だね、と評価されれば、それが企業の成長につながっていくということです。やはり、持続可能な会社であるということが大事だと思います」

他社へのアドバイス

これからパーパスなどの理念構築に取り組もうとしている企業や悩んでいる企業への、アドバイスを尋ねた。

「おこがましいですが、『見つめ直す』ということがまず大事です。現状把握をするなどして、しっかりと幹や芯が通っているかどうか、今あるものを改めて見つめ直してみることだと思います。

理念というのは一番頭にあって、その一番頭にあるものと一人ひとりの行動が一致していなければなりません。

芯がずれているのなら修正を加えていかねばなりません。そして何よりも自分のやっている事業の何たるかを、理念なり、目指す姿に明確に込めていくことが欠かせないと思います。弊社でいうと、『アルミニウムや素材や技術』、あるいは『軽やかな』など、私たちが何をやっているのかということを表す、皆さんが共感できる言葉が入っていると、活動も成長も続いていくのではないでしょうか。お飾りだけの言葉にはならないと思います」

成果

石原さんは、企業風土を変えてきた一連の活動成果として、次のように締め括った。

「構造改革の6つの柱の1つとして始めたので、この一連の活動も、構造改革の効果の実現につながらなければいけませんでした。構造改革自体は2019年の10月から2023年の3月まで取り組んだテーマでしたが、数値的な目標、数値化されていない目標の両方がほぼ達成できました。この間、新しい風土が徐々に醸成されることで、全員野球で取り組む姿勢が養われたからこそ成果が出せたのだと思います。風通しの良い組織に生まれ変わりつつあるのです」

事実、同社では毎年社員に対してエンゲージメント調査を実施しているが、その中の企業理念に関しての結果は年々上昇を続けている。

2021年度は、過去最高業績を上げて、営業利益が統合後一番良くなった。

2022年度は最高売上を達成した。構造改革自体2023年の3月には完了した。

２０２３年度は２０２１年度をさらに超える過去最高益を叩き出した。売上は前年度を下回ったものの、利益率がダントツに良くなった。利益面だけでなく、２０２４年３月には『健康経営優良法人２０２４、健康経営銘柄２０２４』に初めて選定され人的資本への取組みにおける外部からの物差しでもどんどん変わってきた会社だと高評価を受けられるまでになってきた。

さらに斎藤さんは続けた。

「構造改革は終了したのですが、私が担当している風土・企業文化の改革については、10年ぐらいの時間が最低でもかかるから、『新しい風土をつくる部』はそのまま残そうということになりました」

斎藤さんは、２０２４年夏、日本経済新聞社のセミナーにも登壇して、自社の事例について語った。

石原会長にも、ＵＡＣＪで追求してこられた改革を、ＪＴＣ全体を変えていく改革にまで広げるべく、日本の経営者を啓発するエバンジェリストになって戴きたいと願わずにはいられない。

4　バンダイナムコグループ
――世界中に歓びを届けるブランドになる

あの実物大ガンダムが大阪・関西万博に登場

――2024年10月23日に行われたのは、実物大ガンダム像に頭部をドッキングする、「上棟式」ならぬ「上頭式」。安全祈願の神事が行われた後、ガンダム像の頭部がクレーンでゆっくりつり上げられドッキング。ガンダムが大地に立った――

これは2025年日本国際博覧会（大阪・関西万博）に出展する、株式会社バンダイナムコホールディングスの「GUNDAM NEXT FUTURE PAVILION」前でのひとこまだ。大阪・関西万博は2025年4月から10月、大阪・夢洲《ゆめしま》で開催されるが、そのパビリオンに、実物大のガンダム像が設置されたのだ。ガンダム像は、高さ約16・72メートル、総重量は約49・1トン。

2020年12月から横浜の山下ふ頭のGUNDAM FACTORY YOKOHAMAで、動く実物大ガンダムが公開されていたが、2024年3月末に惜しまれながらこの展示は終了した。今回そのガンダムがメンテナンスされ新たな像として万博会場にお目見えするとあって、多くのファンが来場することが予想されている。

ガンダムといえば、1979年「機動戦士ガンダム」としてアニメの放映がはじまり、その後世界へ広がったバンダイナムコグループのオリジナルコンテンツである。映像最新作は世界配信され、

大阪・関西万博の「GUNDAM NEXT FUTURE PAVILION」

中国上海では実物大フリーダムガンダム像が屋外展示されているほか、北米やアジアでの商品売上が拡大するなど海外での人気が高まっている。半世紀近くを経て人気が衰えるどころか、子供から大人まで、そして世界中にファンの輪が大きく広がっている。（「機動戦士ガンダム 復讐のレクイエム」は、２０２４年10月よりＮｅｔｆｌｉｘにて世界独占配信されている）

好調が続く日本を代表するエンターテインメントグループ

バンダイナムコグループには、ガンダムを始め、パックマンやアイドルマスターなど、数多くの自社キャラクターに加え、ドラゴンボールやワンピースなど他社キャラクターも、幅広い事業領域の商品・サービスとして展開している。

こうしたキャラクターは、ＩＰとも呼ばれる。ＩＰはIntellectual Propertyの略であり、知的財産という意味だが、ゲームやアニメ・漫画の世界では、キャラクターそのもののことをＩＰと呼んでいる。

バンダイナムコグループは「ＩＰ軸戦略」を掲げていて、エンターテインメント分野において多彩な事業領域と豊富なノウハウをグループの強みと位置づけ、IPの世界観や特性を活かし、最適なタイミングで最適な商品・サービスとして展開することで長期的なIP価値の最大化と可能性の拡大を目指す、としている。

自社オリジナルのIPもあれば、他社・者との協業で商品化しているものもあるが、こんなにたくさんのスターIPを商品化しているエンターテインメントグループも珍しい。

事実業績もここ10年、ほぼずっと右肩上がりで来ている。2015年以来9年間で株価はおよそ4倍近くにまで達し、グループの売上高も2016年の3月期から比較すると2024年3月期で1・8倍、純利益では3倍近くにもなっている。

事業は、デジタル、トイホビー、IPプロデュース、アミューズメントに広がり、国内外100社以上のグループ会社を擁する一大グループに成長しているのだ（2024年現在）。

だが、こんな絶好調のバンダイナムコにも悩みはあった。

少なくとも2018年にパーパスブランディングに取り組み始めた際には、いくつかの課題を解決したいという強い思いを抱いていたようだ。

海外での展開にもっと拍車を掛けたいのだが、なかなか思うように伸ばせない。今や日本は世界的漫画大国として強力なコンテンツを誇っている。そんな追い風の中、後押しをするべきバンダイナムコのグローバルにおけるブランド力が、認知度も含めてやや弱かったのだ。

事業会社間の連携も不足気味だった。100社以上のグループ会社と1万人を超える従業員を擁しているバンダイナムコだが、存在感が際立つ個社はあるものの、オールバンダイナムコという認識はやや弱かった。

直近の決算では、遂に売上高が1兆円を超えたバンダイナムコ。パーパスブランディングへの取組み成果が表れてきているのだろうか。

初期の目的は果たしつつあるのか、そもそもパーパスはグループ内に浸透したのか、パーパスブランディングが導入されて3年近く（取材時点で）を経た今、その変化や効果を伺うことにした。

なお、このセクションでは、まずPart1で、グループ全体のお話を株式会社バンダイナムコホールディングス代表取締役社長兼グループCEOの川口勝さんに伺い、その後Part2で、推進担当部署である経営企画本部コーポレートコミュニケーション室のメンバーの皆さんに、川口さんから聞き切れなかったお話を補っていただくという2部構成にした。

Part1
「Fun for All into the Future」を掲げた未来への挑戦―川口代表取締役社長兼グループCEO

グループ内事業会社間のシナジーが出始めた

パーパスブランディング導入に向けての準備は、2018年に始まった。当時バンダイナムコホールディングスの社長は田口三昭さん（2021年4月から取締役会長、その後2022年6月退任）だったが、川口さんもホールディングスの取締役（2020年から同取締役副社長）として、あるいはトイホビー事業の中心となる会社である株式会社バンダイの社長として、この重要なプロジェクトの推進役の一人だった。そしてその後、２０２１年４月に田口さんからのバトンを受けてホールディングスの代表取締役社長に就任した時点で、パーパスブランディングプロジェクトの総責任者となったのだ。つまり構築から推進まで、一貫してこのプロジェクトを見て来た人物である。

川口さんはこう切り出した。

「私たちは〝総合〟エンターテインメント企業として事業を展開していて、おかげさまで売上も順調に伸びています。昨年度、初めて１兆円を超えました。最終の純利益も１０００億円を突破しました」

冒頭にご紹介したとおり、順風満帆である。その好調の理由を問うた。

「それは、私たちならではの強みがあるからでしょうね。多くの優れた事業会社が、グループ内に存在しているということです。例えば、株式会社バンダイや株式会社バンダイナムコエンターテインメントなどが、それぞれの独自の強みで事業を大きくしているのです」

代表取締役社長兼グループCEO・川口勝さん

トイホビーで好調なバンダイや、ゲームコンテンツを幅広く手掛けるバンダイナムコエンターテインメントのような様々な事業会社が、それぞれの強みでグループを牽引してくれているということだろう。

海外での展開状況も伺ってみた。バンダイナムコグループの特徴的なここ数年の取組みのひとつに、海外での拠点統合があるからだ。これについて川口さんは次のように説明する。

「私が社長に就任して以来、とりわけグローバルな成長に力を入れてきたのですが、当初は海外において、個々の事業会社の力だけでは難しい局面がありました。そのため海外拠点のワンオフィス化を進めたのです。今までは、それぞれの国に事業会社ごとの拠点があったのですが、これをある意味で〝強引〟に、ワンオフィスに統合しました」

これまでバンダイナムコグループでは、各事業会社が海外で独自に拠点を設けてきた。しかしそれぞれの拠点の規模はさほど大きくなく、日本のＩＰが海外でも盛り上がる中、この追い風を生かし切れていなかったのだろう。

例えば、アメリカではカリフォルニア州アーバインに、フランスではリヨンに拠点を統合したのだ。グループ全体としてのシナジーが強化され、今後の成長に向けた基盤を固め結束すれば、市場攻略のパワーアップも図れるというものだ。

ちなみにアーバインは、ロサンゼルスから南に60キロほどの郊外にあり、カリフォルニア大学アーバイン校があることでも知られている。他方フランスのリヨンは、古くから産業の要衝として栄えるフランス第2の都市で、食と文化の街でもある。ワンオフィスの環境は、快適で働きやすそうな印象を受ける。

実際、事業会社の枠を超えて交流が進み、後で述べる企画面でも連携出来るようになり、さらに皆が集まってパーティなどを催すことなどで和やかな一体感が生まれているようなのだ。

バンダイナムコならではの独自の強み

バンダイナムコグループが持つ他社との差別化要因について、独自の強みや他企業との違いなどを聞いてみた。

「世界には様々な成功している素晴らしいエンターテインメント企業がありますが、我々は独自のアプローチを取っています。我々の大きな強みは、ゲームとトイホビーを中心に据えたデジタルとリアルの両事業を持っていることです。この2つの事業をダイナミックに展開している企業は世界的にもあまりありません。大きなゲーム会社やおもちゃ会社は存在しますけれど、両輪で動かしている企業グループは非常に稀です。さらに、アニメや音楽の制作、アミューズメント施設事業もグループ内に擁しているので、多岐にわたる事業を持つ点で他の企業とは異なる独自の強みを発揮出来ていると思いますね」

そう川口さんは自社グループの強みを説明した。

さらに、冒頭でも触れたとおり、バンダイナムコグループはIPを軸に事業を進めている点も特徴だ。

「我々は『IP軸戦略』を掲げており、ガンダムやドラゴンボール、ワンピースといったIPを活用し、各事業会社を横断するプロジェクトを進めるようになりました。オールバンダイナムコとしてIP価値を最大化し、国内外でのブランド力を強化しているのです」

また川口さんは、「ハイターゲット（大人層）」に焦点を当てた戦略を進めている点にも触れた。

「私が株式会社バンダイの社長（前職）をしていた頃から、ハイターゲット層に対して大きく舵を切る方針を進めてきました。年齢層の高いお客様に向けたクオリティの高い商品やサービスを提供することで、我々の成長が後押しされているのです」

株式会社バンダイは、バンダイナムコホールディングス傘下のトイホビーを中心とした事業を行う企業で、主に子供用の商品を展開し、個社のロゴである赤いロゴを使用している。主にハイターゲット向けの商品を扱うのはグループの株式会社BANDAI SPIRITSで、青いロゴを使用している。

パーパスの重要性と取組み

バンダイナムコグループは、2021年10月、新たにパーパスを公表し、2022年4月から導入すると発表した。このパーパスを基盤にして今もパーパスブランディングを推進中である。

「バンダイナムコグループは、2005年に株式会社バンダイ（統合前の旧バンダイ）と株式会社ナムコが統合してできた会社です。統合当初のテーマは『融合』であり、ロゴマークも2つの企業が融合するイメージを表現していました。しかし、それから15年以上経ち、今ではバンダイとナムコの融合は完了しています。これからは、『バンダイナムコ』というひとつのグループとして未来を見据え、さらに求心力も高めて、新たなビジネスに取り組む段階に来ているというのが、パーパスブランディングの開発に着手した当時の認識でした。そのために、第2創業と称して、パーパスを最上位の概念として再設定しました」

例えばロゴマークに関していえば、以前のものは、BANDAIとNAMCOを2行に組んで、ふたつがひとつに、という意味をこめたグラフィックを背景に描いていて、「フュージョンマーク」と呼ばれていた。しかしすでに、その役割は十分果たし終えていたのだ。

そこでパーパスの策定にあたっては、国内外の社員の声を重視し、反映したという。

海外の現地法人へも、本社から各拠点へ出向いてヒアリングし、オンラインでもさまざまな意見を聞く機会を設けてきた。

「パーパスを決めるにあたっては、社員の声をしっかり聞くことが重要でした。経営理念や創業者の思いはありましたが、それをそのままパーパスに盛り込むのではなく、一から社員とともに作り上げたのです。この未来志向のパーパスを掲げることで、全社員が同じ方向を向いて働ける環境を作りたかったのです」

社内外へのイメージ調査を実施した上で、世界各地域の社員たちによるディスカッションが行われ、役員会でもそれを基に議論を尽くして決めたのだ。

なお、バンダイナムコグループには「役員心得」というものがあり、株式会社バンダイナムコホールディングスや各社の役員が共有しているが、この中にはバンダイとナムコの創業者の思いや経営理念なども引き継がれているそうだ。ただこれは社員のためのものではない。経営理念や創業者の思いは、社員全員が共有するものと切り分けることにした。

「パーパス」の制定とコーポレートロゴマークの変更を決定

ではその最上位概念としてのパーパスやロゴはどのようなものになったのか。

話を少し巻き戻そう。2社の統合から16年を経た2021年10月1日、バンダイナムコホールディングスは、次のように発表した。

「企業理念体系を改定し『パーパス』を制定するとともに、現在のコーポレートロゴマークを、パーパスにこめた思いを具現化した新たなコーポレートロゴマークへ変更することを決定しました。

『パーパス』の導入と新ロゴマークへの変更は2022年4月にスタートする次期中期計画より行います」
「(これらの)変更は、変化が激しくグローバル市場での競争が激化するとともに、ファンの嗜好やライフスタイルが多様化する中、各社の個性を活かしながら各地域でオールバンダイナムコの一体感と総合力を高め、グループブランドの価値を向上することを目的としています」
(同日付のプレスリリースより)。

パーパスは、日本語版、英語版が同時にリリースされた。ただし日本語版においても、パーパスは英語版と同じ「英文」だった。

川口さん曰く「グローバルで展開するのだから、あえて英語にした」とのこと。日本語版は付帯するステートメント(パーパスの意味をより深く伝えるメッセージ)が日本語であるだけで、このプレスリリースは、世界的にこの英文のパーパスを展開することを示すものであった。

パーパスとステートメント

日本語版パーパス

Fun for All into the Future

もっと広く。もっと深く。

「夢・遊び・感動」を。

うれしい。たのしい。泣ける。勇気をもらう。
誰かに伝えたくなる。誰かに会いたくなる。

エンターテインメントが生み出す心の豊かさで、
人と人、人と社会、人と世界がつながる。
そんな未来を、バンダイナムコは世界中のすべての人とともに創ります。

英語版パーパス
Fun for All into the Future
Bandai Namco exists to share dreams,
fun and inspiration with people around the world.

Connecting people and societies
in the enjoyment of uniquely entertaining products and services,
we're working to create a brighter future for everyone.

英語版の内容を日本語に訳すと、「バンダイナムコは世界中の人々と夢、楽しさ、感動を共有す

BANDAI NAMCO
Fun for All into the Future

コンビネーションロゴ（スローガンのようにパーパスが付帯している）

るために存在しています。ユニークで楽しい製品やサービスを通じて人々と社会を結びつけ、みんなにとってより明るい未来を創るために取り組んでいます」と言っており、情緒的に語っている日本語版のステートメントと比べるといささか説明的だ。

　パーパスはひとつだが、その後の展開で、この付帯するステートメントは、各国各拠点で変えられるようにしたという。簡単な英文とはいえ、多少の解釈をステートメントとして添えないと、自走力が出てこない。日本語版のステートメントでは「もっと広く。もっと深く。」「うれしい。たのしい。泣ける。勇気をもらう。」など情緒的に盛り上げるような表現にしているが、これをそのまま英訳して海外のネイティブ社員に見せたら、「よく分からない」という反応だったらしい。伝える意味は同じでも、表現については各国・地域の文化などに根差したものにすべき、ということになったのだという。あくまでパーパスのFun for All into the Futureはそのままに、英語版、フランス語版、中国語版、というふうに各国言語によるステートメントが生まれた。

　日本においても、川口さんはこのFun for All into the Futureの日本語による解釈を自分なりに考えようと思った。おそらく意味を社内外から問われる場面があったのだろう。筆者がパソコン上で自動翻訳機能を使い日本語に訳してみると、「未来へ向けて、すべての人に楽しさを」「これから先も、誰もが楽しめるように」など、意味に大差はないもののいろいろ出てくる。そこで川口さんは、パーパスをこのように解釈した。

「笑顔と幸せあふれる未来をともに創る」

（後述する、自由に使える〝吹き出しマーク〟の中に自筆で書き込んで、写真のようにウェブサイト上に掲げた）

解釈が広げられる言葉だからこそ、その人ごとに解釈してもいいんじゃないか、そして経営トップの視点としても、自分が今後ずっと社長をやるわけではないから、次の社長は次の社長なりの解釈を加えて、自分の言葉でパーパスの定義を示してもいいのではないかと考えたそうだ。

新しいコーポレートロゴマークへの変更

コーポレートロゴマークを、パーパスにこめた思いを踏まえて新しいものに変更した。プレスリリースでは、「社名にバンダイナムコを冠する会社のロゴマークは全てこのマークを使用します。また、バンダイナムコを社名に冠する、冠さないにかかわらず、原則的に全ての商品・サービスに新ロゴマークを表記します」と明記された。強い意志を感じる表現だ。

このことによって、商品・サービスやレーベルが持つ価値を新ロゴマークに集積するとともに、その結果、グループの一体感と総合力を強く訴求し、グローバル市場におけるブランド価値の向上を目指すのだとも、プレスリリースは告げていた。課題解決のため、大きな方針転換を含む決断を

吹き出しフレームに書き込めるシステム

下したということになる。なぜなら、これ以前は各個社のロゴやＩＰやブランド名が目立つ形で表示されていたからだ。

さらにプレスリリースには、「世界中の人々がつながり、驚きのアイデアが飛び交うブランドの可能性を、〝吹き出し〟を想起させるモチーフにＢａｎｄａｉ Ｎａｍｃｏのロゴタイプを入れ込んだデザインで表現しています。また、日本から世界に発信されていったマンガ文化を象徴する〝吹き出し〟をロゴマークに取り入れることで、世界中のファンとコミュニケーションし、つながりながら、バンダイナムコのエンターテインメントを創り上げていくことを意図しています」とある。

このロゴマークがユニークなのは、このロゴを構成する「吹き出し」の中に、パーパスを入れたり、さまざまなメッセージを入れ込むことを可能としている点だ。メッセージの中にＢａｎｄａｉ Ｎａｍｃｏ以外の表記が出来るなんて、そんなロゴはこれまで見たことも聞いたこともない。バンダイナムコならではのユニークネスといえるだろう。

他にビジュアルアイデンティティ（ＶＩ）関連では、４色のサブカラー（後半で説明するベクトルエレメントの構成色）を持って積極的に展開しているのも特徴的だ。ＶＩ以外では、視覚だけでなく聴覚に訴えかける音によるロゴ（いわゆるサウンドロゴ。バンダイナムコではサウンドＶＩと呼ぶ）

も開発し、こちらも幅広いブランド接点で使用している。

パーパスへの社員の共感と誇り

今日、このパーパスに対する社員のエンゲージメントは非常に高まっているという。

「我々は毎年、社員のエンゲージメントサーベイを行っていますが、昨年度の調査結果では、パーパスに対する共感度は80％以上と非常に高く、ネガティブな評価は非常に少ない結果となりました。この高い共感度の背景には、社員がパーパスを自分事として受け止め、仕事に落とし込めているという事実があります」

川口さんは、このようにパーパスへの社員の高い共感性を強調した。今回お話を伺った他の企業の多くがそうであったように、パーパス開発時に社員の声を採り入れることが、その後のパーパスへの理解、共感、共創に奏功するのは間違いなさそうだ。

バンダイナムコグループのパーパスブランド戦略は、外向きのコミュニケーションにも効果を上げているが、やはりインターナルでの意識改革に大きな影響を与えているといえるだろう。

「我々が掲げるパーパス『Fun for All into the Future』は、ただのスローガンではなく、全社員が共有すべき存在意義です。これは、各社員が自分の仕事にどう関連付けるかを考えることを促すものであり、社員一人ひとりが自らの役割をパーパスに結び付けることが重要です」と川口さんは語る。

「私自身も、社員に対してこのパーパスの重要性を研修などで繰り返し伝えています。それは、パーパスを通して社員が自らの仕事に誇りを持ち、また自分たちの貢献がグループ全体にとって重要であることを理解してもらうためです」

パーパスの浸透、社員間における共感の醸成が進めば、自ずとオールバンダイナムコが体現出来るようになるだろう。

オールバンダイナムコの体験接点

バンダイナムコグループのグローバル展開においても、パーパスとブランド戦略が重要な役割を果たしている。特に前半部分で紹介した海外拠点のワンオフィス化も、このパーパス導入の流れの中で実現し、結果大きな成功への原動力となった。

「ワンオフィス化でグループ全体の力を最大限に発揮出来るようになってきたため、例えば、今年(取材年2024年)7月にロサンゼルスで開催されたアニメエキスポでも、バンダイナムコグループ全体で大規模なブースを展開することが出来ました。これにより、オールバンダイナムコとしての存在感が一層高まったと言えるでしょう」と川口さん。

アニメエキスポは、2024年の実績でいうと、64か国から40万人を超える来場者を迎えたという。バンダイナムコグループのブースは、トラスで組み上げられた軀体の上に、ロゴマークが高々と掲げられた、壮観でひときわ目を引く存在だった。個社がばらばらに出展するのではなく、個社が結集して1つの大きなブースを形成したわけだ。プレゼンスも発信力も、当然大きくなる。

事実こうした取組みは、バンダイナムコグループ内の連携を深めるとともに、グローバル市場でのブランド力を向上させることにも寄与している。

「ロゴも変え、パーパスをつくり、これからは『オールバンダイナムコ』として戦っていく。その結果、我々が想像していた以上にうまく回り始めていると思っています。特に、（本社の指示待ちではなく）現地スタッフが自主的にグループ全体でのブース展開を行っているのを見るにつけ、タイミング良くすべての施策が連動して実行できていると感じます」

川口さんは、現状をこのように評価した。

なお、日本での展示会でも、大掛かりな各個社のブースも出されてはいるが、かたや共通のＩＰを展開しているグループの複数社が連携して出展する試みは、既に行われている。

2024年アニメエキスポのバンダイナムコグループ展示ブース

他方、店舗では「バンダイナムコＣｒｏｓｓＳｔｏｒｅ」の展開が始まっている。グループ各社の商品やサービスが一堂に会した横断的なストアで、東京・池袋のサンシャインシティ内に旗艦店をオープンしている。東京には他に秋葉原店があり、その他横浜、京都、大阪、福岡や海外にも出店している。まさにオールバンダイナムコを体現している店なのだ。

サステナビリティとファンとの取組み

バンダイナムコグループは、サステナビリティに対しても積極的に取り組んでいる。その特徴的なアプローチのひとつが、ファンとともに進める「ガンプラリサイクルプロ

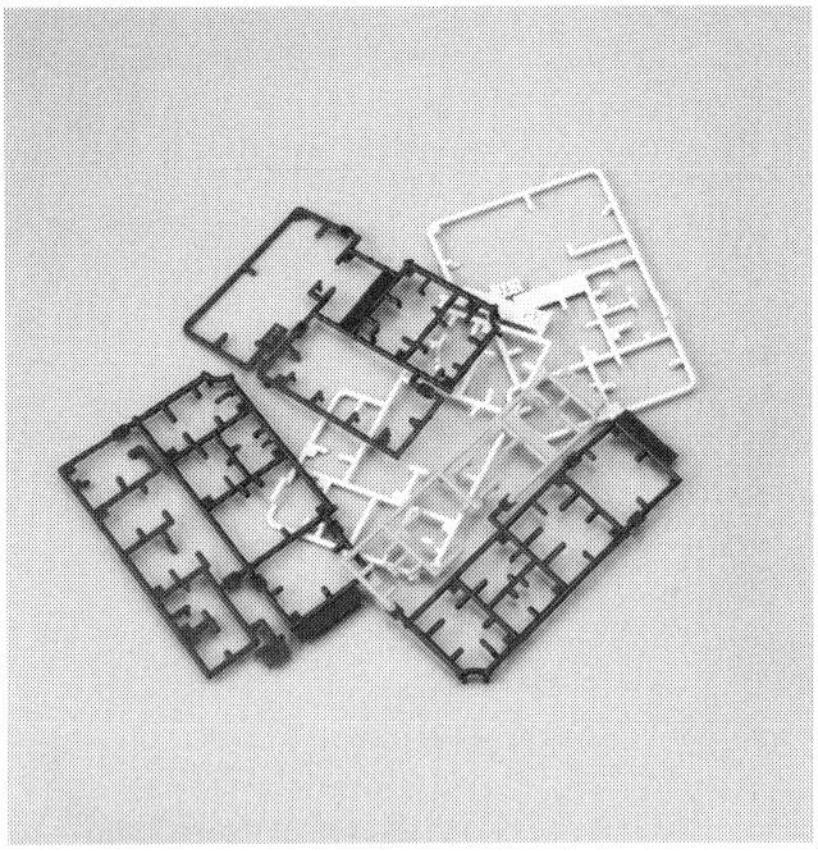

ガンプラのランナーを回収

ジェクト」である。

「我々は多くのプラスチックを使用しています。プラモデルを組み立てた後に残る枠の部分や、カプセル玩具の容器など、廃棄物が出ることは避けられない事実です。そのため、これを循環型にしようと考えました」

「ガンプラ（ガンダムのプラモデル）のランナー（部品を取り外した後のプラスチック枠）を回収する取組みを進めており、昨年は約40トンを回収しました。この数字は使用している量に比べればまだまだ小さいですが、我々にとっては非常に重要な一歩です」

ファンへの認知も進み、回収量は毎年増えているのだそうだ。

特にこのプロジェクトでは、ファンの協力が欠かせない。回収するランナーは、ファンがわざわざ自主的にグループの店舗やアミューズメント施設に持って来てくれるものだ。

「これは本当にありがたいことで、〝ファンとともにサステナビリティを進める〟というのが、我々ならではの取り組み方だと思っています」と川口さんは誇らしげに語った。

ファンと一緒になって推し進めるSDGsとは、顧客のブランドや製品に対する愛を感じる推進手法といえるだろう。

また、「ガンプラアカデミア」として、子供たちにモノ作りの楽しさやリサイクルなどサステナビリティの大切さを伝える教育活動も行っている。

「我々は小学校での授業を通じて、プラスチックの回収と再生のプロセスも子供たちに伝えています。こうした教育を通じて、次世代に向けた持続可能な社会の構築に貢献したいと考えています」

10年後のバンダイナムコグループ

川口さんに、バンダイナムコグループの10年後のあるべき姿について伺った。

「変化の激しい業界なので、10年後のことを正確に予測するのは難しいですね。ただ確実に言えるのは、我々はますます世界中で影響力を持つ企業になっているだろうということです。現在、中期ビジョンとして掲げている『Connect with Fans』というテーマは、エンドユーザーをはじめ、あらゆるステークホルダーとのつながりを深めていくというものです。10年後には、これがさらに強化され、多くのパートナー企業とも密接に連携しながら、グローバルなネットワークを構築していきたいと思います」

川口社長の後ろにあるのは中期計画のビジョンConnect with Fansのポスター

また、川口さんはこうも述べる。

「我々の強みは、川上から川下まで一気通貫で事業を展開している点ですが、グループ内に閉じることなく、外部のパートナー企業ともしっかりつながり、大きく成長していくことが重要だと思っています。将来的には、我々のブランドがますます世界中で認知され、多様なパートナーシップが広がることで、新たな景色が見えてくると信じています」

ファンとともに、そしてビジネスパートナーとともに将来を目指す、というのがバンダイナムコらしい取り組み方だし、1社で閉じることなく、アライアンスを広げていくという経営手法が、これからの時代の主流となることだろう。


最後に川口さんは、グループの事業会社について、次のように述べた。

「個々の事業会社のエッジを削いではなりません。それぞれの事業の尖った部分は伸ばしつつ、バンダイナムコという一体感あるグループブランドを活用し、グローバルな展開を進めていきたいと考えています。そうすることで、新たな飛躍のチャンスを生み出すことが出来るのではないでしょうか」

多種多様で個性的なIPを活用するバンダイナムコだが、事業会社においても、独特の尖りを持つ異能企業が、ひとつのブランドの下に集結し互いに協力し合う。そのような展開がバンダイナムコらしさであり、今後の成長の原動力になりそうである。

Part2
バンダイナムコホールディングス事務局トーク

パーパスブランディングを予定通りに進行していくには、事務局を設置する必要がある。テンポラリーにタスクフォースチームを編成することもあるが、事務局機能は社内既存組織に担わせることが一般的である。
バンダイナムコのパーパスブランディングでは、トップが率先して旗振り役を務める一方、開発の段階から、経営企画本部のコーポレートコミュニケーション室が一貫して支えてきた。
パーパスや新しいロゴを発表して終わり、というわけには行かない。むしろパーパスのリリースは本格的な活動の始まりだ。その後のグループ内への浸透・啓発活動、外部への発信活動などが、途絶えることなく続いていく。
川口社長からは有益な沢山のお話を伺った。その中で特により深く教えてもらいたいプロジェクトのエポックメイキングな事柄について、確認していきたい。さらに事務局当事者としての感慨、やりがいなども伺った。
事務局トークに参加してくださったのは、以下の皆さんである。
株式会社バンダイナムコホールディングス
経営企画本部 コーポレートコミュニケーション室
シニアエキスパート　田上朗子さん
エキスパート　小野 薫さん
アシスタントマネージャー　安齋直樹さん
※以下、本文中は敬称略
メンバーはプロジェクトスタート当時から関わった方がお二人、田上さんと小野さん。パーパス

ブランディングの決定を受け、個社側で対応したのち、こちらのチームに異動してきたのが安齋さんである。パーパス開発や新ロゴマーク開発中に奮闘されたのち別部署へ異動した方もいる。

①グループ海外拠点の統合について

――川口社長から、海外拠点への統合が進んでいると伺いました。

田上：米国、中国、フランスなどで、主要拠点を統合する動きが急速に進みました。これまではデジタルとトイホビーなど、事業ごとに別々の拠点で活動していたのですが、これを1か所のオフィスにまとめました。

――どんなメリットがありましたか？

田上：最大のメリットは、現場での交流が増えたことですね。以前は各事業が別々の場所で活動していましたが、今ではオフィスで顔を合わせることで、「じゃあ、これ一緒にやってみよう」といった取組みが自然発生的に生まれスピード感が生まれるようになりました。特にマーケティングやプロモーションでは、同じIPを活用することが多いので、一緒に動くことでシナジー効果も生まれています。

――オンラインでは伝わり切らないこともあるということですか？

田上：フェーストゥーフェースで話すと、ちょっとしたアイデアもすぐに共有できます。今後も引き続き、この統合の流れを強化していきたいと思っています。

②パーパスステートメントのローカル化

――グローバルでのパーパスの展開について、その進行状況はどうでしょうか？

田上：「Fun for All into the Future」という私たちのパーパスは、グローバルでの統一したブランドメッセージとしても使われています。このフレーズを中心に、ロゴやビジュアル要素を全世界に浸透させています。各地域では、これに現地言語（のステートメント）を加える形でローカル化も進めています。例えば、フランスやスペイン、中国でのローカライズを行っています。

――ローカル化を進めつつ、グローバルな一貫性も保つというのは、非常にバランスが難しそうですが、その点はどう工夫されていますか？

田上：ブランドとしての一貫性を保つために、グローバルな要素とローカルな要素の調和が必要です。そのため、ロゴやメッセージ（パーパス）の統一は守りつつ、各地域の文化や顧客層に適応するようなフレキシブルなアプローチを心がけています。また、各国のスタッフと協力して、現地のニーズに合った形で展開することも大切にしています。

③パーパスを支えるビジュアルとサウンドの展開

――パーパスをどのように外部や内部に伝えているのか、特にブランドロゴやサウンドジングルがどのように使われているのか教えていただけますか？

田上：社外に向けてはコーポレートイベントや投資家向けの説明会、株主総会などで「Fun for All into the Future」を最大限活用しています。これは基本的にコーポレートの姿勢を表すものです。

小野：ロゴなどのビジュアルに関しては、コーポレートロゴマーク（正式にはBandai Nam

ｃｏマーク）のほか、ロゴマークの「吹き出し部分」だけを使えるようにした「Ｆｕｋｉｄａｓｈｉフレーム」や「ベクトルエレメント」などを設定しています。ベクトルエレメントはブルー、グリーン、イエロー、ピンクの4色から出来ていて、名刺や手提げ袋などのコーポレートアイテムをはじめ、グループ事業会社のオフィスの内装や展示会の装飾などにも使用しています。このことによって、バンダイナムコの一貫したビジュアルアイデンティティ（ＶＩ）を確立していて、視覚的にもブランドの一貫した印象を与えられるようになっています。

――サウンドジングルもかなり様々な場所で展開されているようですね。

（ＣＭのエンドにベクトルエレメントの4色の吹き出しフレームが集まってきて、ロゴのカタチになるとき、「バンダイナムコ♪」と言葉にはしないけれど、「タンタンタララン♪」と音階でそう聞こえるような短いメロディーが流れる。これがバンダイナムコのサウンドジングルだ。マクドナルドの「タッタラッタター♪」というよく知られたジングルのように、普及浸透を図っているところだ）

小野：サウンドＶＩは株式会社バンダイナムコスタジオのサウンドチームのサウンドクリエイターが作ってくれました。２０２２年の4月に導入してから、じわじわと浸透してきています。このサウンドは、音のメロディーだけで「バンダイナムコ」を感じ取ってもらうことを目指しました。音楽は言語の壁を超えるので、グローバル展開に有効です。（バンダイナムコスタジオは、デジタル事業における開発会社で、ゲーム開発においても様々なコンテンツの演出を「音」の面からもデザインしている）

また、サウンドＶＩをもとにした楽曲もつくっており、これは、シーンに応じてさまざまなバージョンも作成しています。クリスマス用バージョンのようなイベントシーズンに合わせた

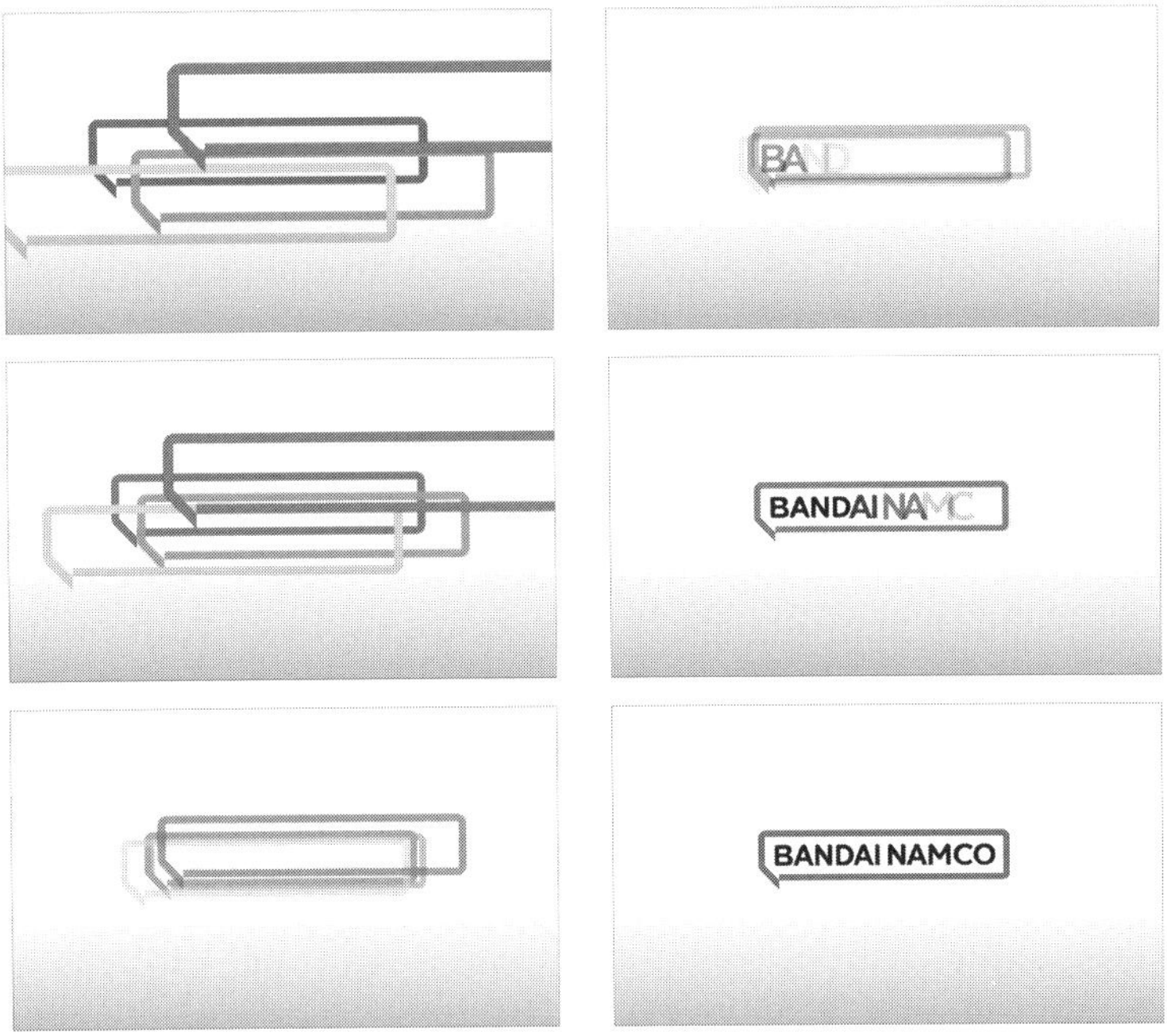

ブランドジングルのスコア

アレンジや、すこししっとりしたピアノ版とか、方針発表会での登壇用の10秒バージョン、いわば出囃子のようなものも作りました。サウンドジングルも、視覚（VI）と同じくブランドの一貫性を保つ重要な要素です。ですので、VIガイドラインの中にもこのサウンドジングルの楽譜を載せています。

サウンドVIは社員にも非常に好評で、内部でもブランドの浸透に大いに役立っています。実際に社員から、このジングルを聴くと自分の仕事がバンダイナムコの一部であることを感じると言われたことがあります。また、最近はパーパス発信の一環として、社内向けのパーパスムービーも制作していて、この映像にもサウンドVIが使われています。

④高いエンゲージメントリサーチの結果

——川口社長から、パーパスへの社員のエンゲージメントは非常に高い、というお話を伺いました。

田上：その通りですね。国内外すべてのグループ会社の社員に向けて行っているエンゲージメントサーベイの昨年度の結果をご紹介します。パーパス関連の質問に対しては、「パーパスを理解している」「パーパスに共感をもてる」という人の割合はそれぞれ8割以上となっていて、「パーパスを意識して行動している」という人も6割に達しています。このリサーチを担当してくれた調査会社によれば、他社と比較しても全体的にスコアとしてはとても高いとのことでした。「組織に貢献したい」「多様性や性別にかかわらず多くの機会が与えられている」などのスコアも高いです。もともとバンダイナムコの商品・サービスやIPが好きで入社してくる人が多いグループですから、私たちのパーパスに対しても違和感がないという感想を社内でよく耳に

社員に配布された各種グッズ　左上付箋紙、左下ネックストラップ、中トートバッグ、右各種ステッカー

します。

ひとつには、社長の川口が、いろいろな場面で社員にパーパスの重要性を説いている、ということも大きいと思います。トップが語ってくれるのが一番ですから。

当グループには「BANANA」（バナナ）というイントラネットがありまして、そこでも折に触れてパーパスの発信をしています。「私にとってのFun for All into the Future」というテーマでシリーズ化しているんですが、川口が口火を切って、その後も役員や役職者だけでなく、いろいろな職場にいる社員が自分にとっての「Fun for All into the Future」を話してくれるというインタビューリレーのような企画です。若手社員にも続々と登場してもらっています。

パーパス導入時にパーパスやブランドに関するトートバッグやポストイットなどのノベルティを配布しました。これらのグッズは、普段の業務で使ってもらうことで、自然にブランドを意識してもらうことが狙いです。全世界の社員（1万人）にも同様のグッズを配布しました。

——堅苦しくなくて楽しいアプローチでパーパスに馴染んで

もらうというのは、うまい手法ですね。

⑤オールバンダイナムコの体現

——アニメエキスポ（以下ＡＸ）への参加など、グループ一体での出展が進んでいますが。

田上：直近の２０２４年のＡＸでは、ブース面積もかなり広がり、グループ全体での一体感をアピールできました。そこでバンダイナムコのロゴとＩＰをしっかりアピールできたのは大きかったです。

——それだけ多くの人に見てもらえる場に出展されたのは、グループのブランド力を高めるのに非常に効果的でしたね。

田上：特に、ＡＸは一般の消費者向けのイベントで、直接ファンと触れ合う貴重な場です。一緒のブースで出展することで、「これもバンダイナムコ、あれもバンダイナムコ」という認識を持ってもらうことができました。それに、ブースも大型化して、視覚的な存在感も高められました。

安齋：例えばワンピースやドラゴンボールのブースも、バンダイナムコグループ全体で展開することで、複数の事業が連携していることを見せることができます。

——オールバンダイナムコの観点から、バンダイナムコＣｒｏｓｓＳｔｏｒｅのお話が、川口社長から出ていました。

小野：私たちのグループでは、多様な商品・サービスを扱っているのですが、これらは基本的に私たちメーカーから流通パートナーを介してお客様のもとに届けられています。ただトイホビーの事業会社で、これまでもオフィシャルショップという形態で、直営で顧客接点を持つ取組みがありました。そういったオフィシャルショップを集積して、それぞれの顧客接点を交差させ、新たな体験も提供する目的で「バンダイナムコＣｒｏｓｓＳｔｏｒｅ」が生まれたんです。株式会社バンダイナムコアミューズメントというアミューズメント施設を展開する事業会社が、大型施設の開発・運営ノウハウを活用して、オールバンダイナムコの店舗をつくっていくことにしました。

バンダイナムコクロスストア　東京・池袋

東京・池袋にあるバンダイナムコＣｒｏｓｓＳｔｏｒｅは、国内外に展開するＣｒｏｓｓＳｔｏｒｅの旗艦店です。ほかに国内では、東京、横浜、大阪、福岡、京都など複数地域に、海外ではロンドンにも展開しています。そこに来てくださったお客様は、バンダイナムコグループの世界観を感じていただけますし、グループ各社の社員も一体感を感じているようです。

他方で、バンダイナムコＣｒｏｓｓＳｔｏｒｅは、グループ全体の多様性も見せています。お客様からも、「いろいろな商品や体験が一度に楽しめる」といったフィードバックを戴いています。

⑥ファンとともに。地域への貢献、環境への貢献

――2022年4月、米国メジャーリーグ、エンゼルスでの大谷翔平選手のデビュー戦で、バッターボックスの後ろに大きくBandai Namcoのロゴが表示されました。認知度が一気に増したのではないですか。

田上：バンダイナムコのアメリカ拠点がエンゼルス球場に近いのです（アーバインのバンダイナムコオフィスからアナハイムのエンゼルス球場までは、およそ20キロ。車で20分弱ほどの距離）。地元の球団を応援するという意味合いでこのスポンサーシップがスタートしました。大谷翔平選手の活躍が始まってからは、ワールドワイドでの露出も増え、ブランドの認知度を一気に引き上げることが出来ましたね。

我々のスポンサーシップの意図は「地元コミュニティへの貢献」にあります。エンゼルス球場でのスポンサー活動は、（大谷選手がドジャースに移籍した）今でも続けていますが、主に地元のファンと一緒に盛り上がることを目的としています。例えば、パックマンの被り物をしたキャラクターが競走するイベントなど、球場に来ているファンが楽しめるようなプログラムを行っています。

――川口社長から、ガンプラのランナーの回収をしているとのお話も聞いています。

小野：サステナビリティはバンダイナムコグループにとって非常に重要なテーマです。ファンとともにリサイクル活動を推進しています。川口からも説明させて戴いたとおり、ガンダムのプラモデルのランナーや、ガシャポンの空カプセルを回収する活動を行っています。

安齋：この回収は、物流を担当している株式会社バンダイロジパルの物流網を活用して、全国のアミューズメント施設に配置した回収ボックスから収集しています。これを工場に持ち込みリサイクルするという流れです。

自宅で不要になったランナーをわざわざ回収ボックスに持ち込んで戴くというのは手間がかかることですが、それをしてくださるファンの方々の協力があるからこそ、このプロジェクトが成立しているんです。

――ファンとのつながりを深めるだけでなく、環境保全にも貢献出来るというのは、大きな意義がありますね。再生ペレットはどうするのですか。

小野：回収したランナーを「エコプラ」という材料にして、新しいガンプラを作っています。

回収したランナーは、もともと様々な色が混在してしまうので、混ぜると黒に近い色になってしまいます。そこで最近は、回収したものを色別に分別し直して、黄色なら黄色だけで混ぜる、というようなことにも取り組んでいます。それでもちょっとくすんでしまったり明る過ぎたりと微妙に違う色になってしまうのですが、「そのほうがかえって味があっていい」というファンの皆さんの評価を戴いています。

こうしたリサイクル活動によって、ブランドとしての社会的な責任とファンとのつながりを同時に深めることができていると感じます。

――これまでの取組みで、特に達成感を感じた瞬間や印象的なエピソードがあれば教えてください。

田上：一番印象的だったのは、社員が新しいパーパスやブランドメッセージを自然に受け入れ、それを自分たちの言葉として使い始めてくれたことです。最初、新しいパーパスを導入したときには、正直なところ社内外から反発の声もあったのです。なぜ今のミッションやビジョンではないのかと。ただ徐々に浸透していく中で、社員もブランドの一体感を感じ始めてくれました。

――社内で受け入れられていったことについて、どのような要因があったと思われますか？

小野：ひとつには、我々がひたすら「一貫して同じメッセージを発信し続けた」ことが大きいと思います。トップメッセージの発信を継続し、あらゆる社内イベントでパーパスやブランドについて言及してきました。勿論、VIやサウンドVIなども効果があったと思います。社員がそれを自分の言葉として語り始めたとき、「やっと本当に浸透してきたんだな」と感じましたね！

――一貫したメッセージの発信は確かに重要ですね。

小野：そして、ブランドの浸透が進むにつれて、各事業の間での「共通言語」が生まれたという点も大きな成果です。例えば「Fun for All into the Future」というフレーズは、今や全社的に使われていますし、それが社員の間で共通の理解をもたらしています。以前のミッションでは、日本語の「夢・遊び・感動」を英訳する形で展開していましたが、今ではグローバルに統一されたメッセージとして使えるようになったのは良かったですね。

――共通のメッセージがあると、社員同士のコミュニケーションもスムーズになりますね。

小野：中期計画（2022年4月～2025年3月）のビジョンである「Connect with Fans」というキーワードも浸透してきていて、ファンとのつながりを意識したマーケティングや事業戦略が増えています。ファンとつながることが我々のビジネスの中心であるという考え方が、社内に深く根付いてきているのは喜ばしいことです。

――苦労した点や大変だったことについても教えていただけますか？

小野：正直なところ、新しいブランドマークを発表した当初は、内外ともに反応が悪かったです。これまでのものに愛着を持ってくれていたファンや社員からの反発が大きくて、「なぜ変えるんだ」「今までの方が良かった」という声がたくさんありました。でも私の過去の経験から、これは一時的なものだと思っていました。受け入れられるにはある程度時間が掛かるだろうと覚悟していたのです。でも予想していたよりも早かったように思います。まず社内で理解を得るまでの時間が1年くらいと早くて、ファンの方々も、いろいろなコミュニケーションの接点で露出出来ていたのが良かったのか、比較的早く馴染んで戴けたと思います。（小野さんは、以前のフュージョンマークの開発にもかかわっていたため、そのときの経験から、必ず新しいものへの反発が起こることは承知していた）

今では多くの社員が自然に新しいブランドを誇りに思ってくれています。そのためのプロセスは、簡単ではなかったですが、非常にやりがいを感じています。

小野：商品やサービスに吹き出しロゴを入れたり、海外で統一的なブランド展開を行う際も、現場からの協力が不可欠でしたが、それぞれの部署が非常に協力的に取り組んでくれたおかげで今の結果があると思います。

田上：特に商品パッケージへの導入は各現場が大変でしたね。例えば、キャラクターのパッケージに新しいロゴを入れると、「キャラクターが喋っているように見える」と指摘されることもありました。でも、それも乗り越えて、今ではほとんど全てのパッケージに新しいロゴが入っていますし、現場の協力には本当に感謝しています。

安齋：私は当時トイホビーの事業会社にいましたが、トイホビーは商品によりパッケージ形態がさまざまで、ガシャポンやぬいぐるみ、衣類などパッケージがない商品のカテゴリーもあります。また、「GUNPLA」「TAMASHII NATIONS」「BANPRESTO」といった商品独自のブランド名も多数あります。更にバンダイやBANDAI SPIRITSはCategory2の企業になりますので独自の企業VI表示となり、結果としてパッケージや商品タグがロゴだらけになるという意見はありました。ただし、そのような中でも新しいブランドマークを入れたくないという声は無く、どのように配置するか、どこに配置するか、パッケージの裏側でも良いかなど試行錯誤していました。結果としてある程度の規定に従いつつも、パッケージ内への配置については自由度を持たせていただいたのが良かったと思います。

――最後に今後の展望や、さらに取り組みたいと考えていることについてお話しいただけますか？

田上：グループの最大の財産は社員です。全世界の社員がパーパスに共感し、バンダイナムコの仕事に誇りをもって一体感を持って仕事に取り組むことができるように、パーパスへの共感や自分事化のための施策に取り組み続けたいと思います。

小野：サステナビリティ活動の強化も重要なポイントです。特にリサイクル活動に関しては、今後さらに範囲を広げ、回収量を増やし、ガンプラだけでなく他の商品にもリサイクル素材を活用していきたいと考えています。そして、この活動を通じて、ファンと一緒に持続可能な未来を作るというメッセージをより強く打ち出していきたいですね。

私たちにとって、ファンはただのお客様ではなくて、パートナーなんです。だからこそ、ファンとのつながりを大切にしながら、一緒に未来を築いていくという姿勢を持っています。これがバンダイナムコグループの強みでもありますし、ブランドとしての独自性だと思っています。

安齋：エンターテインメント企業としての「バンダイナムコ」を世界中の皆さまに知っていただけるように取り組んでいきたいと思います。バンダイナムコグループは多彩な事業領域を展開していることもあり、ゲーム企業としてのイメージを持つ人もいますし、総括してバンダイと言われることもあります。これからも多彩な事業領域で、ファンの皆さまの思い出を築いていきながら、「バンダイナムコはこんなこともやっているんだ」と知っていただくことで、もっと広く、もっと深く、オールバンダイナムコで世界中の皆さまに楽しんでいただければと思います。

――素晴らしいお話をたくさんありがとうございました。

川口社長のお話と事務局トークを通じて、オールバンダイナムコを実現するため、パーパスを着実にグループ内に浸透させ、多様なグループ企業や事業をまとめていったことが理解できた。現在のバンダイナムコブランドには、個性的でエッジの尖った事業や商品・サービスに対しても効果のある、かなりのエンドース力が備わってきたと思われる。

そしてグローバルな拠点統合、イベントでの統合的なブランド展開、地域貢献とサステナビリティ活動なども、このパーパスブランディングの文脈の中で、効果的に実現されつつある。

何よりもこれをスムーズに浸透させてきた原動力は、顧客だけでなくグループ社員をも魅了するクリエイティブパワーだ。グループ内にこうしたものを生み出していく能力を兼ね備えたエンターテインメントグループならではの、力強くてユニークな展開といえるだろう。

パーパスブランディングでは、一方的に発信するだけではなく、社員や顧客（ファン）に「感じてもらう」ことが重要だ。バンダイナムコグループではパーパスに共感し、ブランドに誇りを持った社員自身がブランドを体現し、パートナーである「ファンとともに」歩んでいくという未来が見てとれた。より多くの世界のファンに愛される大きな存在となっていくことだろう。

5　TOPPANグループ――大胆な発信で組織を束ね、企業変革を推進する

すべてを突破する。TOPPA!!!TOPPAN

「あの〜　トッパンのこと、印刷の会社だと思ってません？」

俳優の大泉洋さんと成田凌さんを起用したCMで繰り広げられる、軽妙なやりとりをご記憶の方も多いだろう。シリーズ最初の「立ち上がり篇」のセリフは、強烈な自己否定から始まっている。ブランドメッセージは、「すべてを突破する。TOPPA!!!TOPPAN」。世界にひろがる無数の課題、そのすべてを突破し、未来へ向かって社会的価値を創造していく決意が込められている。

2023年10月、凸版印刷株式会社はTOPPANホールディングス株式会社（以下、TOPPANグループ）に社名変更し、持ち株会社体制に移行した。傘下にはTOPPAN株式会社（旧凸版印刷の主要部門）、TOPPANエッジ株式会社（旧トッパン・フォームズ）、TOPPANデジタル株式会社の三事業会社を中心に250社以上の事業会社を配する。再編の目的は、グループシナジーの最大化と経営資源の最適配分、そして意思決定の迅速化にある。持ち株会社に戦略・ガバナンス・リソース管理などの機能・権限を集約し、各事業会社には事業推進・会社運営に必要な機能

TOPPAN's Purpose & Values
Purpose（存在意義）
Breathing life into culture, with technology and heart.
人を想う感性と心に響く技術で、多様な文化が息づく世界に。
Values（価値観）
Integrity
誠意を持って行動し、信頼関係を築く
Act with sincerity, build relationships on trust.
Passion
情熱を持ち、積極果敢に挑戦する
Be enthusiastic, boldly take on challenges.
Proactivity
周囲に先駆けて考え、スピーディーに行動する
Think ahead, act with speed.
Creativity
創造力を駆使して、新しい価値を生み出す
Be imaginative, create new value.

TOPPAN's Purpose & Values

を備える「求心型」の形態を採用した。これにより、従来の枠組みを超えたビジネス展開を加速させていくことが狙いだ。

このグループ経営を根幹で支えているのが同年5月に発表されたグループ理念「TOPPAN's Purpose & Values」である（上）。新たなパーパス「Breathing life into culture, with technology and heart.／人を想う感性と心に響く技術で、多様な文化が息づく世界に。」は、これまで大切にしてきた人間尊重の姿勢や、幅広い事業をもとに世界の文化に貢献する姿勢を、しなやかに、そして力強く表現している。

凸版印刷の創業は１９００年。その歴史は、明治維新を出発点に、日本が進んだ近代化への道のりと重なる。創業期には「エルヘート凸版法」という当時最先端の技術を基礎に証券印刷やパッケージ印刷などの分野で事業を拡げ、同時に活版印刷や製本を手掛けることで出版社の躍進を支えた。まさに日本国民の生活水準の向上や、文化の発展を支えてきた会社である。その凸版印刷が１２０年以上続いた社名から「印刷」を外したことは、ＴＯＰＰＡＮグループが自らを大きく変え、さらなる事業成長を目指す決意の表れだと言えよう。

一方で、印刷業界が1990年代後半にピークを迎え、20年以上かけて徐々に衰えてきたことを考えると、ようやく名前を変えることができた、という見方ができなくもない。TOPPANグループの事業は、既に印刷の枠を超えて、デジタルや環境の分野に大きく広がっている。アイデンティティの再定義は、待ったなしの経営課題だったはずだ。

事業変革にかける思い

この事業変革にかける思いと、グループ理念策定の経緯について、執行役員 広報本部長の石川智之さんにお話を伺った。

「2019年に、麿秀晴《まろひではる》が社長に就任しました。その当時、私は秘書室長として麿についていたのですが、本当に会社を変革していかなければ立ちいかなくなる、という強い危機感がありました。といいますのも、私たちの祖業である紙の印刷が、当時おそらく売上高の20%を切っていたのです。かつて一九九〇年代後半には十兆円ほどあった市場が、いまや半分以下になっている。もう、印刷という名前をつけていられない、というのが一番大きな課題感でした。とはいえ、その市場縮小のペースは緩やかで、20年ほどかけて徐々に落ちていました。したがって、少しずつ他の事業で補うことで、1兆5000億円前後の売上げ規模を維持することはできていました。印刷が落ちているけれども、他のフィルムや、建装材や、エレクトロニクスや、いろいろな仕事で取り繕えてきたのです。しかし、もうそれも限界で、いよいよ抜本的に事業ポートフォリオを変革しなければならないというタイミングで麿が社長になったわけです」

磨社長の就任後、2021年度から中期経営計画がスタートした。これ自体は2か年の計画で、3つのフェーズからなるロードマップの第1フェーズ「基盤構築」にあたる。この時点で、将来の目指す姿として「Digital & Sustainable Transformation ～『DX』と『SX』によってワールドワイドで社会課題を解決するリーディングカンパニーに～」が示されると同時に、既存の印刷（出版印刷や商業印刷）は構造改革事業と定められ、効率化を進めつつ、拠点の再構築や生産性・収益性の向上が図られることになった。興味深いのは、こうした中期経営計画を検討していたのと並行して、広報戦略の検討を進めていた点である。

「磨は知財に明るい技術系の社長でした。彼の思惑としては、技術の起点となる知財戦略と広報戦略を両翼に置いて、中枢の経営企画に取り組むということだったと思います」

大胆なコミュニケーション戦略

石川さんは、活動初期から広報本部宣伝部長の佐藤圭一さんの存在が大きかったと振り返る。

「広報戦略を考えていくということで、私が広報本部に来たときに佐藤という本当に優秀な人材がいました。彼はブランディングの本まで書いているブランド戦略の専門家で、なんでもできる。私が6月1日に来て、おそらく2週間後くらいに磨の時間を2時間ほどもらって、佐藤と一緒に、リブランディングをやりましょうという話をさせてもらいました。そこでとにかく何ができるかを考えろということになって、まずは広く社会に対してテレビCMを発信し、トッパンの名前と、印刷だけの会社ではないことを認知していただこうということになりました。目的は大きく2つありました。

（左）執行役員　広報本部長　石川智之さん
（右）広報本部宣伝部長　佐藤圭一さん

まず1つ目は採用です。経営層もいろいろなところで耳にしていたらしいのですが、凸版印刷に入社したいという大学生を、親が止めている。印刷屋のような斜陽産業に子供を就職させたくないというのです。いまだに古い体質の、3Kの会社だと思われている。だからイメージを変えないと、人が採れない。

2つ目は、従業員の意識改革です。私たちは受注産業なので、お客様のために頑張る社員は多いのですが、黒子として目立たないことを美徳とする意識がありました。だから自分の会社のことについては、一歩引いているというか、奥ゆかしい感じなのです。そこを大々的にCMを打つことによって、お客様や周囲から『トッパンのCMを見たよ』と直接聞くことで、ちゃんとプライドを醸成して欲しい。同時に、社会で話題になることで、社員一人ひとりが責任感を持ってもらい、意識や行動の変化につながるようなリブランディングをしていこうという戦略を立てました。具体的な広告予算を計画したのが2020年の12月くらい。実際に2021年の4月から大々的に広告宣伝活動を始めて、リブランディングを始動しました」

これが冒頭にご紹介した、「あの～　トッパンのこと、印刷の会社だと思ってません？」のCMに繋がっていくのだ。このメッセージは社会に向けて発信しつつも、グループ社員に届くことを狙っている。ここに、実際に印刷に携わる人にとっては、モチベーションを下げてしまわないか心配なくらいだ。

それにしても、変革に向けたマネジメントの強い意志が感じられる。

ＢｔｏＢ企業としてはかなりの露出だった。その点について、石川さんは次のように振り返る。

「うちはＢｔｏＢ企業ですので、もともと広告宣伝費の予算は数千万円程度しかありませんでした。しかし全国でテレビＣＭを打てば、軽く10億円以上かかってしまいます。その予算を獲得するために、財務本部長と幾度も交渉を重ねました。社長にはやると決断していただいて良かったのですが、それだけのお金を使って、果たしてどれだけ効果があるかは全く予想がつかなかったので、ＣＭ放映が始まった当初は、毎日がもの凄く怖かったですね」

しかし、その心配は杞憂に終わる。

「最初の反響は非常に大きかったです。特にお客様からの反響が大きくて驚きました。名刺のロゴもＴＯＰＰＡ！！！ＴＯＰＰＡＮに変えていたのですが、営業はこの名刺をお渡しするだけで、最初の営業トークをスタートできる。これはものすごく大きな価値があったと、感謝されました。定量的にも、年１回の社内調査ですとか、半年に１回の社外調査、さらに日経企業イメージ調査などを使ってベンチマークしていて、スタートしてからこの三年で認知度は非常に高まりました」

パーパス策定に至る道のり

こうして大胆なコミュニケーション戦略を展開する一方で、企業理念体系の整備にも着手した。

「リブランディングをスタートするタイミングで、パーパスというか企業理念体系は変えていかなければならないと考えていました。元の企業理念は、２０００年、ちょうど創業１００周年のタイミングにできたものです」

【旧企業理念】

私たちは
常にお客様の信頼にこたえ
彩《いろど》りの知《ち》と技《わざ》をもとに
こころをこめた作品を創りだし
情報・文化の担い手として
ふれあい豊かなくらしに貢献します

「これはこのままでいいのか？という、課題意識を持っていました。たとえば、〝彩りの知と技をもとにこころをこめた作品を創りだ〟すというのはいかにも印刷に近しい言葉の使い方だったりとか、〝情報・文化の担い手〟というのが、今の生活・産業系やエレクトロニクス系のビジネスから考えると、関係が薄いような感じがしていました。そこで、パーパスを使って抜本的に見直したいと考えたのです」

持ち株会社体制に移行する前、グループ各社は「理念」や「ビジョン」「ミッション」などをそれぞれが持っていた。持ち株会社体制への移行に向けて、TOPPANグループのあるべき姿・目指す方向性を明確に打ち出し、スピード感をもって従業員を中心に、ステークホルダーに示していく必要があったのである。

そこで、ひとつのトッパン（ONE TOPPAN）としてのグループ共通のあるべき姿を言語化しようということになった。パーパス&バリューズの策定である。当時の経緯を、前出の佐藤宣伝部長に説明していただいた。

「弊社では従来から理念を大切にしており、理念教育もしっかりやっていました。

2000年の創立百周年のときに策定した『TOPPAN VISION21』は企業像と事業領域からできていて、企業像の中に企業理念、経営信条、行動指針という3つがあり、その下に事業領域を定めています。これには3年くらいの時間をかけて、ものすごく力を入れて作

TOPPAN VISION 21

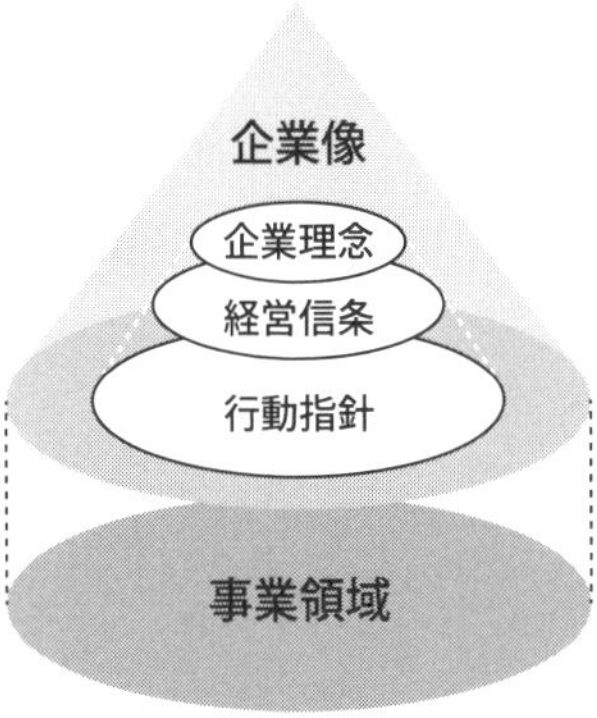

【企業理念】
トッパンがもっとも大切にすべき価値観や考え方を示したもの。めざすべき自分の姿

【経営信条】
実際の活動にあたっての規範をまとめたもの。夢を実現させるための心がまえ

【行動指針】
企業人として、社会人としての基本的な考え方や実際の行動のありかたを定めたガイドライン。日々の心がけ

【事業領域】
企業像をもとに、さまざまなおもいや夢の可能性を具体的なかたちにしていく場所

【企業理念】

私たちは

常にお客さまの信頼にこたえ

彩りの知と技をもとに

こころをこめた作品を創りだし

情報・文化の担い手として

ふれあい豊かなくらしに貢献します

【構成】

主体者	私たちは
経営姿勢	常にお客さまの信頼にこたえ
事業基盤	彩りの知と技をもとに
活動の規範	こころを込めた作品を創りだし
企業の役割	情報・文化の担い手として
企業目的	ふれあい豊かなくらしに貢献します

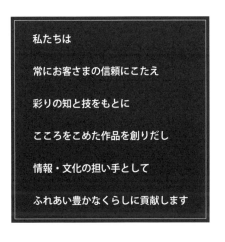

ったと聞きました。企業理念は図の通り、『私たちは常にお客さまの信頼にこたえ彩りの知と技をもとに……』とあって、長い企業理念なんですけど、構成としては主体者、経営姿勢、事業基盤と続いて最後に企業目的が定められています。ある意味すでにパーパスが含まれていたといえます。つまり、『ふれあい豊かなくらしに貢献する』ために自分たちは存在するという存在意義を掲げている形になっているのです。

しかし、TOPPAN VISION21という名前には少し違和感がありました。VISIONと言えば、目指す姿を示すことが多いと思います。そのなかに普遍的であるべき企業理念が含まれているため、わかりづらい印象を持ちました。また、これを掲げているのは凸版印刷と凸版印刷100％の製造子会社が中心で、グループ会社全体にはあまり浸透していませんでした」

「事業領域についても2000年に定めているのですが、激変する事業環境を踏まえて見直していきました。直近では、2015年4月にグループドメインプロジェクトを立ち上げ、事業領域を再定義したのです。その際に、事業領域だけはトッパングループ全体を対象にしようということになり、グループ会社横断型で約50名のプロジェクトメンバーが集まって、およそ2年かけてディスカッションし、策定しました。その結果、トッパングループ全体で見たときの強みや技術ノウハウを、5つの（事業）系として定義し、その上で、将来どんな社会になっているかを想定して、トッパンが注力していく領域を決めました。これが4つの成長領域です。5つの系と言われている技術ノウハウと、4つの成長領域を掛け合わせた事業領域に注力して

いこうと定めたのです。

そのときに、〝情報と暮らしをデザインする社会的価値創造企業〟という、一つのあるべき姿としての言語化がなされました」

「また、これまでトッパンは中期経営計画を公表していなかったのですが、2021年に初めて社外公表することになりました。そのときにデジタルシフトの加速とか新型コロナ感染症の影響とか、世界的な環境意識の高まりといった様々な事業環境変化によって、事業ポートフォリオ変革の必要性がどんどん高まってきている。社会的価値創造企業をしっかり実現するために、それを見据えて、めざす姿を示すキーコンセプトが必要だということになり、「DX（デジタル・トランスフォーメーション）」と「SX（サステナブル・トランスフォーメーション）」によって、ワールドワイドで社会課題を解決するリーディングカンパニーになる、と言語化しました。そして、2020年度にDX・SX系などの成長事業や重点事業の営業利益に占める割合が25%ぐらいだったものを、2025年度には50%以上にして、事業ポートフォリオを大きく変えていこうという目標を立てました。Digital &Sustainable Transformationを一つの目指す姿としたのです」

パーパス&バリューズに込めた思い

それまで、理念体系としてグループ全体で共有されていたのは「TOPPAN VISION21」のなかで「行動指針」と「事業領域」だけだった。トッパン・フォームズ株式会社をはじめとする国内外のグループ各社はそれぞれ固有の理念やビジョンなどを持っており、グループ共通の指針が無かったのである。しかし、持ち株会社体制への移行に向けては、グループシナジーを最大化するためにも、トッパングループのあるべき姿や目指す方向性を明確に打ち出し、従業員やステークホルダーに向けて示していく必要があった。そこで、グループ各社の既存の理念やビジョンなどの最上位に、「グループ理念」を位置づけることにした。佐藤さんはその意図を次のように語ってくれた。

「各社の理念をすべて一本化するのはなかなか難しいので、各社の理念やビジョンの上にグループ理念を掲げることにしました。理念体系をパーパス・ビジョン・バリューズという3つの構成要素に分解し、パーパスとバリューズはグループ共通で、ビジョンは各社ごとの目指す姿としてそれぞれ持つという構造にしたのです」

策定にあたっては、過去の歴史を紐解き、グループ各社の多くの資料を読み込むのと同時に、国内・海外のグループ各社のトップに幅広くインタビューして意見を吸い上げ、グループ従業員意識調査や、若手従業員のヒアリングなどでも情報を集め、広報本部を中心としたプロジェクトメンバーで何度も議論を重ねた。途中、マネジメント陣からの意見も反映しながら、英語・日本語で同時開発していった。特に、日本語のパーパス「人を想う感性と心に響く技術で、多様な文化が息づく世界に。」には、様々な思いが込められている。石川さんは、パーパスに使われている「感性」という言葉について、次のように語ってくれた。

「『感性』という言葉は、代表取締役会長の金子眞吾の言葉として社内ではよく浸透しています。彼が社長に就任した時から、「豊かで美しい感性」という言葉をずっと使い続けていました。彼は生粋の営業マンで、お客様のところに行ってお客様の顔色を見て、何を考えているか感じられなかったら仕事になるはずがない、そのためには豊かな感性が絶対に必要だというのです。

それから、彼の2つ上のお兄様が彫刻家で、東京藝術大学の教授をされていました。当時、画家の平山郁夫さんが藝大の学長に就任されました。平山さんは行政については全くの素人だったはずなのに、彼がやったことを振り返ってみると、すべて正しかった。なんで先生の判断は正しいのですかと聞くと、平山さんは、自分が美しいと思ったことはYES、美しくないと思ったことはNOと判断しているんだと答えたそうです。金子はお兄様からそれを聞いて、経営するときには豊かで美しい感性が必要だと考えるようになったのだそうです。それを年頭の挨拶やさまざまな機会で何度も言っていましたから、社員に浸透しており、共感を得られたのだと思います」

「多様な文化が息づく世界に」という表現にも、ＴＯＰＰＡＮらしさが感じられる。ＴＯＰＰＡＮが持つ事業の幅広さや社会とのつながりを考えると、パーパスには「生活」という言葉が欠かせないように思われる。ふつうは、「豊かな生活に貢献する」というような表現にしてしまいたくなるものだ。しかし、ＴＯＰＰＡＮは「生活」ではなく「文化／Culture」という表現を選んだ。考えてみると、明治時代から印刷を通して社会に貢献してきたＴＯＰＰＡＮには、自分たちは文化を向上させるために仕事をしているんだという思いが、常にあったのだろう。この文化に対する姿勢こそが、ＴＯＰＰＡＮを唯一無二の存在にしている。

さらに石川さんは、Ｖａｌｕｅｓに掲げられている四つの言葉、Integrity、Passion、Proactivity、Creativityは、奇しくも先人が遺した言葉との繋がりを感じるという。

「３代目の社長の井上源之丞は、１９４０年に板橋工場を作りました。戦前の当時、東洋一の印刷工場と言われ、その時計塔からは日本橋まで見渡せるくらいのビルだったそうです。その人が作った得意先に対する十二条というのがありまして、誠意、熱意、創意はここから始まっているんですね。私たちの名刺には印刷の三原色、シアン・マゼンタ・イエローが入っているのですが、シアン（青）が誠意（Integrity）、マゼンタ（赤）が熱意（Passion）、イエロー（黄）が創意（Creativity）だというのは、私たちが入社したときから学んでいるので知っています。そして、十二条の最後に、仕事は全て『隗より始めよ』であって、自分からやらなければ駄目だとあるんです。これがProactivityですね。受け身ではだめだということは、社長の磨も常々言っていたことですが、紐解いてみると、すべてここにありました」

井上源之丞は1923年から1948年までの25年間、社長を務めた。就任直後に関東大震災に見舞われ、金融恐慌から日中戦争、第二次世界大戦まで、日本が天災と社会不安に翻弄された時期に経営を担ったのである。こうした中でも井上は積極経営に徹し、総合印刷への道を拓いた。まさに中興の祖である井上の遺した言葉が、現代のValuesに息づいているのは感慨深い。

グループ理念の浸透と今後の展開

こうして策定されたグループ理念「TOPPAN's Purpose & Values」は、2023年5月、ホールディングス体制への移行に先立って発表された。発表にあたっては動画や小冊子を制作し、社内向けのウェビナーには約5000名が参加したという。国内外の社員全員に携帯型のパーパスブックやカードを配布し、社内掲示用の理念ポスターも各国版を制作して掲示した。さらに社員の研修プログラムに理念教育を組み込んだり、社内報や社内ポータルサイトで積極的に情報発信したりと、さまざまな展開を行っている。

石川さんは、さらに社外への発信をドライブしていきたいと語る。

「グループ理念の浸透については、広報だけでやることでもないと思うものの、我々が責任を持ってやっていかなければならないと感じています。いま進めている施策の一つとしては、対外的な情報発信の足並みを揃えるということです。経営企画部のＩＲチームが主管している統合レポート、広報本部ＥＳＧコミュニケーション部が主管しているサステナビリティレポート、財務本部が主管している有価証券報告書、さらに法務本部が主管している株主総会の招集通知。これらの内容を一貫したものにしていくということです。特に、有価証券報告書では非財務情報をしっかり開示しなさいという流れになっていますので、主管部門だけでは賄えなくなっているんですね。これらをまとめて、一気通貫で作っていきましょうということで、２年前から編集委員会というものを立ち上げ、部門横ぐしで、ワンソースマルチユースで出していく体制を整備しています」

１９００年の創業以来１２０年以上にわたり、お客様や社会のニーズに対応して、事業拡大と多角化の歴史を歩んできたＴＯＰＰＡＮグループは、事業領域の広がりや業態の変容、グループ会社の増加、グローバル展開の加速など、さらに変化を続けている。これから、新たなステージに向けて、さらなる成長・発展をめざすためにも、存在意義を再定義し、グループを束ねるパーパスを策定し、掲げているのだ。事業ポートフォリオの変革や、持ち株会社体制によるグループ経営への移行をにらみながら、大胆な広告宣伝によってブランドイメージを外から変え、ブーメラン効果によって従業員意識の変容につなげて、さらにパーパスによってグループ全体をまとめていくという戦略は、見事というほかない。その根底には、創業以来大切にしてきた文化の創造・伝達による社会への貢献という、独自のＤＮＡがあった。この企業の強さと変化への対応には、大いに学ぶべきところがあると言えるだろう。

6　東北工業大学
――未来へと知をつなぐ、地域に根差した大学として

ブランディングキックオフ―全学で動き出したパーパス推進への取組み

２０２４年３月８日、東北工業大学（以下、東北工大）八木山キャンパスの大教室に、多くの教職員が集まっていた。今日は、同大学が全学挙げてのブランディングへの取組みを宣言した２０２３年４月からおよそ１年を経て、これまでの活動を振り返り、今後への方針を共有するための集まり、「ブランディングＤａｙ」の第２回なのだ。今年で２回目。１回目は２０２３年の発表に伴う、全教職員に対してのブランディングの説明会だったという。

冒頭、存在意義（パーパス）を含むブランドビジョンを共有するために制作されたブランドムービーの上映があり、その後に推進責任者の石井敏副学長兼建築学部長が、これまでの約１年間の活動を総括した。

その後、工学部、建築学部、ライフデザイン学部、さらに総合教育センター（主に教養及び教員養成教育を担当する部署）の学部長や教員、学生サポートオフィスやキャリアサポート課の職員が、それぞれ今期の取組みとブランドビジョンの実践などについて報告し、次年度への抱負を述べた。さらに、外部の専門家の講演などもあり、最後は、渡邉浩文学長が総括した。

２時間に亘るこのイベントの記録映像の中で印象的だったのは、学部・センター・各課の教職員

が、それぞれ特徴的なアプローチで、このブランドビジョンやパーパスにまつわる発信、浸透、実践活動に積極的且つ個性的に取り組んでいるということだった。大学教員の皆さんは、企業における従業員とは異なり、ある意味で独立性が高い人たちだ。大学挙げての活動に前向きに参加し、協調行動をとる人は限られると思っていた。大学の先生の役割には、学生を教える「教育」という側面と、学問を先へと進める「研究」という側面がある。この教育と研究だけでも手一杯なのに、そこに他の事案が入ってくるのは負担としか思えないのではないか。

しかしこの大学の場合、学長の旗振りで推進するパーパスブランディングへのコミットメントは高そうであり、発表者それぞれのアプローチは異なるものの、取り組む姿勢やベクトルは一致しており、熱量も高いと感じられた。さらに、教職員間の歩調も揃っていて、ある種の一体感を感じとることが出来た。

特筆すべきは、教職員だけでなく、このブランディングを推進するイベントに、学生や卒業生が登場したことだった。建築学部の4年生で、次年度同大学の大学院博士課程前期へ進むことを決めた学生は、登壇し、この大学が「第一志望ではなかった」にも拘わらず、コロナ下でのオンライン授業でも対面のオフライン授業になってからも、あれこれ相談できる教職員のサポート力や距離感、大学としての気風が、自分を前向きにしてくれ、何事にも挑戦し達成していく気概が持てるようになったと話した。その言葉どおり、どちらか一方で良いということになっている卒業論文と卒業設計の両方をこなすほどの情熱を以て取り組み、将来へ向けての夢や抱負もとてもポジティブなものだった。

その後の映像で登場したライフデザイン学部の学生、院生、卒業生も、それぞれが大学を評価し感謝の言葉を述べていた。その中のひとり、先の震災で自らも被災した出身地の町役場に勤めている卒業生は、大学での学びが、今の仕事を選択するにあたっての気付きを与えてくれたと振り返っていた。

最後に登壇した渡邉学長は、次のように締め括った。

「本学には立派な建学の精神や理念はあるものの、本学を分かりやすく定義し、発信出来る言葉がなかった。この度パーパスをはじめとするブランドビジョンやブランドスローガンが出来たことで、本学の位置付けや個性が明確になったことは喜ばしい」

東北工業大学八木山キャンパス

同大学長町キャンパス

そしてさらに次のようなエピソードを披露した。

「最近嬉しかったことがある。『学長直行便』（学生が学長に直訴出来る目安箱のような投書システム）に、『ブランドスローガンをプリントしたTシャツをぜひ学内で販売してほしい』という複数の書き込みがあったことだ。直ぐの予算取りは難しかったのだが、その話を聞いた経済交流会（東北工業大学出身の企業経営者などで構成されている後援組織）が寄付してくれ、その原資を使って1枚500円でキャンパスの売店で販売することが出来た。学生たちがパーパスやブランディングに興味を持ってくれている証左なので、しっかり浸透し始めていると感じた」

「教職員各位におかれては、ぜひ来期以降も一層のご協力をお願いする」

ブランドスローガンのTシャツ――エスキースTシャツ

同大学では「存在意義（パーパス）」「提供価値」「個性（パーソナリティ）」の3つを合わせてブランドビジョンと呼んでいる。それに加えて、パーパスやブランドビジョン全体を端的に伝えていくための「ブランドスローガン」を制定した。これらが完成し公表されたのは2023年4月3日のことである。

以来、教職員はもちろん、全学生、そして大学への進学希望者や高校などの教育機関、企業の採用担当者と企業経営者、卒業生、そして社会（主に地域社会）へも広く発信してきた。

この短期間でもっとも浸透しているのが、ブランドスローガンだという。それが「未来のエスキースを描く。」だ。

渡邉学長がブランディングDayのスピーチで紹介した「パーパススローガンをプリントしたTシャツ」とは、スクールカラーの紺地のTシャツに白い明朝体のロゴで、この「未来のエスキースを描く。」が刷り込まれたものだ。副学長の石井さんが考案し、自身でネットプリントで発注して最初は2枚作製。1枚は渡邉さんにプレゼントした。

エスキースTシャツとブランドスローガンロゴ

未来の エスキースを 描く。

２０２３年４月以降は、スローガンをどんどん外へ出していこうということになり（いわゆるエクスターナルブランディングまたはアウターブランディング）、このＴシャツはあちこちで活躍するようになる。

大学が催す「オープンキャンパス」というイベントをご存じだろう。受験を考えている高校生たちに、その大学の魅力を知ってもらうためのイベントで、説明会だけでなく、学内ツアーで各所を見学したり、学食を体験するなどリアルな情報を得ることが出来る場となるが、東北工業大学ではこの催しを年４回行っている。そのイベントでは助っ人の在学生を含む全学内関係者がこのＴシャツを着用するようにしている。参加した志望者は、そのＴシャツの文字を見て「何だろう」と興味を持ってくれ、より大学のことを知りたいと思ってもらえるようになるだろう。ちなみに本学のオープンキャンパスには、２０２３年度合計で２９３５名が来場した。９年前の２０１４年度（１９８５名）からみると、１・47倍に増えていて、大学のスローガンを対外発信するのに良い機会となっている。

東北工大では、主にその年の新入生を歓迎するために、４月上旬、「キャンパスオープンデイ with you!!!!!」というイベントを

キャンパスオープンデイのフライヤー
ブランド説明会の告知も

開催している。元々はコロナ下でオンライン授業に終始していたころ、十分に感染予防対策を施したうえで、学生にキャンパスまで足を運んでもらい、大学のことをよく知ってもらおうと始まったイベントが趣旨を変えて定着したものだ。今では両キャンパスで、学内各所を巡りながら謎解きゲームをやったり、屋外ステージでのライブを楽しんだり、クラブやサークルの紹介を見たりするイベントになっている。

このキャンパスオープンデイで、２０２３年から「ブランド説明会」を催すようになった。２０２３年度も24年度も、副学長の石井さんが体育館のステージ上にスローガンがプリントされたＴシャツを着て立ち、新入生たちに本学のブランディングについて分かりやすく説明したという。新入生に向けても、本学のブランドビジョンをまずは頭に入れてもらうためだ。このイベントでも、当然参加する教職員全員がパーパスＴシャツ（エスキースＴシャツと呼ばれているそうだ）を着用している。

石井さんは建築学部の授業でもこのＴシャツ姿で教壇に立っている。

あちこちで目にするうちに、じわじわとこの日本語のスローガンが描かれた紺地のＴシャツがブームになり始めて、学長直行便での学生からの直訴もあって、大学の売店で販売することになったのだ。今ではこのTシャツを着て授業に出たり、街を歩いたりする学生も増えてきたという。この大学のパーパスブランディングは、Tシャツがキーアイテムとなって、学生の心を徐々に掴みつつあると言えるだろう。

東北工業大学のブランドビジョン

ではここで、東北工業大学のブランドビジョンを見ていただこう。

エスキースTシャツを着て授業を受講する学生たちと石井副学長

［ブランドビジョン］

◇存在意義（パーパス）

「未来のくらしのエスキースを描く」ことを存在意義とし、

◇提供価値

「ひろく学び、知をつなぐ」場を提供する、

◇個性（パーソナリティ）

「Innovative & Imaginative」な大学を目指します。

［ブランドスローガン］

「未来のエスキースを描く。」

このブランドスローガンには以下の副文が付帯している。

多様な価値観が、多彩に輝く現代——。
東北工業大学の工学・建築学・ライフデザイン学は、
東北だからこそできる学びと研究を融合し、
新たな知と人とをつなげながら、これからの暮らしの、
社会のあり方を模索し続けます。
そして、よりよい未来のために、
多くの選択肢を世の中に提示します。
確かな意志をカタチにしていく。
未来のエスキースを描く。
—東北工業大学—

さらに大学のウェブサイトには以下のような宣言的な説明が加えられている。

東北工業大学だからこそできる学びと研究を融合し、
ともに、カタチにしていく。
ともに、未来をつくっていく。
よりよい未来と暮らしのために能動的にゼロから構想を練り、考え、
描き続けるという本学の強い意志。

本学が大切にする「エスキース」に込める思いです。
建学の精神を尊重し、本学のこれまでの歩みを土台に、
〝東北地方に位置する最も魅力ある工科系私立大学〟として選ばれ、
愛され、誇れる大学へ進化させていくため、
全学が一つとなりプロジェクトを推進します。
これからの東北工業大学の教育、研究、地域・社会貢献にご注目ください。

本学のブランドスローガンは、パーパスとほぼ同じなのである。すんなりと覚えてもらえるようにするため、あえて「くらしの」という言葉を外して短くしているのだ。スローガンを知って興味を持ってもらえれば、ブランドビジョンにも触れてもらえるだろうから、「くらし」は大切な言葉ではあるが、スローガンからは外すことにしたそうである。

「エスキース」という言葉のチカラ

この後もたびたび登場する「エスキース」という言葉を読者の皆さんはご存じだろうか。２０２５年の東北工大のガイドブックの学長メッセージで、渡邉学長はこう説明している。

「建築やデザインの分野では、学生でも日常的に使う言葉で、素描・素案を意味するフランス語です。見えない答えに対して、試行錯誤しながらモノやカタチにしていくプロセスそのものも意味します」

同学のウェブサイトでは、「エスキースとは、意志であり、構想であり、挑戦である」と端的に

解説している。

２０２２年12月に発刊された教職員向けの「ブランドブック」（ブランドの教科書のような冊子）では、パーパス全体の説明として「『未来のくらしのエスキースを描く』とは、東北工業大学が、これからのよりよい暮らしを模索し、挑戦しカタチにしていく存在であり続けることを表明したものです。」と記している。

著者は個人的に、「構想」という解釈が一番フィットする。絵画や建築設計、デザインに限らず、小説だろうが映画だろうが、それこそブランディングであろうが、いきなり完成品が現れることは決してない。アウトプットに行きつくためには素地となるアイデアなりインスピレーションなり、そこから形づくられるシノプシス（おおよそのあらすじ）や事実のマイニングなどを積み重ねることが必要だ。エスキースとは、そうした作業を行うにあたっての、大きな方向感や輪郭を示すものといっても良いだろう。このエスキースという構想がなければ何も始まらない。そこに「未来の」が付くわけだから、大学や学生、教職員が目指すものとして、とても壮大なもののように受け止められる。

平凡社『世界大百科事典』によると、esquisseは、素早く仕上げるスケッチとは対照的に、ある対象を入念に観察し、研究するための素描を指す、とのことだ。解釈が多面的になっているのは、この言葉の奥が深い証拠だろう。いずれにしても、人々を魅了し得るとても素晴らしい言葉だ。

ブランドビジョンとは何か

一般的には「理念体系」や「パーパスコンセプト」などという呼び方をすることが多いが、東北工大では「ブランドビジョン」と呼んでいる。なぜか。
ブランドビジョンの説明はこうだ。

「東北工業大学のあるべき未来像をまとめたものが『ブランドビジョン』です。『建学の精神』は大学設置に際して本学が果たすべき役割を記したものであるのに対して、『ブランドビジョン』は、社会やステークホルダーにとっての意義や価値について未来志向で描いたものです。東北工業大学の『ブランドビジョン』は、存在意義、提供価値、個性という3つの概念で構成されています。」

(東北工業大学ブランドブックより)

建学の精神は、本節の別ページでも出て来るが、「わが国、特に東北地方の産業界で指導的役割を担う高度の技術者を育成する」という、「大学として果たすべき普遍的な役割を定義したもの」である。対してブランドビジョンは、前記のブランドブックの説明にもあるとおり、「社会やステークホルダーにとっての意義や価値を未来志向で描いたもの」という位置付けだ。

Future
TOHTECH
ブランドビジョン
社会やステークホルダーにとっての意義や価値を未来志向で描いたもの
存在意義
提供価値
個性
建学の精神
大学として果たすべき普遍的な役割を定義したもの
わが国、特に東北地方の産業界で指導的役割を担う
高度の技術者を養成する
建学の精神とブランドビジョンの関係を表した三角形の体系図

1964年、東京オリンピックの年に生まれる

冒頭の「ブランディングDay」から3か月ほど経った、初夏というには(仙台にしては)暑すぎる

インタビューに答える渡邉学長

某日、学長の渡邉浩文さん、副学長の石井敏さん、さらにこのブランディングの提案者であり、その推進役という役割を担う入試広報課 課長補佐の渡辺麻友さんのお話を伺うため、著者は出版プロジェクトメンバーを伴って東北工大八木山キャンパスを訪問した。

本学は、仙台市内の高台に位置する八木山キャンパス（主に工学部・建築学部の学生が学ぶ）と、フットサル場や野球場、テニスコートなどの施設を擁する長町キャンパス（主にライフデザイン学部の学生が学ぶ）の2か所に分かれて立地する。

学長の渡邉さんには、前述のキャンパスオープンディwith you!!!!!の際、新入生一番人気の学内見学場所となっている学長室でお話を聞いた。オープンデイには、新入生を学長が座る椅子に腰かけさせて、一緒に記念撮影などをするというから、まさにオープンな学風なのだ。

石井副学長には廊下を挟んだ向かい側の会議室でインタビューさせていただいているのだが、この節を立体的に構成するために、お二人のお話を合わせるかたちで紹介させていただきたい。途中に渡辺麻友さんのお話も挟ませていただく。

まず渡邉さんには、東北工大の設立経緯を伺うことにした。大学の成り立ちはそれぞれに特徴的であり、その学風や運営基盤、そして教育理念などと深く繋がっていることが多いからである。

本学の開学は1964年4月1日であり、ちょうどこのお話を伺っている2024年が、開学60周年に当たる年であった。開学年の10月10日には、アジアで初の夏季オリンピック（第18回大会）が東京で開催されている。この開幕に間に合わせて開業したのが、当時の鉄道技術の粋を集めて開発された東海道新幹線だ。東京・新大阪間で、10月1日に運行を開始した。そのころの日本は高度経済成長の真っ只中。実質経済成長率が、年平均で10％を超えていた時代だ。新幹線は、従来の鉄道網の線路幅とは異なる広軌であり、既存の東海道本線があるにも拘わらず、高速での走行を可能にするため、東京から新大阪まで、わざわざ別のレールを敷設したことでも知られる。先頭車両が連結車両を牽引する従来方式と違い、「ムカデ型」といって、全車両にも駆動モーターが付けられているのも画期的だった。最高速度は当時世界最速の時速210キロで、東京・大阪間を従来の6時間半から4時間（現在は最速2時間22分）に短縮してみせた。日本経済の成長とともに、技術大国ニッポンを世界に印象付けた年に、本学はスタートを切ったのだ。

高まっていた技術者育成への機運

「ただ、東北に新幹線がやってくるのはもう少し先（1982年）ですね。田中角栄の日本列島改造論（1972年）などもありましたけれど、すでに本学開学の前から、日本全体が好景気に沸いていたわけです。

しかしそのころ、東北地方（青森、岩手、宮城、秋田、山形、福島の6県）には、技術者養成に関わる高等教育機関が東北大学など少ししかなかったのです。工業界を支える工学部を持つ大学を、東北でもっと設立・育成していかねばならないという機運が高まってきていました」

これが設立の大きな切っ掛けになったということだ。さらに渡邉さんは続ける。

「本学の樋口龍雄理事長がよく仰っている『スプートニク・ショック』というのも、設立を後押ししたかもしれません」

スプートニク(1号)は、1957年10月、当時のソ連が打ち上げた人類初の人工衛星だが、この成功が、自国こそ宇宙開発のリーダーだと自負していた米国の政府や科学技術関係者を震撼させたのだ。対抗した米国のヴァンガード計画は失敗に終わったが、その後のアポロ計画へとつながり、1969年の月面着陸成功で主導権を取り戻した。

「つまり、先端技術が世界の勢力図を塗り替えていくということがまざまざと目に見えてきてしまいました。我が国でもこのような流れの中で、技術者養成への意識が高まっていったと言えるでしょう」

高速鉄道にせよ、人工衛星にせよ、技術を制することの重要性が、高度経済成長のさなかの日本でも、強く認識されていたのだ。

1960年には学校法人東北電子学院(現在の学校法人東北工業大学)が設立され、翌年には東北電子工業高等学校(のちに東北工業大学電子工業高等学校、現在の仙台城南高等学校)が開校。この高校で学んだ生徒たちが卒業を迎える3年後の1964年に、東北工大が設立されている。この高校は同じ学校法人傘下であることから、大学とも教育プログラム等で深く連携している。1992年に設置された大学院を含め、東北地方の私学として高校以上の技術系人材の育成が出来るようになった。

「東北工業大学の設立にあたっては、東北大学の先生方や宮城県知事、仙台市長、地元の大企業や金融界のトップが発起人に名を連ねています。いわゆる『産学官金』で立ち上がった大学です。本学は〝地域が創った大学〟ですから、建学の精神でも『わが国、特に東北地方の産業界で指導的役割を担う高度の技術者を養成する』と明確に表明しているわけです」

特徴は実学志向・世界より地域重視・インディペンデンス

企業にも競合があるように、大学でも競合校は意識するものだ。国立の名門東北大学や、私学の東北学院大学と比べて、本学にはどのような特徴があるのだろうか。

渡邉さんは「実学」だという。

「何といっても、本学は『実学志向』が大きな違いでしょう。当初は電子工学科、通信工学科の2つを擁する工学部だけで始まりましたが、その後、建築学科が出来て、以来土木工学科（その後都市マネジメント学科）、工業意匠学科という5つの学科となりました。この短期間でここまで学科が広がったということは、設立前から実学志向に基づいた綿密な計画が出来ていたという証です」

いつものTシャツ姿で話す石井副学長

現在は、これらの学科が再編され、工学部、建築学部、ライフデザイン学部という3つの学部で構成されている。副学長兼建築学部長の石井さんは、本学の他との違いをこんな風に説明した。

「例えば東北大学などは、研究する対象が『世界』を相手にするものや、教育に関してもグローバル志向が強いのです。東北や地域ということに特に拘りをもって、また焦点を当ててやっているわけではないんです。対して本学は、当然グローバルに目を向けて教育・研究も行っていますが、先ず『地域』のことを考える、というのが大きな違いです」

グローバルをおろそかにする、ということではなさそうだが、世界目指して地域を置き去りにするようなことはしないということか。

「地域の人と一緒にやりたい、そうして地域を何とかよくしたいという視点でさまざまなことをやっています。仙台、宮城、東北をフィールドにしながら、自治体と連携したり、地元企業と連携した研究に取り組んでおられる先生が多くおられます」

地域社会に根差した存在。渡邉さんから説明のあった建学の精神や、設立経緯とも関係深い明確なポジショニングと言えるだろう。

実際、東北大学は全国でもトップクラスの実力校であり、イギリスの高等教育専門誌「Times Higher Education（THE）」が２０２３年9月に発表した「２０２４年THE世界大学ランキング」では、日本最高位の東京大学（世界29位）、京都大学（55位タイ）に次いで東北大学（１３０位タイ）が入っている（トップは8年連続オックスフォード大学で、スタンフォード大学、マサチューセッツ工科大学がこれに続く）。２０２４年11月に文部科学省が推進する国際卓越研究大学の第一号に認定されたのは記憶に新しい。

東北大学が現在掲げているのは、「世界から尊敬される三十傑大学を目指す」。彼らが「世界」を目指すというのも頷けるし、世界の大学に伍する教育が日本に必要なことも分かる。彼らが２０１

8年に発表した「東北大学ビジョン2030」（アップデート版が2022年に発表されている）でも、グローバルに関連するビジョンや重点戦略が目立つ。しかし東北工業大学は、中期計画2028でグローバルにも言及しているものの、先ず「地域」なのだ。流出が激しく人口減少も著しい東北域内に、若い人材を留めるという別のタスクも、本学は担っているようだ。

さらに石井さんは、別の視点で、本学の特徴をもう一つ挙げてくれた。

「本学は、地域の産学官金支援のもとに設立されたという経緯はあるものの、何か大きな母体があるわけではないんですね。つまり、〝インディペンデント〟（独立した、他の影響を受けない、という意味）な組織なのです。自立性が高くて、しがらみもない。同族経営でもなければ宗教等が絡むとか、母体から理事長が送り込まれるとか、そういうのが一切ない組織・法人なので、とても〝自由〟に運営できているのです」

改めて、たとえば大学が多く集まる東京の人気私学を眺めてみれば、キリスト教系、仏教系が沢山あることに気付かされる。そうした学校にしがらみがあるかどうかは分からないが、インディペンデントな立ち位置であるこの大学の運営に、高い自由度が担保されていることは分かる。ただ一方で、悩ましい面もあるそうだ。

「自分たちで動かなければ大学は動かない。それは良いところである反面、下手をすると、芯の見えない大学、存在感が希薄な大学になってしまう恐れもあるのです」

だから石井さんは、ブランディングのような基軸となるものが必要だと、かなり以前から思っていたそうだ。

パーパスブランディング導入へ向かったわけ

再び学長の渡邉さんとのインタビューへ戻そう。どういう経緯やお考えで、このパーパスブランディングに踏み出されたのか伺った。

「私は2021年4月に学長になって以来、現在4年目（インタビュー時）なのですが、その前の2016年からの5年間、副学長を務めていました。その際に、2019年から2023年までの大学の中期5か年計画策定を、ヘッドとして取りまとめる仕事を仰せつかりまして、先ず『本学に欠けているものは何か』を策定メンバーの間で議論することにしました。本学は、工業大学ならではの、手堅く、真面目にコツコツとやっていればいいのだ、といった、今から見るとやや古風な大学運営をやっているのではないか。世の中の変化に合わせて、もう少し積極的に広報なりその他のアピールなりをやっていかなければいけないのではないか。そういった課題意識が、私も含めたメンバーの中に芽生えて、そこで『戦略的広報に取り組む』ことを、当時の中期計画に盛り込んだのです」

そうしたお考えに至るには、何か危機意識のようなものがあったのですか？　そう水を向けると、なるほどそうか、という答えが渡邉さんから返ってきた。

「定員割れしてしまったのです。

2000年に入ってから、臨時的定員増解消があり、2008年にはリーマンショックがあり、2011年には東日本大震災が起こってしまいました。そこで2011年からの数年間、全学部で定員割れが起こるようになったのです。要は経営危機のような状態です。あれこれ頑張って、2017年ごろには定員を再び満たせるようになったのですが、こうした危機を体験した記憶が中期計画策定メンバーの中にもあって、積極的に本学をアピールすべきであるとして『戦略的広報』という言葉に結実させたわけです」

（臨時的定員増解消：「定員」とは、大学が収容可能な学生数。学生数に応じて必要教員数が定められているのだが、若者が増え進学希望者も増えた時代、受け入れられる大学が不足する状況が生じた。この事態を解消するため、学生数を「臨時的に」増加させたのが「臨時的定員増」。1986年ごろに当時の文部省が定めた。ただこの特例措置が20年近く続いたため、大学にとっての経営基盤となってしまっていた。文部科学省は2004年ごろまでに臨時措置を解消すると発表し、新学部の設置などで多くの大学で学生数（規模）を維持した）

私大の6割近くで起きている「定員割れ」

「定員割れ」は、既に日本の多くの大学で起きている。2024年度の入学者が定員割れした4年制の私立大学は345校で、全体の59・2％となり過去最高となった（日本私立学校振興・共済事業団調べ）という。少子化が急速に進んでいるため、定員割れの私大数は今後もっと増えることだろう。

中央教育審議会では、2023年9月に文部科学大臣から諮問された「急速な少子化が進行する中での将来社会を見据えた高等教育の在り方」について検討が行われ、2024年8月に「中間まとめ」が公表された。文部科学省によると、一般的にわが国の大学進学者となる18歳人口は、19

92年度の約205万人から2023年度には約110万人に減少し、2040年度には約82万人になると推計されている。

今後の18歳人口や大学進学率等の動向を踏まえると、大学進学者数は2026年度に65万人とピークを迎えた後、2040年度以降50万人程度に減少すると見込まれる。もしピーク時の大学入学定員を維持すれば、学生数は入学定員の8割程度しか満たせないことになる。つまり、多くの大学が入学定員割れとなり、入学希望者を競って取り合うことになるだろう。


ただし石井さんによれば、東北工大は近年「非常に高い就職率」を誇っているという。「ここのところ毎年1万3000社ほどからの求人があり、本学で学んだ学生が欲しいという企業が沢山あるんです」とのこと。就職率は99・1%（2023年度学部卒業生）となっている。地域社会に密接にかかわってきた大学としての強みとも言えるだろう。日本経済新聞社と日経HRによる共同の調査において、「就職支援に熱心に取り組む大学ランキング」で東北工業大学は全国の私立大学で2位の栄誉に輝いた（全国738社の上場及び一部有力未上場企業の人事担当者が答えた大学イメージ調査、2023年2－3月実施）。本学はゼミ・研究室と地元企業とのつながりの強さという点が評価された。

2024年度に東北工大に入学した新入生へのアンケートで同大学の強みを聞いたところ、圧倒的な1位が「就職状況が良い」（17・1%）となっていて、入学希望者にもこの点は十分伝わっていたと言える。

ただ、先の文科省の見通しを聞くまでもなく、石井さんは依然高い危機感を持ち続けている。実際定員割れも目の当たりにしているし、その後教職員が頑張って、学生に丁寧な教育をしながら、しっかりと社会に出していくということを使命として何とか乗り切れたが、人口減少が続く限り、自分たちの職場が10年後、20年後にはないかもしれないという危機感を持つ教職員は少なくないという。大学の2030年問題というのも立ちはだかる。

一方で、学内の教職員の世代交代が進んだため、現状維持型の保守派は減り、変えていくべきは大胆に変えていこうという意識も高まってきた。

石井さんは言う。

「学長も含めて、危機を体験した当時40代くらいの教員の間で意識が高まりました。本学が今後も存続できるようにするには何をしたらいいのか、いろいろ変革への構想を練ってきたと言えるでしょう。工学部の建築学科を独立させて、建築学部にした(2020年)のもその一環ですし、工学部の改組も同様です」

選ばれる大学、愛され誇れる大学。他とは違う強みを持つ唯一無二の大学にならなければいけない。そして引き続き地域に貢献し続けなければならない。

「管理運営担当」「発信奨励担当」という副学長の役割分担

大学のこれからを憂う一人だった渡邉さんは、2019年~2023年の「戦略的広報」を含む中期計画を副学長としてまとめ、その後学長に任命される。

あるべき未来像――ブランドビジョンも出来た。その未来像に近づけていくべくさまざまなチャレンジを断行して、対内的に変革を推し進め、それを戦略的広報で対外発信していくための指揮を執ることになったのだ。

話は現在のスローガンとなる前の、ユニバーシティスローガンのことに及んでいく。

「岩崎俊一名誉理事長が、日本学術会議（内閣総理大臣所轄の下、独立して職務を行う、我が国の科学者の内外に対する代表機関）のある座長を務めておられた際に、研究の新しいあり方として提示なさっていた言葉から戴いて、今から20年前の開学40周年の際に、本学のユニバーシティスローガンとして『創造から統合へ――仙台からの発進』を掲げました。

これからの研究というものは、これまでの基礎↓応用↓実装、のような直線的なモデルではなく、創造↓展開↓統合、というように創造した結果を正しく展開して、社会に融合させるようにしなければならない、そういう意味なのです。素晴らしい言葉ですが、万人に理解してもらうにはいささか難しいのではと思っていました」

変革で魅力を高めても、それを発信できなければ誰にも伝わらない。

「学長になると、いろいろな場所に出てスピーチをする機会も増えます。当然そういうときには本学についての説明も求められます。しかしこの『創造から統合へ』ではなかなか話しづらい。ひとつ『明解で筋の通った説明』が出来ないものかと悩んでいました」

そこで渡邉さんは、その戦略的広報の実現という役割を副学長に担わせようと考えた。

「学長は副学長を指名することが出来るのです。従来から副学長は二人の先生にお願いすることが決まっているのですが、以前は『学内担当』『学外担当』というざっくりした役割分担でした。これを私は『管理運営担当』『発信奨励担当』という業務の括りで分担してもらうことにしました。管理運営担当副学長は、工学部の小林正樹先生にお願いしまして、発信奨励担当副学長を石井先生にやってもらうことにしました。石井先生とは建築学科の立て直しや建築学部の創設で苦楽をともにした仲ですし、彼なら間違いないと思って任せることにしました。

そこで、いろいろ石井先生と意見交換をしていたところ、入試広報課の渡辺麻友さんから『ブランディング』はどうかという話が出てきたというではありませんか。そこで直接話を聞いてみると、彼女は教務学生課から入試広報課に異動してきたばかりなのだけれど、これからの広報をどうするか思案していて、『何か一本軸になるものがほしい』と思ったそうです。それでいろいろ調べたところ、ブランディングに行き着いたというんですね。一本筋の通ったものが欲しいというのは、まさに私も同じ思いでしたから、ブランディングは良いなと思いました。

石井先生と私の二人だけで突っ走るのは良くありません。皆さんの意見も聞いて進めないといけないですから、職員サイドでこういうことに関心を持ってくれる人がいたことが有難かった。これは渡りに船だと思いました」

石井さんもこう話す。

「大学の生き残りをかけて、自分たちの存在をしっかりと確認しながら、社会に伝えていかなければという気持ちでした。私も発信奨励を担う立場から広報を推進しないといけない。それをどんなかたちでやればよいのかを思案していたときに、渡辺麻友さんから『大学のブランディング』はどうでしょうか、と相談を受けたのです。私もそのようなことに取り組んでいる大学があることは知っていましたし興味もありましたから、これはいけるなと思って学長に相談しました」

大学広報としてやるべきことは何か

実施にあたって、推進役を務めた入試広報課の渡辺麻友さんにお話を伺った（学長の渡邉さんと混同してしまうので、本稿では「麻友さん」とさせていただく）。

まず学長室で伺った話を確認してみた。

――麻友さんがブランディングを学長に提案されたんですね。

「言い出しっぺであることは確かですが、提案というか相談をさせていただきました。

2020年4月に、教務学生課から、入試広報課の中の、広報全般を担当するチームへと異動になったのですが、教務学生課という部署は、学生生活とか奨学金とか成績のことだとか、お悩み相談も含めてずっと学生に向き合っている部署なので、広報のことなどまったく分からないわけです。すでに、入試広報課では、ずっとやってきた広報業務の流れのようなものが出来上がっていたので、それを踏襲して2、3か月やってみたんですが、いろいろ疑問が湧いてきて。それで広報に関する本を沢山読んで、インターネットでも調べてみると、本学の広報のやり方は少し時代遅れではないかと思ってしまったんです。

本学は各学科にも広報担当の教員がおられて、独自に立ちあげたウェブサイトや自前のパンフレットなどを制作して自由に発信しているんですけれど、結果的に結構ばらばらな感じになっていたんです。

教育関係に強い進研アドという広告会社さんが大学向けに『Ｂｅｔｗｅｅｎ』という雑誌を発行しているんですが、その夏号（7‐8月号）をたまたま読んだら、『今こそ、大学ブランディング』という特集が出ていて、教務学生課のときに付き合いがあった某大学のことも事例で紹介されていたんです。あ、あそこもやっていたんだ。だから広報物もユニフォームなんかもきれいに統一されていたんだ。そう気付かされて、本学は遅れている、もうこれはやらなきゃ、と強い危機感を抱きました。

そこで当時副学長だった現・学長の渡邉先生と、学部長だった石井先生に、こういうことをやりたいのですが、とお話ししたら、『じゃ、ちょっと上の人たち（大学事務局長・法人事務局長）にも話をしてみて』と言われて、資料を作って10月頃に提案したら、12月に『それでは次年度予算も確保してやりましょう！』と直ぐに決まって、もう、あれよあれよと言う間に動き出したわけです」

２０２０年当時副学長兼建築学部の教授だった渡邉さんは、この年の10月末の理事会で次期学長に選任されたのだが、前述のとおり胸のうちには近しい思いがあって、麻友さんの提案がぴったり嚙み合った。まさに待ってましたというところだったのである。

「これは全学での取組みになるので、教職員全員が参加する研修会でも説明しようということになり、専門家を呼んでブランディングのレクチャーをしてもらいました。これが２０２１年１月です」

タイミングが良かったということもあるだろうが、決定までのスピードが早かったことには、提案者である麻友さんも驚かされたようだ。

プロジェクト自体はどう進められたか

先ず、どういう枠組みや体制でプロジェクトはスタートしたのか教えていただいた。

「２０２０年の後半、『ブランド力向上検討WG（ワーキング）』という小さなかたちからスタートしました。当時、建築学部長の石井先生をはじめ、各学部の教員や主要局などの職員らで構成して、事務局は入試広報課が担当しました。ブランディングといっても何をやるのか、どのように進めるのか検討しないといけませんし、サポートしてくれるパートナーも決めないといけませんでした。

２０２３年度からは『ブランディング推進委員会』という名称になって、メンバーを入れ替えたりしながら動いています。推進委員会というのは学長直結に近い、指示がすぐに降りて来るような位置付けの委員会です。学長がトップで、副学長、学部長、大学事務局長、法人事務局長が入る『代議員幹事会』という会議体があるんですが、そこに直接つながるようなかたちでやっています」

——プロジェクトはどのように進められたのですか？

「２０２１年度の前半にはリサーチを行いました。学長や副学長へのインタビューや、学生たちにもグループインタビューなどを実施しました。そしてその後はこのリサーチ結果を眺めながら、ブランドビジョンの中身を決めていくＷＧメンバーではセッションを重ねましたね」

「ブランド力向上検討ワーキング」は教職員に向けて、プロジェクトの進捗状況を報告するため、適宜「ブランディングニュース」を発行・配布していた。２０２１年10月のニュースでは、同年９月に１４１名の教職員から回答をもらった、本学のイメージ調査の結果が報じられた。あらかじめ用意されたワードから「現在の姿」と「10年後にありたい姿」を選択してもらった結果を重ね合わせたグラフが示されていて、「現在の姿Ｔｏｐ６」は、素朴、おとなしい、堅実、真面目、親しみやすい、地味、であった。トップの素朴は、何と72％の人が選択していた。「10年後にありたい姿」では、親しみやすい、堅実、楽しい、進歩的、アクティブ、スマート、となった。親しみやすさと堅実は、変わらずあり続けたい姿ということになるが、他はすべて現在の姿にはないワードだ。変化を希求する教職員の気持ちが滲み出た調査結果と言えるだろう。

「まだコロナが収束していませんでしたから、インタビューはすべてオンラインで実施せざるを得ませんでした。セッションには各学部学科と総合教育センターの教員、各室・課の職員が参加して行いました。慣れないテーマに取り組んでいたので、皆さん四苦八苦していましたが、外部パートナーのファシリテーションもあったのでやり通せました。

こうして存在意義（パーパス）、提供価値、個性（パーソナリティ）がブランドビジョンとしてまとまったのが２０２１年度の後半。『エスキースなどという一般的ではない言葉で本当に大丈夫なのか』など代議員幹事会でもいろいろ意見は出ましたが、何とかまとまりました。ブランドスローガンが決まったのは年度末でしたね。２０２２年度中にはブランドブックなども整って、いよいよ２０２３年度からは浸透段階に入っています」

WGによるブランドセッション

そして、２０２３年３月の「第１回ブランディングＤａｙ」での全教職員向け説明会、前述の「キャンパスオープンデイ with you!!!!!!」や「オープンキャンパス」、そして本節の冒頭に紹介した２０２４年３月の「第２回ブランディングＤａｙ」の報告会へとつながっていくのだった。

未来の
エスキースを
描く。
東北工業大学
未来のエスキースを描く。
東北工業大学

JR仙台駅のコンコースを埋め尽くす広告

「未来のエスキースを描く。」が仙台駅のコンコースを覆い尽くす

学生を巻き込んで求心力を高めつつある東北工業大学のインターナルブランディング（インナーブランディングともいう。内的ブランド啓発活動）は、順調に進んでいると思われる。他方エクスターナル（アウター）コミュニケーションにも力を入れていて、JR仙台駅の駅ジャックは大層話題になったようだ。写真で見せていただいたが、2階コンコース上部の空間を埋め尽くしたフラッグと柱巻きシートによる展開は壮観だ。2023年4月のブランドビジョン発表に合わせて掲出され、1か月にわたって展示された。天井から垂れさがる3メーター角の大型フラッグ6枚と、天井まで伸びた高さ5メーターの柱巻き広告5本で、ブランドスローガン「未来のエスキースを描く。」と大学名を大きく発信した。

仙台駅の乗降客数は1日15万8000人程度

（2022年・国交省国土政策局発表）だが、中央改札口やペデストリアンデッキ、3階の新幹線口へのアクセスが集中するコンコースは、駅利用者なら誰もが通る場所だ。見落とすはずもない巨大な展開であるうえ、駅構内のその他の場所にも掲出したそうだから、控えめに4人にひとりの人が見たと考えても、のべ100万人以上に情報が届いたはずだ。

主要駅なので、多くの在学生や教職員も目にしたことだろう。内部にも影響を及ぼすうまいやり方だ。

なお麻友さんは、折角製作したものだからと、普通なら廃棄する3メーター角のフラッグを持ち帰って、大学の構内に掲げることにした。

渡辺麻友さんと大学構内に掲げられたフラッグ

幅広い大学のステークホルダー

大学には、企業以上に多くの種類のステークホルダーがいる。ざっと思い浮かぶだけでも、次のようになる。

「教員」「職員」「理事・評議員」「学生（在学生）」「卒業生・同窓会（OB・OG）」「受験生（高校生など）」「学生の保護者」「受験関係者（保護者や高校教員）」「就職先企業・組織」「後援組織（宗教法人などが後ろ盾になっている場合もあれば、東北工業大学のように後援会や経済交流会のような卒業生や保護者で構成された支援団体がある場合もある）」「産業界・自治体」「提携校・

姉妹校」「教材やインフラなどの調達先」「地域社会」「社会（日本全国、海外）」。

とりわけエンゲージメントを高めておかなければならないステークホルダーにはアンダーラインを引いてみたが、企業組織と違うのは、「従業員」（基本的にアルバイトやパートも含むすべての従業する人。社員といえば主に正社員や一部契約社員を含む場合もある）に近い人たちをみても、大きく教員と職員に分かれることだ。入学金も授業料も支払うのだから、学生はカスタマーと言えるけれど、大学の重要な構成員でもあるので、ここにも学生を加えて考えてみよう。学生は院生を除いて基本的に4年で4分の1が更新されていく。

そして学生は、卒業していくと採用する側の企業や自治体等に入り、同窓会などを構成していずれ寄付金を払ってくれたり、入学希望者や社会へのインフルエンサーにもなってくれたりする重要な存在と言える。

したがって大学広報と一括りに言っても、ステークホルダーに対しては個別的にまめに発信分けする必要がある。他方、ブランドビジョンやスローガンのようなブランドコンセプト的な要素は整備しておく必要がある。多様なステークホルダーに包括的に発信できる「メッセージ」として機能するし、コンセプトとして、さまざまなステークホルダーごとへの発信コンテンツやイベントに一貫性を与えるからである。

東北工大の場合は、オープンキャンパス（入学希望者）、キャンパスオープンデイ（学生）、ブランディングＤａｙ（教職員）など個別のステークホルダーへの発信コンテンツを整備してきた。さらに卒業生へのアプローチにも注力している。

２０２４年６月には、東北工大はＯＢ・ＯＧをキャンパスに迎えるホームカミングデー「ありが

ホームカミングデー 5号館と集合写真

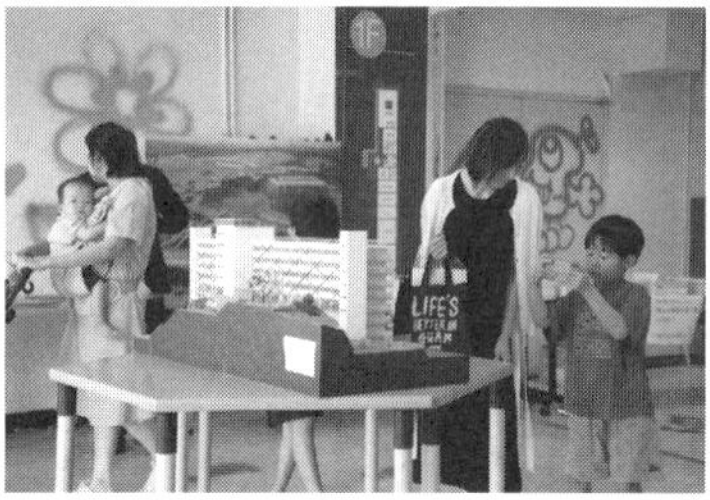

（左上）展示を見て回る卒業生と家族
（上）来場者が描いた寄せ書き
（左）学生による屋内ペインティング

とう5号館・さようなら5号館」というイベントを催している。創立60周年記念として催しながら、今般建て替えが決まった八木山キャンパス5号館を取り壊すにあたって、この学び舎に特別な想いを持つ往時の教授陣や卒業生を招いて、吹奏楽部の演奏などでもてなした。ライフデザイン学部産業デザイン学科の学生たちが当日のためにペイントした絵が館内各所に描かれ、参加者はそれらも鑑賞して楽しんだ。参加したOB・OGたちは外壁に在学当時の思い出などを寄せ書きした。この催しは地元紙の河北新報などの記事になり広域に発信された。ちなみにこの5号館は1968年に竣工し、以来主に工学部建築学科（現・建築学部）の学生に親しまれてきた校舎だったが、宮城県沖地震（1978年）で被災し、世界初の外付け鉄骨ブレース補強を採用して修復した「耐震補強技術の草分け的建物」だ。併せて卒業生には、2022年に完成した実験・教育棟Tech-Lab（てくらぼ）の見学もしてもらって、最新設備もしっかりアピールしていた。

戦略的広報というのは、一貫性と物語性を持たせながら、個別に発信するイベント等は拡散力があり、二次・三次利用が出来、差異化可能なオリジナリティを強調するもの。そして、機能的なだけでなく人々の情動に訴えかけ感動させるものであるべきだろう。東北工大の発信力は、パーパスブランディング導入以降格段に強まっていると評価してよいだろう。

素晴らしいパーパスブランディングの仲間、「学生」

渡邉学長、石井副学長、さらに推進役としての入試広報課広報チームの麻友さんのお話を伺って確信を得たことは、ステークホルダーが多様な大学において、入れ替わりゆく「学生」の皆さんに、よくブランドコンセプトなり理念体系（東北工業大学ではブランドビジョン）を理解し、共感してもらうことが要諦となるということだ。

理由はこうだ。

・学生たちの世代の発信力はとてつもなく強い――友達間でのやり取りや、後輩の高校生への影響力もあるだろう。当然SNSでも拡散してくれるだろう

・情報感度が高くアイデアが出せる人たちである――有益なアドバイスもくれるだろう

・誇りを高めたい人たちである――自分の大学の知名度・好意度・ステイタスが上がることを当然歓迎するだろう

・卒業生となっても影響力がある――世に出てからもパーパスを体現するエバンジェリストになってくれる可能性がある

・何より自分へのメリットがある――自身がビジョンやパーパスの理解者になり実践者になることは自分の人生を豊かにすることである（そう気付いてもらうことが大事）

石井さんは学生との関係構築をこのような形で実践していると言う。

「まず新入生は全学部、キャンパスオープンディwith you!!!!!!で、ブランディング説明会をやります。さらに建築学部では、この大学がどういう学びの場であるかを、スローガンやパーパスを紹介しながら、しっかり伝えるようにしています。

第一希望で来た学生もいれば、うちに来るつもりはなかったけれど結果的に来たという学生もいます。でも『ここ』で学ぶのなら、気持ちを切り替えてきちんと学ぼうよ。『ここ』でしか学べない意味や価値があるんだと、そういうことを伝えています。『未来のエスキースを描く。』を意識し

て、自分でどう学びたいのか、本学でどんなエスキースを描こうと思っているのか、私にメールで送ってくださいとお願いしたら、今年は149名全員からメールが返ってきました。これを一冊の本にまとめて、全員に配布してあげました」

4年後学びを終えた際に見返すと、自分の成長を感じることが出来るだろう。

他に、全学部全学科にキャリアデザインという自分の進路を考えるための科目があり、1年生から3年生までの全員が履修することになっている。その講義の一部を活用して石井さんは、2〜3年生全員に対してブランディングの講義をしているそうだ。録画したものをオンラインで配信すれば済むものだが、対面で直接伝えることに拘ったと言う。8学科×2学年で合計16回の講義で、東北工大というのはこのような大学なんだ、ということがしっかり理解出来ていると自分自身の強みにもなると教えている。

「本学の卒業生の姿が社会の中で見えてくると、本学の姿勢が世の中の人々に伝わるのです。学生たちのためにも役立つうえ、大学にとっても学生の協力がなければこのブランディングは成し遂げられないということを率直に説明して、『だから一緒にやろうよ』と呼び掛けているんです」

大学ブランディングは10年計画だ。卒業生の活躍を通して、10年経って東北工業大学の姿が社会に理解されればそれでよい、と石井さんは思っている。

ひろく学び、知をつなぐ——提供価値の実践

東北工業大学のブランドビジョンには、「提供価値」が謳われている。それが「ひろく学び、知

をつなぐ」だ。

　東北工大では、この提供価値を、２０２５年度（２０２５年4月から）まさに実践に移すという。学長の渡邉さんのインタビューでは、かなりこの点に時間を割いて説明いただいた。

「これまではスペシャリストを目指して、自分はこの分野で行く、という風に視野が狭くなりがちだったかもしれませんが、これからはモノを多面的に見ることが出来る能力が求められるようになります。自分の専門に対して、もう一つ別の視点を持つ、というだけでも幅が違ってきます。

　これまでも他学科、他学部の開放科目を聴講することは出来ましたが、次年度（２０２５年４月）から、社会のニーズに沿って工学部の改組をやることにしました。『学科』をやめて、『課程』制にします」

――それは思い切りましたね。

「さらに、軸足はこの課程において、分野横断プログラムでこんなふうに広げると、あなたはこういう成長が出来ますよ、と具体的な組合わせで見せていきます。これがブランドビジョンの『提供価値』でも言っている『ひろく学び、知をつなぐ』なのです。

　改組の議論とブランディングの議論は別々のように見えて、ここでパチッと重なっているのです。改組は管理運営担当の小林副学長にお願いしているので、ブランディングの石井副学長とつながったわけ

東北工業大学のガイドブック2025
工学部の改組などを知らせている

です」

　このような学科制から課程制への移行という大胆な改革を行った工科系私立大学は、著者が調べたところ、２０２４年度から導入している芝浦工業大学だけだろう。日本で二番目の取組み、東北ではもちろん最初の取組みだろう。

　石井さんも、この工学部の改組は、社会に出ていく学生にとってプラスに働くと言う。

「工学部の学科が課程に変わるということは、当然カリキュラムも変わるわけですが、学科という『閉じた狭い学問世界の学び』では、もはやこれからの時代に対応出来ないと判断したわけです。世の中で起きていることはそう単純じゃない。たとえば電気、電子の専門知識を持っていても、情報や通信の知識がないと、起きている問題を理解できなくなります。

　土木の分野でも、新しいテクノロジーがどんどん入ってきて、ＡＩも入っているので、土木だけ分かっていてもやっていけない。特に工学の分野は変化が激しいので、自分の専門を持つのは大事ですが、隣で起きていることや工学という広い分野の中で起きていることを知ることが重要なんです。そういう知識を持ち合わせたうえで社会に出ることで、活躍の機会が広がるということです。〝学科〟という〝枠〟を取り払って、学びの〝課程〟をつくりながら、本学ならではの成長を促していきたいという信念です。

　ライフデザイン学部でも、経営コミュニケーション学科から経営デザイン学科に名称を変更して、産業デザイン学科、生活デザイン学科との協働体制を確立していきます。そして副専攻制を導入して、３学科横断のプログラムで、所属する学科以外の分野の知識や実践力も身に付けてもらいます」

学科制から課程制に切り替えていくというチャレンジングな試みは、大学の２０３０年問題を乗り越えるにあたっても、強い個性や特徴となるだろう。一部企業には、特定分野に特化した人材を求める企業もあるが、昨今は特定分野の専門性を持ちながら、広い視野と複合的なスキルを持つ「Ｔ字型人材」を好む企業が多い。特定業務だけでなく、例えば新規事業開発やＤＸ推進など、横断的なプロジェクトにも適応できる人材として魅力的に映ることだろう。企業にも社会にもプラスになる本学の差異化ポイントになると推察できる。

地域の課題を解決するＰＢＬ

前述のとおり東北工大では、「キャリアデザイン」科目が全学部の１年生～３年生までの必修となっている。そこではさらに「地域の課題を解決する」ため、地域と連携する研究・活動を行っている。ＰＢＬ（Project Based Learning＝課題解決型学習法）によって、学生自らが問題を見つけ出し、それを解決する能力を養うと同時に、地域に貢献する取組みだ。２０２３年度から毎年宮城県のひとつの自治体（市町村）を対象にスタートしている。

全学部全学科でグループワークを行い、その中から選り抜かれた8グループがＰＢＬ発表会で、自治体の長や自治体関係者らを前に提案することになっている。２０２３年度の富谷市に続いて、２０２４年度は仙台市南隣の名取市を対象に取り組んだ。

渡邉さんは、その狙いをこのように説明した。

「よく工業系の大学は堅いと言われますし、事実堅いところはあります。技術というのは実証の積み上げで出来ているので、そうなるんです。しかし何のためにこうした学びをしているのかといえば、未来のくらしをより良くするため、まさに我々がパーパスで掲げる『未来のくらしのエスキースを描く』ためです。現実の地域社会のフィールドで研究し、自治体へ提言していくという試みを通して、学生にも学びの本来の目的を分かってもらいたいですし、自治体・地域社会にも我々の存在意義を理解してもらいたいと思っているからなんです。

東北、とりわけ宮城県は、東日本大震災や原発事故もあり、過疎化など日本の社会課題が凝縮された地域です。本学は、未来のエスキースを描くために地域連携をより一層強めていきたいと思っています」

東北工大には、地域連携センターがあり、教員の中にも地域連携活動を中心に据えた研究をする先生がいる。それを必修のキャリアデザイン科目で、全学生に広げていく取組みだ。「世界を目指すより、先ず地域に貢献する」という本学の姿勢を象徴する活動といえよう。

長町キャンパスの大教室を舞台に、3学部8学科の代表グループがそれぞれの提案を提示して競い合った結果、最優秀賞の市長賞、2位の学長賞、3位の未来のエスキース賞が3つのグループに授与された。

名取市は人口8万人弱。豊かな自然に恵まれ、カーネーションやみやぎ米などの産地として知られている。近年は隣接する仙台市のベッドタウン化が加速しており、そのため人口は微増傾向にあるが、第一次産業従事者が後継者不足で激減、第二次産業も横ばいとなっていて、多くの市民が就業の場を主にお隣の仙台市に依存している。名取市から仙台市中心部へは車で20分、電車だと13分で行けてしまうため、仙台市へ通勤する新住民を含めた市民は、地元にあまりお金を落とさなくなっているようである。

そこで名取市では、2024年8月から「なとりコイン」というオリジナル電子マネーを導入している。理由は、キャッシュレス化による利便性の向上というだけでなく、「地域のお金を地域内で循環させる環境づくり」のためとのことだ。

名取市長からPBLにあたって提示されたテーマは「名取市市街地の賑わいを再生させたい」「名取市の良さが伝わる効果的な情報発信アイデアが欲しい」という具体的なものだった。

当日は名取市長の山田司郎さんと、同教育長の瀧澤信雄さんが参加され、学長、副学長とともに審査委員を務めた。

プレゼンテーションの後、「未来のエスキース賞」にはライフデザイン学部の経営コミュニケーション学科のグループが提案した「名取サイクルスポーツセンターを中心としたイベントや施設」が、「学長賞」は建築学科のグループが提案した「名取ふるさとカレッジ」が受賞した。そして「市長賞」の受賞は、工学部電気電子工学科グループが提案した「なとりコインの循環と空き家の利活用」であった。

導入間もないデジタル地域通貨の循環を推し進めながら、住民が増加しているにも拘わらず目立つ空き地・空き家、及び循環バスのドライバー不足による住民の足への支障という現実的な課題に焦点を当てた実効性の高い案が選ばれた。仙台市への交通の利便性はよいのだが、名取市内の循環バスの本数が、運転手不足で極端に少なくなっているらしい。加えてこのグループは、企業誘致の視点から、名取で起業する起業家を支援する政策案も提示していた。デジタル技術の暮らしの中での活かし方について、工学部ならではの視点と発想で提示したのが良かったようだ。

このようにして、「地域に貢献する大学」という自己定義を踏まえて、未来のくらしのエスキースを、学生たちがひたむきに考え、描いていることにある種感動すら覚えた。

パーパスブランディング導入でどう変わったのか

学校法人東北工業大学の中期計画TOHTECH 2028（2024年4月1日〜2029年3月31日）には、大学部門の管理運営領域に、「大学ブランディングの推進」の一項を設け、ブランドビジョンの実体化とブランドビジョンの定着化を目指すと明記している。

「東北工業大学ブランディング推進委員会」は、学内においてはインナーブランディングの実体化プランとして、2024年度末までに「共有（浸透）」、2028年度末までに「共感（自分事化）」、2033年度末までに「共創（変容）」という10年計画であるべき姿、ブランドビジョンの実現を目指している。学外に向けてのアウターブランディングでも、同じ期間で「認知（理解）」「共感（期待）」「信頼（推奨）」の獲得を目指していく。その道のりは始まったばかりだが、すでに2023年度始めのスタート以来、何らかの変化の兆しはあるのだろうか。

今回インタビューさせていただいた皆さんに伺ってみた。

渡邉学長は、「教職員の姿勢が以前より前向きになってきたし、学生たちもより行動的になってきたと感じています」「さらに教員と学生の距離がより近づいた感覚もあります」と、あくまで個人的な印象だが、と断りながら語ってくれた。

ただ「地元の経済界からも、最近おたくは明るくなったね、元気だねと言われるので、きっと実際に変化してきたのではないでしょうか」と、外部からの指摘を受けている事実も教えていただいた。

渡邉さん同様石井さんも、教職員の意識に変化が見られることは確かだと指摘した。最後に入試広報課の麻友さんは、本当の変化はもう少し継続的に見ていかないと分からない、としながらも、以下のような数字を示してくれた。

◇2024年2月末時点での学内調査（ブランディング推進委員会調べ）
教職員：対象者227名中回答者172名、回答率75・8％
学　生：対象者3325名中回答者2221名、回答率66・8％
◎本学のスローガンについて知っているか
（教職員）知っている98％／聞いたことがある2％／知らない0％
（学　生）同右35％／同右47％／同右18％
◎存在意義について知っているか
（教職員）知っている81％／聞いたことがある17％／知らない2％
（学　生）同右15％／同右56％／同右29％
◎エスキースに込めた意味を知っているか
（教職員）知っている91％／知らない9％
（学　生）同右46％／同右54％
◎本学のブランドビジョンやスローガンに共感出来るか
（教職員）とても共感出来る15％／共感出来る67％

／あまり共感出来ない17％／まったく共感出来ない２％
（学　生）同右５％／同右63％／同右24％／同右７％

◇本学に関するアンケート２０２４年11月自主調査
東北地方在住の15歳～69歳及び企業の採用担当者（東北地方と関東地方）
合計７７８サンプル　インターネットリサーチ
◎「未来のエスキースを描く。」という大学のスローガンを知っていたか
・東北工業大学のスローガンだと知っているし意味まで知っている　５・８％
・同大学のスローガンだと知っているが意味は知らない　７・２％
・同大学のスローガンだと知らないが見聞きしたことがある　７・７％
（右４つの合計20・７％）
・知らない　79・３％
◎「未来のエスキースを描く。」というスローガンや込められた理念に共感するか
・共感する　11・３％
・やや共感する　29・３％（共感する、やや共感するの合計40・６％）
・どちらともいえない　37・４％
・あまり共感しない　10・３％
・共感しない　11・７％
◎この大学のスローガンからどのようなイメージを持つか（複数選択式）

1　チャレンジ精神がある　23・1％
2　時代を切り拓いている　20・1％
3　エネルギッシュである　15・3％
4　センスがいい、かっこいい　11・6％
5　好感が持てる　11・2％

◎このスローガンを掲げる大学をどのように感じるか（複数選択式）

1　未来を支える人材が育ちそう　21・9％
2　いろいろなものごと・課題にチャレンジしていそう　20・7％
3　未来志向で前進する大学だと思う　18・8％
4　最先端のことに取り組んでいそう　15・9％
5　大学の取組みに注目したい　15・2％

日本には国公立私立を含めて大学が８００弱ある。しかし数多くの私学が、既に定員割れを起こし、今後もそれが続くとなると、大学の数はどんどん減少していくことが予想される。日本人の数も減少の一途を辿り、２０６０年には1億人を割り込むと予測される。それでも日本が世界をリード出来るポジションに居続けようとするならば、大学における日本の教育レベルを、時代の変化に対応させながら充実していくことだ。

しかし、日本の最高学府と皆が信じて疑わない東京大学とて、世界ランキングで28位だと言われると、心細くなる（２０２４年10月発表のＴＨＥ世界大学ランキング２０２５）。

東北工業大学のブランドムービー　―「思い描こう、この世界を築いた先人たちの情熱を。思い描こう、自分たちがつくる10年後の世界を。思い描こう、自分たちがいなくなった100年後の未来を」「現在進行形の課題に革新的な提案をせよ」「筋書きのない予測不可能なこれからの世界に、未来のエスキースを描くのだ」というナレーションが印象的だ。

他方東北工業大学に、この世界ランキングで上位を目指せという必要はない。彼らの存在意義は、日本の東北地方で技術者を育成し、そのレベルを底上げしていくことであり、その結果東北を内側から活性化していくことだ。本学のような立ち位置にいる学府はとてつもなく重要ではないか。

工学部の学科制から課程制への改組は思い切った改革だ。さらに「東北ＳＤＧｓ研究実践拠点」の形成を推進し、「Tech-Lab（てくらぼ）」という最先端の実験・教育棟を整備し、ＡＩやＤＸ／ＧＸ教育にも注力する本学を、「挑戦する大学」と呼んでも過言ではない。東北の地で、「未来のくらしのエスキースを描く」というパーパスを、教職員、学生たちとともにどこまでも追求していっていただきたいものだ。

7　三菱UFJフィナンシャル・グループ
――理解し、アクションに繋げていく

急激な変化と苦境のなかで

パーパスを組織に浸透させ、従業員が日々の業務で実践する。それによって組織が一つの方向を向き、事業を成長させるとともに、未来志向で新たな挑戦をしていく。従業員は仕事にやりがいを感じながら成長し、顧客や株主、社会からの評価が高まり、有形・無形の企業価値が向上する。パーパス経営を簡単に説明すれば、こういうことになるだろう。こうして言葉で書くと簡単だが、これを実践するのは非常に難しい。特にグローバルに事業を展開する大企業において、パーパスの浸透と実践に頭を悩ませている方は多いのではないかと思う。

この難しさに真正面から取り組んでいる事例として、株式会社三菱UFJフィナンシャル・グループ（以下、MUFG）の取組みをご紹介したい。グループ従業員数約14万人、うち海外比率が63％という圧倒的なグローバル企業において、カルチャー改革、インターナルコミュニケーション、ブランド、CSR等20名弱のチームが変革を起こした。

まずは、同社の取締役代表執行役社長グループCEOの亀澤宏規さんの紹介を受け、代表執行役常務グループCSOの高瀬英明さんにお話を伺う機会を得た。

代表執行役常務グループCSO 髙瀬英明さん

「亀澤が社長になったのは2020年の4月で、パーパスの策定に着手し、翌年の4月に発表しました。ちょうどこの年から始まる3か年の中期経営計画の発表に合わせた形になりました」

2020年と言えば、コロナ禍の真っただ中ということになる。当時欧州を担当していた髙瀬さんは、オランダからこの取組みを見ていたという。

「この時期は、私たちにとって非常に厳しい環境でした。マイナス金利に加えて、コロナ禍によるマクロ経済の悪化に直面し、従来の銀行業務、金融業務だけでは生き残れないという強い危機感がありました。そうした厳しい経営環境にあって、欧州では事業の整理を進めていたわけですが、グループ全体として、どのように構造改革を進めていくかということが、大きな課題としてあったわけです」

MUFGのパーパスは、このような厳しい経営環境の中で作られた。当時を振り返って、髙瀬さんは次のように語る。

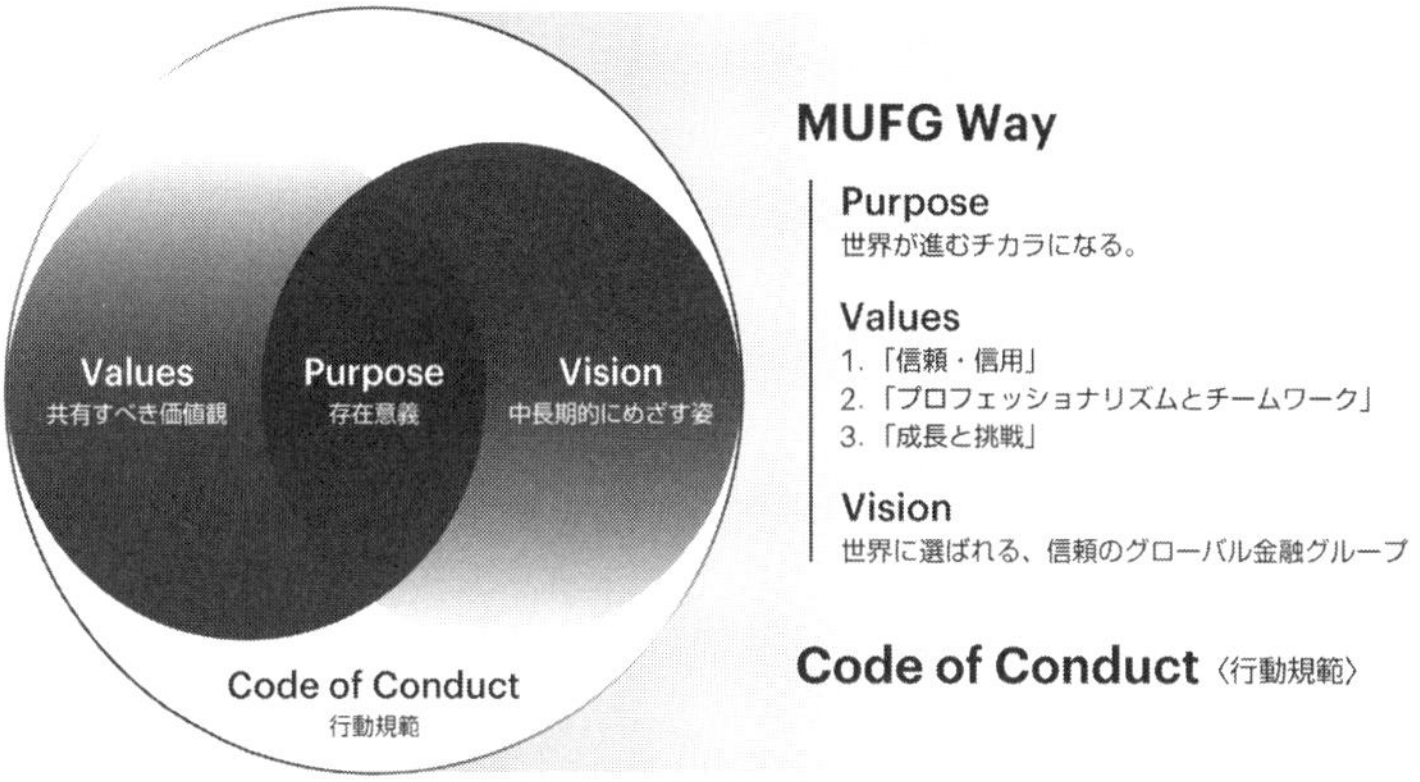

「こうした中でパーパスをなぜ作ったかというと、会社は何のためにあるのか、従業員全員が同じ気持ちを持って、会社の方向性を理解して、拠りどころにできるようなものが必要なタイミングだったということだと思います。私たちは何のために働くのか、なぜここにいるのか。私たちの仕事は何のためにあるのか、どうなっていくのかという、大きな意味でのパーパスを作っていく意義があったのです。

会社を変えていくためには、従業員が変わらなければいけません。従業員の動き方が変わらなければいけないのです。変化に立ち向かっていく行動を作るという意味において、大きな方向性を示すパーパスを掲げ、その下に共有すべき価値観としてバリューと中長期的にめざす姿としてのビジョンがあるという形にすることで、進むべき指針を示すことができました。あのタイミングにおいては、非常に重要な取組みだったと思います」

会社が大きく変わっていく。その中で、自分たちを見失わないためにパーパスを作る。こうして、「世界が進むチカラになる。」というシンプルなパーパスを含むＭＵＦＧ Ｗａｙが出来上がった。策定にあたっては、どのような点を重視したのだろうか。

「言葉を掲げるだけでは駄目ですし、歯の浮いたような表現でも駄目だと思います。従業員がすっと理解できて、共鳴できるようなものにしたい。その結果、『世界が進むチカラになる。』というパーパスにしたわけですが、非常にシンプルですよね。そして、我々の目指すものは、世界のためなんだということです。ＭＵＦＧはグローバルに事業を展開しているので、それを従業員がシンプルに理解して、自分ゴトとして捉えられるようなパーパスにするということが、重要だと考えました。ただし、『世界』はグローバルという意味だけでなく、社会や地域、自らの周囲の人々、という広い意味で掲げているもので、社員がそれぞれの持ち場で自分にとって大切なステークホルダーの『世界が進むチカラになる。』を実践してほしいという思いが込められています」

「短期集中」と「共鳴活動」

ＭＵＦＧのパーパスの特長は、このシンプルさにある。このパーパスには業態を示す言葉もなければ、他社との差別化を意図した表現もない。「私たちは」という主語すら省いている。グラムコではいつも、クライアントに対してシンプルなパーパスを勧めている。シンプルにすることで、覚えやすく、実践しやすくなる。解釈に幅が出ることがあるかもしれないが、本質を突き、一つの方向性を指し示せればよい。組織の多様性を活かし、様々な取組みのアイデアが湧いてくるような形にすることが理想なのだ。その点、ＭＵＦＧのパーパスはグローバルを含む広範な視点を与えつつ、「進む」という表現に様々な意味を持たせている。産業を興す、社会課題を解決する、地球環境を守る……同社のコアである金融のチカラによって成し遂げられる様々な取組みが、「世界が進む」という表現から泉のように湧いてくるのだ。

当時、事務局を担当されていた前川史佳さん（経営企画部 ブランド戦略グループ 上席調査役）によると、幸か不幸か、コロナ禍によって役員がディスカッションする時間が十分にできた。日本中、誰も経験をしたことが無い状況の中で、マネジメントの意思統一は非常にシャープにできていたという。

「マネジメントの皆さんとは、すごく濃密なディスカッションができたと思っています。期間的にはすごく短かったです。半年もなかったくらいで、短期集中型で乗り切りました」

短期集中でパーパスを練り上げる。これもまた、組織変革に勢いをつけるうえで、大切なポイントだ。ありがちなケースとしては、２か月に一度の役員会でパーパスを議論し、結論が出ないまま次回に持ち越す……気が付くとパーパスが決まるまで１年かかってしまうようなこともある。これではパーパスが決まるまでに事務局を含めた関係者全員が息切れしてしまい、その後の浸透フェーズに力を注ぐことができなくなってしまう。

このＭＵＦＧ Ｗａｙは、２０２１年４月に、３か年の中期経営計画と共に発表された。その浸透活動の旗振り役となった、経営企画部 ブランド戦略グループ 部長 チーフ・コーポレートブラン

（左）インタビューに対応いただいた経営企画部ブランド戦略グループ部長　チーフ・コーポレートブランディング・オフィサー　飾森亜樹子さん
（右）チーム内で共鳴活動を推進する同ブランド戦略グループ上席調査役　前川史佳さん

ディング・オフィサーの飾森亜樹子さんから、詳しいお話を伺った。

「パーパスは額縁に飾っておくものではないと思います。従業員一人ひとりにどう浸透させるか、自分ゴト化して自分の行動に移せるかが鍵だと思います。ですので、最初は浸透と言っていたのですが、必要なのは共鳴し合うことであると考えました。共鳴とは対話を巻き起こすということです。自分がこうありたいと言うだけではなく、周りのチームや、会社全体にどういう影響を与えるのか、社会やお客様にどういう影響を与えるのか、対話を通してお互いの考えを伝えあい、共鳴し合えば、どんどん自分ゴト化されていくと思います。

対話を通して共鳴し、次のアクションとして会社の仕事でどういうことを成し遂げるかを自分でしっかり確認し、周りにも伝える。それを上司や部下、自分の仲間と語り合う。さらには自分の家族やリクルート活動で学生さんに語る。そういうプロセスを非常に大切にしました。そのために行ったのが共鳴セッションです」

ＭＵＦＧではパーパスの「浸透活動」とは言わない。「共鳴活動」なのである。

共鳴セッションは役員や各部門のリーダーが部下との対話をするだけでなく、担当者間、仕事仲間など、組織の「タテ」「ヨコ」「ナナメ」で対話を巻き起こし、それをきっかけに自分の業務でどうＭＵＦＧ ＷａｙとＭｙ Ｗａｙを実践していくかを明確にするプロセスだ。初年度にはグループ全体で３０００回以上実施したという。かなりの回数である。前述した約20名のチームのうち、パーパス共鳴活動担当者は４名だ。どのようにしてスケーラブルに展開していったのだろうか。

「一つは、まずやってみるということです。もちろん、共鳴セッションのマニュアルは作りました。そして、この共鳴セッションをファシリテートする社内のいろいろな部署の人たちに集まってもらって、フィードバックをもらっています。どうやったらうまくこのセッションができるか、１回やってみてうまくいかなかった悩みはないか、そういった相談に応えながら、地道に改善しています。もう一つは、この活動をＢＡＵに留めるのではなく、盛り上げ、山をつくっていくこと。そこで重要なのが、ブーストメンバーの役割です」

「ＭＵＦＧ ＷａｙＢｏｏｓｔプロジェクト」と呼ばれるこの取組みは、ＭＵＦＧ Ｗａｙの体現者を増殖させる社員主体の取組みだ。自ら立候補し、社長に任命された60人から70人ほどのメンバーが、１年間社内のＷａｙアンバサダーとして活動する。

「まず、ＭＵＦＧ Ｗａｙを体現するとはどういうことなのか議論し、そういう人たちを社内に見つけに行く。そしてどうやったらそれを社員に見えるようにできるか、仲間を増やせるか、外にも伝えられるか、つまりコミュニケーション活動までデザインするという、1年がかりのプロジェクトです。具体的には体現者ブックを作ったり、昼休みにラジオステーションをやって体現している人の話を聞いたり、海外の仲間と対話したりしています」

ブーストメンバーは毎年メンバーを替えながら、今年で3期目になるという。社長に任命されるとはいえ立候補制であり、いわばボランティアである。本来の業務を抱えながらこうした活動を行うのはかなりの負担なのではないか。メンバーのモチベーションはどこから湧いてくるのだろうか。

「まず、最初の年にやってくれた人たちが素晴らしかったと思います。彼らがさまざまな活動を披露してくれたことで、自分もアンバサダーになってみたいという人が増えました。共鳴セッションをやってみて、MUFGにいる意義を感じているのでこれを社内に広めたいというメンバーや、それを自分の部店だけではなく、社内全体に影響力を及ぼしたいと思っているメンバーもいます。そして、亀澤社長と直接対話をして、認めてもらい、それが代々続いていく。亀澤は、これは何年までやるとか、こうなったらおしまいということはなく、この共鳴のセッションとブーストはずっと続けていくものだと社長も言っています。

私たちは、共鳴セッションが新しいコミュニケーション文化として、会社のどこでも巻き起こっている状態にしたいと考えています。しかし、こういう活動は波のようなもので、何もしなければ落ちてきてしまう。それをブーストしてくれる仲間が欲しいよね、ということで作りました。そうすると、その人たちがいろいろなところで影響力をもたらしてくれる。14万人い

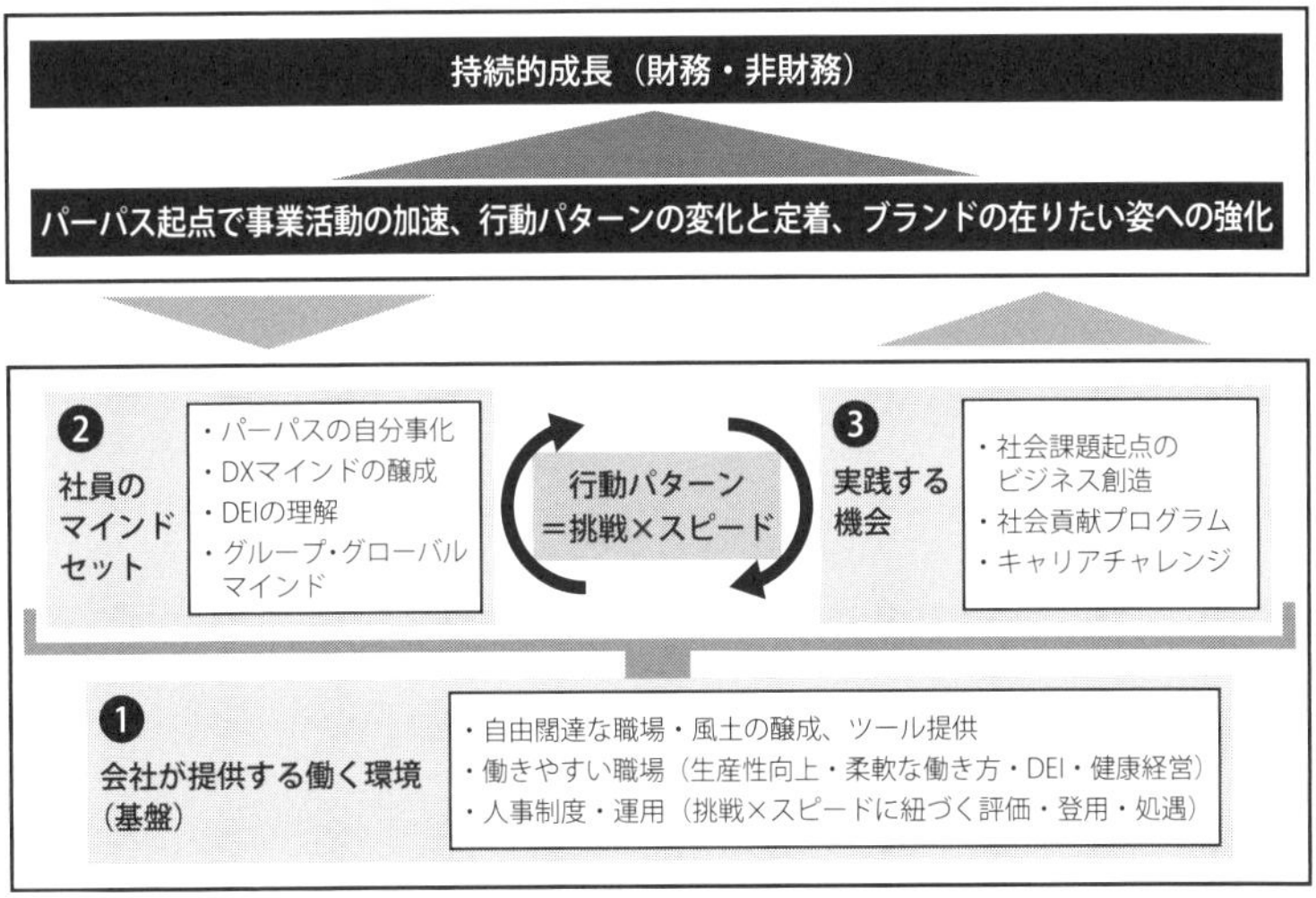

持続的成長（財務・非財務）
パーパス起点で事業活動の加速、行動パターンの変化と定着、ブランドの在りたい姿への強化
2 社員のマインドセット
・パーパスの自分事化
・DXマインドの醸成
・DEIの理解
・グループ・グローバルマインド
行動パターン
＝挑戦×スピード
3 実践する機会
・社会課題起点のビジネス創造
・社会貢献プログラム
・キャリアチャレンジ
1 会社が提供する働く環境（基盤）
・自由闊達な職場・風土の醸成、ツール提供
・働きやすい職場（生産性向上・柔軟な働き方・DEI・健康経営）
・人事制度・運用（挑戦×スピードに紐づく評価・登用・処遇）

る会社で、たったの60人って思われるかもしれないですけど、この力はとても大きいんです。例えば、共鳴セッションがうまくいってない部店に出かけて、一緒にやってみるということを、自発的に実践してくれる。まさに自分たちでブーストしてくれている。このように、地道に広がっていることが、とても重要だと思います」

パーパス起点で変革を起こし、企業価値の向上につなげていく取組みをモデル化したのが上の図である。まずは「会社が提供する働く環境」を整え、共鳴セッションなどを通じて「社員のマインドセット」を変えると同時に、「実践する機会」を与えて行動を後押しする。「パーパスを額に入れて飾るだけにしない」ために、これだけの具体的な取組みを、社内横断的に推進しているのだ。

従業員、採用者、それぞれの「人」とパーパス

実際に、従業員の皆さんにはどのような行動の変化があったのだろうか。髙瀬さんは次のように語った。

「私たち金融グループの活動について改めて考えてみると、いまのような分断化の時代の中で繋ぐ機能があると思います。例えば、お客様からご預金をお預かりして、もう一方で資金需要のあるお客様にお貸出しをする。これは銀行本来の繋ぐという機能です。それから例えばアメリカの企業がアジアで活動したい、日本の企業がアジアで活動したい、こういうものを私たちのグローバルなネットワークでお繋ぎすることもしています。さらに高齢の世代から若い世代に財産を移す、信託の機能も繋ぐということです。このように金融には分断化の時代に繋ぐ機能があるわけです。ですから『世界が進むチカラになる。』というパーパスを体現するために、金融の持つ繋ぐ機能を最大限発揮していこうと、従業員の皆さんと議論して、どんどん進めています。そのためにはグループの機能を最大限に活用して連携して、パーパスを体現するための活動を広げていく。今はそういう意識が非常に強まっていると思います。

もう一つはチャレンジ、挑戦するということです。変化が早い時代の中で、従来のことをやっているだけでは駄目だという認識を、強く持っています。いまや世界情勢の不確実性が高まり、従来の常識が通用しなくなっているわけです。そこで私たちが貢献するためには、新しいことにチャレンジし、変わっていかなければならない。例えば、公募制度のジョブチャレンジ（社内公募制度）を始めたら、トータルで３０００人くらいの応募がありました。また新規事業のアイデアを募集するコンテストを始めたら、６５０件ものエントリーがありました。このよ

うに、何かに挑戦するカルチャーは、少しずつ根付いていると感じています。

グループとしては『世界が進むチカラになる。』というパーパスを掲げているのですが、支店でも自分たちのパーパスを自発的に考えてくれているケースがあります。支店ごと、個人ごとに、このパーパスで自分は何ができるかを考えているわけです。例えば、成城支店では、『成城が進むチカラになる。』というパーパスを掲げています。つまりMUFG全体で『世界が進むチカラになる。』をやっていこうとなったときに、それぞれの担当エリアでここが進むチカラのためには何ができるだろう、と考えてくれているわけです。これは非常に良い進歩だと思います」

こうした機運は人材確保の観点からもプラスに働いているようだ。飾森さんは人材のリテンションについては、次のように話す。

「採用の場面では、パーパスによって会社の方向性が分かりやすくなりました。応募者の方からも、『世界が進むチカラになる。』を体現したいとおっしゃってくださる声が増えていると聞いています。最近ではキャリア採用も440人とかなり増えて、新卒採用と同じくらいの数になっています。その中途採用の方々にMUFGのパーパスと自分のパーパスを重ね合わせてもらうと、ここに来た意味を分かっていただけるわけです。一方で、会社を辞めていかれる方もいるわけですが、私たちはアルムナイネットワークを作っていますので、その人たちとの繋がりも維持できる。別にMUFGが嫌いで出ていったのではなく、自分のチャレンジで出たとい

2024年度版中期経営計画の全体像

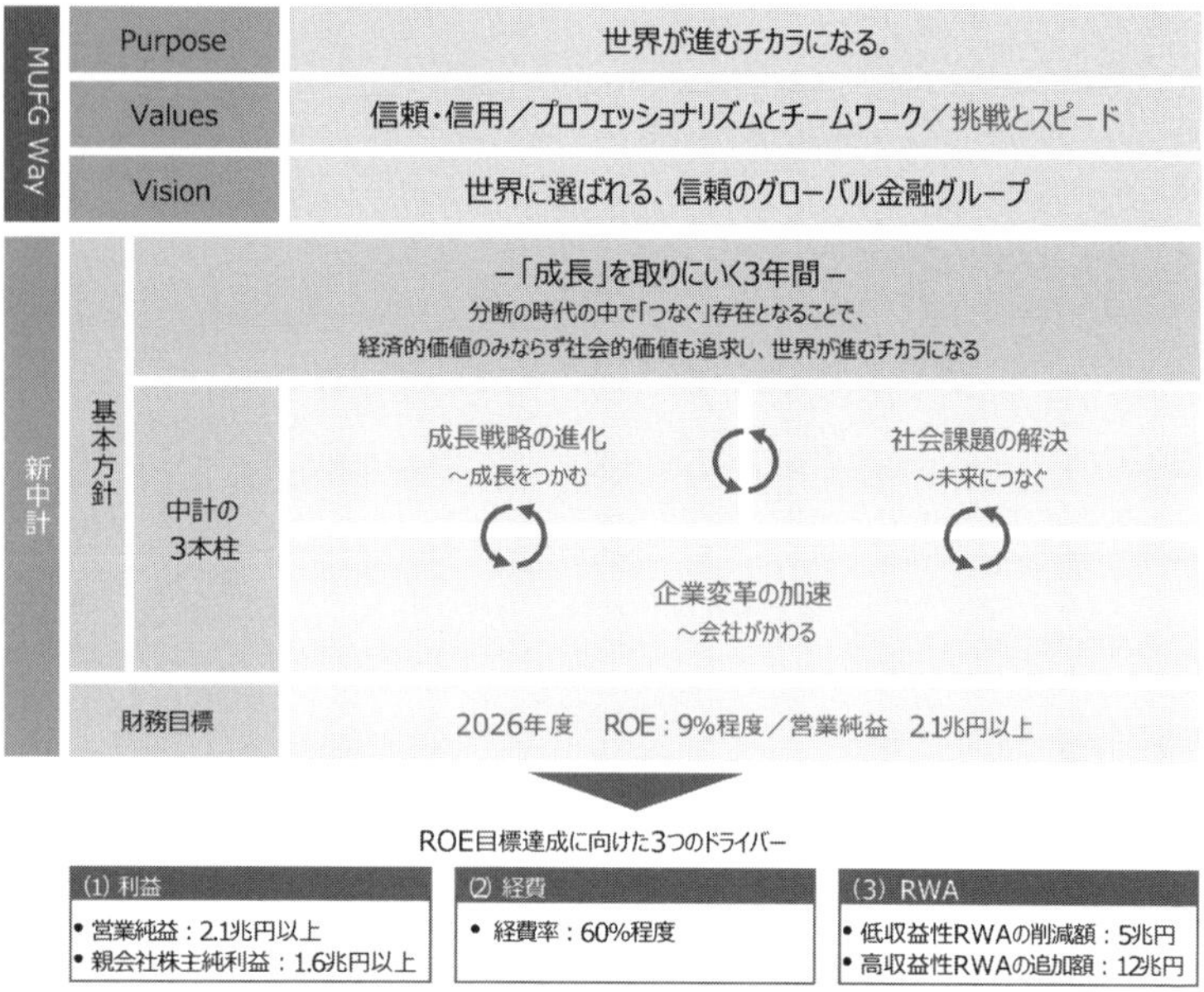
MUFG Way
Purpose
世界が進むチカラになる。
Values
信頼・信用／プロフェッショナリズムとチームワーク／挑戦とスピード
Vision
世界に選ばれる、信頼のグローバル金融グループ
新中計
基本方針
―「成長」を取りにいく3年間―
分断の時代の中で「つなぐ」存在となることで、
経済的価値のみならず社会的価値も追求し、世界が進むチカラになる
中計の3本柱
成長戦略の進化
～成長をつかむ
社会課題の解決
～未来につなぐ
企業変革の加速
～会社がかわる
財務目標
2026年度　ROE：9%程度／営業純益　2.1兆円以上
ROE目標達成に向けた3つのドライバー
(1) 利益
• 営業純益：2.1兆円以上
• 親会社株主純利益：1.6兆円以上
(2) 経費
• 経費率：60%程度
(3) RWA
• 低収益性RWAの削減額：5兆円
• 高収益性RWAの追加額：12兆円

う方たちですので、ご自分の中で信念・価値観、ここにいることの意味がどこかに残っていれば、また他の経験をして戻ってくる方もいるわけです。そういう意味でもパーパスは役立っていると思います」

パーパスに共感する人が組織に加わり、自分なりの働く意義を見出しながら組織を成長させ、変革していく。たとえ組織を辞めたとしても、緩く繋がりを維持しながら、機会があればまた戻ってくる。金融という、ある種差別化しづらい業界においても、しっかりと人を惹きつけることができるのだ。

パーパスは変えない、変わらない

さて、2021年にスタートした3

か年の中期経営計画の後を受けて、2024年からは新しい中期経営計画がスタートしている。その策定をリードされた髙瀬さんに、パーパスとの関連性を伺った。

「新しい中計を策定するにあたって、マネジメントメンバー約20人で集中討議を行いました。10回くらいにわたってかなり議論したのですが、最初に皆でコンセンサスをとったのが、パーパスは変えないということでした。パーパスは何も変わらない。つまり、マネジメントにとってMUFGの目指すべき方向はクリアだと誰もが実感しているから、これをベースに、私たちのビジネス戦略をどう進化させるかを考えていこう、と早い段階で決めることができたのです。これは非常に良かったと思います。

ビジネス戦略を議論していくときに、収益指標は投資家から求められているので大事なのですが、それだけではなくて、私たちの活動が社会課題の解決にどう繋がるか、ということを重視しました。つまり、それがどれだけ世界が進むチカラ、お客様が進むチカラになるかということです。収益だけではない部分の、お客様への貢献や社会へのインパクト、そういうものが議論の中に自然に入ってくるようになりました。

私たちのビジネスは金融なので、直接経済に働きかけるというよりは、お客様を通じて働きかける形になる。それは法人のお客様も、個人のお客様も同じです。お客様の課題が何で、その課題を一緒に解決することで、どうパーパスの実現に繋がるのか。言い換えれば、戦略を考える上では、お客様とどう一緒に動くことが必要なのかを考えます。例えば気候変動を例にとると、産業界がどう気候変動に取り組むのか、それを私たちがどうファイナンスでサポートできるのか、これを一体で捉えて考えるということが、自然にできるようになっています。私たちのパーパスを究極の目標にして、それをビジネス戦略の中に落とし込む。パーパスとの繋がりや、お客様の課題解決との繋がりを、俯瞰して捉える。そういうカルチャーがしっかりと根付いてきていると思います」

さらに、パーパス制定から3年が経過し、地球環境や社会課題に対する取組みについては、新しい中期経営計画の中で一歩進んだ捉え方をしている。以前では、ステークホルダーの課題、つまりは社会課題を起点に事業戦略を検討してきた。今回はこの考え方をさらに強化し、MUFGの取組みとインパクトの関係について、ロジックモデルを活用のうえ可視化し、社内の議論を深めている。例えば気候変動については、「MUFG環境・社会ポリシーフレークワーク」を作り、その中で基本的な考え方やガバナンス体制、適用対象となる事業を特定している。そのほか、ファイナンスを禁止する事業や評価プロセス、教育に至るまで細かく定めている。対外的な説明も可能にすべく取り組んでおり、2025年には社会課題の解決にMUFGがどう貢献していくかを示すインパクトブックも発行する予定である。こうした包括的なフレームワークの背骨となる考え方として、パーパスが機能しているのである。

ブランディングにどう繋げるか

さて、これまで紹介してきたように、社内のコミュニケーションについては非常に積極的かつスケーラブルに展開されているわけだが、対外コミュニケーションについてはどうだろうか。再び飾森さんにお話を伺った。

「まず、私たちのブランドに対する考え方についてご説明します。MUFGという社名は、すでに多くの方々に知っていただいていますので、社名を知っていただく（認知を高める）活動をやりたいのではありません。そうではなくて、私たちがパーパスをよりどころとして、どんな会社でありたいのか、どういう変化を作っていきたいのか、それをお知らせし社会と対話していきたいのです。その結果、MUFGって変わったな、いい会社だなと思っていただく。従業員の皆さんにも、一人ひとりがパーパスを体現することによって、会社のブランドを作っていくんだということを感じてほしいですし、誇りに思ってほしい。そうすれば、エンゲージメントも高まると考えていますので、それを私たちのブランド戦略の中心に据えています。ただ、『世界が進むチカラになる。』だけでは私たちのブランドを表現できないので、経営陣と社員を巻き込んでワークショップを行い、MUFGらしさを規定するブランドパーソナリティを制定しました。その結果、『懐の深いしなやかさ』『社会を支える使命感』『未来を捉え挑戦し続ける情熱』という言葉と、それぞれのストーリー（ナラティブ）を紡ぎだしました。『世界が進むチカラになる。』を中心に、これを実現するためには私たちがどういう行動を起こしていきたいか、どういう変化を起こせばよいのか、を規定したのです。そしてこれを、社内外いろいろなチャネルで見えるようにしていきます。

例えば私たちはジャパンラグビー リーグワンのプリンシパルパートナーになっているんですが、単純なブランドロゴの打ち出しということだけではなく、『世界が進むチカラになる。』

という我々のパーパスとラグビーの精神が一致するから協賛しているということをお伝えしています。そして、部店で地元のチームを応援しに行こうよというエンゲージメントに使ったり、地域の社会貢献活動、お子さんたちのラグビー教室をチームと一緒にやったり、多面的な活動をしています。他にも、いろいろな地域で社会貢献活動をやっています。例えば西東京市に持っていた7ヘクタールほどの土地に『MUFG PARK』をいう屋外施設を作り、地域の皆さんに開放しています。ここでは従業員と地域の皆様がみんなで考えて、自然、健康、スポーツ、食、防災など様々なテーマで、社会課題起点のイベントやワークショップを行っています」

こうした社内外で一体となったコミュニケーション活動は、従業員の皆さんの意識にも影響を与えているようだ。

「最近ではこんなことがありました。ある施設を改装するんだけど、『世界が進むチカラになる。』を表現するために、どういうデザインにしたらいいですか、という問い合わせがあったのです。パーパスを起点として私たちのブランド（ありたい姿）をちゃんと考えるということが、社員にも少しずつ広まっているんだなということを実感し、嬉しく思いました。もちろんデジタルのタッチポイント、ユーザーインターフェースも大切で、ブランドを感じていただく上で大切だと思うんですけど、実店舗やオフィスもいろいろな改革をしています。その中で、いかにパーパスを起点として私たちのブランドを体感していただくかということを、従業員自らが考えはじめてくれているということだと思います」

最後に、髙瀬さんから他企業の方々に向けたアドバイスを頂いた。

「はじめに、パーパスは掲げるだけでは意味がありません。掲げることはもちろん大事ですが、みんなで共有して理解する。さらにパーパスの実現のために実践をしていく。これが大事だと思います。そのためには、参加者、つまり全従業員がそれを自分ゴト化して理解して、アクションに繋げていくということが必要だと思います。私たちは共鳴セッションと呼んでやっていますが、これは共鳴という言葉を使っているのは、単に浸透セッションって言ったら理解するだけなのです。理解してそれを自分のアクションにしていく。つまり共鳴する、そして仲間と共鳴しあうということですよね。これを続けていくということだと思います。

2点目として、パーパスはシンプルでわかりやすいものがいいと思います。長いパーパスだとわかりにくい。私たちの『世界が進むチカラになる。』というパーパスは、本当に良い形でできていると思います。私たちの強みも示しているし、私たちの目指したいものも込めているし、それをベースに従業員の人たちが昇華して動きやすい、わかりやすいメッセージだと思います。

3点目は、我々の今回の中計の議論であった通り、そう簡単に変えない。パーパスは存在意義であり、私たちの拠りどころなので、そんな簡単に変わるもんじゃないと思うんですよね。だから環境が変わっても変わるものではない。だからこそ、しっかり長く持って、浸透共鳴させていくべきだ、と考えています」

経営陣が濃密な議論を経て練り上げたシンプルなパーパス。それが14万人の従業員に広がり、共鳴し合い、事業活動を通じて世界を進めていく。とはいえMUFGのパーパスが策定されてまだ4年しか経っていない。分断の時代に世界を繋ぎ、この世界をよりよい場所に進めていく可能性は、無限大に広がっている。

8　旭化成不動産レジデンス
――自分が何者かをはっきりさせる

パーパス発表――社名変更10周年記念の式典で

コロナの勢いが少し落ち着いてきた２０２１年10月15日。この日、旭化成不動産レジデンス株式会社が、元の社名、旭化成不動産から社名変更して10周年を迎えたのを記念する式典が行われていた。同社の本社近くにある広い会場に、この日リアルで参加したのは親会社のトップを含む役員と幹部二十数名だけ。まだコロナ禍の真っただ中なので、７００名の社員は、リモート越しにこの場を見守っていた。

式典の司会を務めたのは取締役経営戦略部長の加藤宣広さんだった。

旭化成不動産レジデンスはヘーベルハウスで知られる住宅メーカー、旭化成ホームズ株式会社（以下ホームズと略す）の子会社である。賃貸・仲介・開発という3事業を擁して、成長著しい企業だ。事業においても親会社のホームズとは深く連携しているが、事業持株会社の旭化成株式会社（以下旭化成）から見ると、孫会社にあたる。

このイベントのハイライトは、同社の「パーパス」と「ブランディング」の発表だった。我が国にパーパスが本格的に根付き出したのはこのころからであり、まだ誰もが知っている言葉というわけではなかった。

彼らが当日発表したパーパスは、

「豊かな暮らしと街を、
あしたの人々へ。」

というものだった。このパーパス（主文）に添えられた副文もあるのだが、それは後ほどご紹介する。

パーパスは「存在意義」と日本語に置き換えられる言葉なのだが、社員に分かりやすくするため、日本語では「なりたい姿」と説明した。多分、これこそが旭化成不動産レジデンスという企業にとって、待ち望んでいた、もっとも必要な言葉だったのだろう。

このプロジェクトでは、対外的な認知とともに、社内的な影響力を強化するため、パーパス（主文）はウェーブラインを伴ったシンプルなロゴ化が図られた。

マンションブランドのリブランディングも発表

さらにこの10周年記念式典では、同社の都市開発事業部門（以下、開発部門）が手掛けるマンションブランド、「アトラス（ATLAS）」のリブランディングについても社内リリースされた。1つの場で2つのブランド、コーポレートブランドとマンションブランドについて発表されたのだ。

新・アトラスのコンセプトとなるステートメントは、「こころ躍る、上質。」

こちらにも、対外的に使用出来るサブコピーが付帯する。そして、コンセプトが制定されロゴが刷新されたことで、イメージは一新した。

豊かな暮らしと街を、
あしたの人々へ。

パーパスロゴ

設立10周年の記念式典

10周年記念式典の司会を務める加藤取締役経営戦略部長

挨拶をする兒玉代表取締役社長（当時）

パーパスの発表

ATLAS

アトラスタワー五反田（2024年完成）

このパーパスブランディングの発表会を兼ねた10周年イベントに間に合わせるべく、同社のブランディング工程は、かなり時間的に圧縮されたものとなった。開発期間はリサーチもワーディングも含め僅か4か月。勿論、この式典が行われた日にすべてが完了するのではなく、10月以降パーパスを共有する活動が始まるのだが（実際には現在も続いている）、加藤さんを筆頭に、この4か月間の担当部署の人たちの負荷は大変なものだっただろう。その生みの苦しみを乗り越えて、この10月15日という発表の日を無事に迎えられたことは、関係者にとって何よりの喜びとなった。それはパーパスブランディング始まりの日でもあったのだから。

親会社、旭化成ホームズの事業のはじまり

親会社であるホームズは、ヘーベルハウスで知られる住宅メーカーである。

もともとヘーベルハウスの事業は、旭化成の中で、「ヘーベル」という建材が生まれたことに端を発する。１９６７年のことだ。この建材を用いて自ら作った住宅が「ヘーベルハウス」であり、この住宅第1号が完成した１９７２年、住宅事業を担当する旭化成ホームズ㈱が産声を上げた。

ホームズの親会社、即ち旭化成不動産レジデンスから見れば祖父会社である旭化成は、グループ

の事業持株会社なので、自社も祖業の化学メーカーとして事業を行っている。

他方、旭化成グループは、「マテリアル」「住宅」「ヘルスケア」の3領域で事業を展開しており、祖業から生み出された様々な製品や技術は各領域の端々に広がっているものの、1つ目は旭化成の祖業としてきたマテリアル領域であり、2つ目の住宅領域には、旭化成不動産レジデンスを子会社とするホームズなどがあり、3つ目のヘルスケア領域には、旭化成ファーマなどが並ぶ。

旭化成不動産レジデンスは、孫会社として2つ目の領域に含まれている。

旭化成は1922年（大正11年）に創業。当時の社名は旭絹織だったが、その後旭化成工業となり、現在の社名となったのは2001年のことである。社会・環境の変化に対応しながら積極的に事業を多角化し、事業ポートフォリオの転換を図り、現在では、前述の3つの領域で事業を展開している。

旭化成が2011年に制定したスローガン、「昨日まで世界になかったものを。」（現在のスローガンは、もともとこの和文を海外向けに英語意訳した「Creating for Tomorrow」に内外で一本化されている）が表しているように、旭化成は様々な研究を通して、昨日までなかったような幾多の発明や開発を行ってきた。その結果、多様な分野へと進出することが出来たのだろう。旭化成名誉フェローの吉野彰氏が、リチウムイオン電池に関する研究開発の功績を称えられ、2019年度、ノーベル化学賞を授与されたことは記憶に新しい。

なおグループ3事業領域のうち、2023年度の売上高2兆7800億円の構成比は、「マテリアル」46％、「住宅」34％、「ヘルスケア」20％となっているが、営業利益中、住宅領域が占める割合は、48％と半分近くに及んで存在感を放っている（建材事業を含む。この48％の中に、ホームズの子会社として旭化成不動産レジデンスも含まれているわけだ）。

代表取締役社長　高橋謙治さん

旭化成不動産レジデンス、事業集結の流れ——都市開発事業の生い立ち

ホームズ傘下に、旭化成不動産レジデンスの前身、旭化成不動産販売㈱が生まれたのは1994年。さらに2003年に旭化成不動産㈱となり、ホームズより都市開発事業（以下、開発事業）の移管を受け、2011年には旭化成不動産レジデンス株式会社に社名変更した。僅か17年の間に社名が2度も変わったことになる。かなり目まぐるしい変化ではないか。この変化は、グループとしての旭化成のこれまでを見れば、これからも続くかもしれない。

まず代表取締役社長 兼 社長執行役員の高橋謙治さんに、旭化成不動産レジデンスの成り立ちについて紐解いていただいた。

高橋さんは、旭化成の前身、旭化成工業に入社し、不動産事業を手掛けた。ケミカルのイメージが強い当時の旭化成に、不動産や住宅の事業が組み込まれていたのだ。そこからホームズへ転籍し、2021年に旭化成不動産レジデンスに来た人だ。だからこそ、旭化成グループ内の賃貸・仲介・開発事業の変遷に詳しい。

「賃貸管理・仲介・開発の3事業が一緒になっている不動産会社は他にありません」と高橋さん。

3事業を1社の中でやっているというのは珍しいことなのだそうだ。

「2011年に、旭化成不動産から社名が旭化成不動産レジデンスになった際に、『開発事業』がホームズから当社に移管されました。その開発事業は、そもそも旭化成工業、現旭化成の中で1970年代に始まりました」

1976年、旭化成（工業）は、東京都板橋区中台にあった旭化成研究所の跡地に集合住宅の建設を行い、自らが他の不動産会社と一緒に販売した。14棟1872戸もある規模で、敷地内に公園や広場、テニスコート、カルチャーセンター、商業施設などもある、緑に囲まれた広大なマンションだ。このマンションは今でも入居者が若いファミリーへと入れ替わり、活気に満ちている。

その後開発事業はホームズに移管され、2003年には旭化成不動産の下で、アトラス北千住タワーという、地域開発を基盤としたタワーマンションが完成している。

賃貸・仲介事業の生い立ち

では、賃貸と仲介はどうか。

「仲介は、旭化成工業住宅事業部の中に不動産流通課としてあったのです。ヘーベルハウスの土地を探してほしい、あるいは分譲をやるための土地を探したい、など用地を扱うような仕事がヘーベルハウスの請負事業（お客様、つまり住宅オーナーからの発注を受けて、家を設計し建築し引き渡すことを、オーナーからの「請負」と捉えた表現）を進めていく中で増えていきました。既にヘーベルハウスの中古流通もありました。その当時の仲介という事業は、ヘーベルハウスの請負事業をサポートするチームとして出来たわけで、歴史は古いですが狭い領域の中でやっていました」

そして最後は賃貸管理の事業だ。

「ヘーベルハウスは、最初戸建てだけをやっていて、その後賃貸住宅へも事業を広げました」

それが現在の賃貸マンション、ヘーベルメゾンだ。1983年に販売が開始されている。

「この賃貸事業に取り組み始めて、そこそこ数が増えてきたときに、賃貸をつくったはいいけれども、管理はどうするのか、ということになってきました」

そこで建てるだけでなく、きちんと賃貸管理する一貫したサービスを提供するという決断をして、1980年代後半に賃貸管理業務を始めたということだ。

1972年に始動したホームズに、仲介、賃貸管理、開発の事業が次々と結集してくることになる。そしてこれら3つの事業を束ね、子会社化したのが、現在の旭化成不動産レジデンスである。

一体感に課題があった組織

これまでを振り返って、高橋さんは述懐する。

「旭化成不動産レジデンスという組織は、ばらばらな事業を1つにまとめたところがあります。ひとつの社名の下、会社として一緒になったけれども、各事業が生まれた時期も経緯も違いますし、会社としての一体感や統一感というのは醸成できていませんでしたね」

とはいえ、不動産事業のポートフォリオも変化していくなか、折角一緒の会社でやっているのだから、3事業のシナジーを追求することにしました。実際、不動産の事業というものは、(やりようによっては)互いに絡むところがあるのです。一体感を醸し出して、ばらばらにやっているものを1つに束ねていくには、統合の象徴のようなものを何か作らねば、という気持ちがパーパスの設定に結実したのだろうと、会長の兒玉（取締役会長の兒玉芳樹さん）と話しているとそんな当時の想いを感じます」

兒玉会長の想いは

では、このパーパスブランディングの導入を決めた２０２１年当時の社長、兒玉さん（取締役会長）の課題意識はどうだったのだろうか。ご本人に伺った。

兒玉さんは２０１９年にホームズから旭化成不動産レジデンスのトップとして送り込まれたが、来てみると、この会社の当時の内情を知ってとまどった。

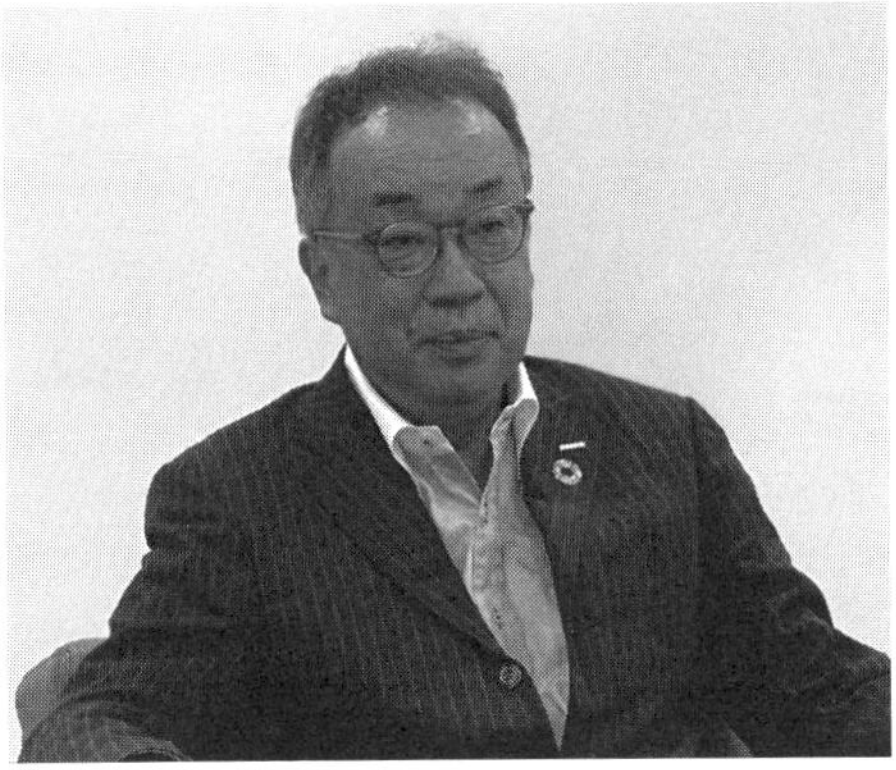
取締役会長　兒玉芳樹さん

「この会社は一体何者なのだ、そう思いました。歴史も成り立ちも異なる仲介、賃貸、開発の3事業がまったく融合していなかった。社員もホームズからの出向者、プロパー、キャリア採用の人、とこれまた様々でした」

「会社の規模だけは伸びているけれど、これからの将来を見つめると、自分たちが何者であり、どういう会社なのかを明確にしないといけない、と強く思いました」

兒玉さんは当時の社内の様子を思い出しながら、熱く語った。

なおここから、旭化成不動産レジデンスは、彼ら自身

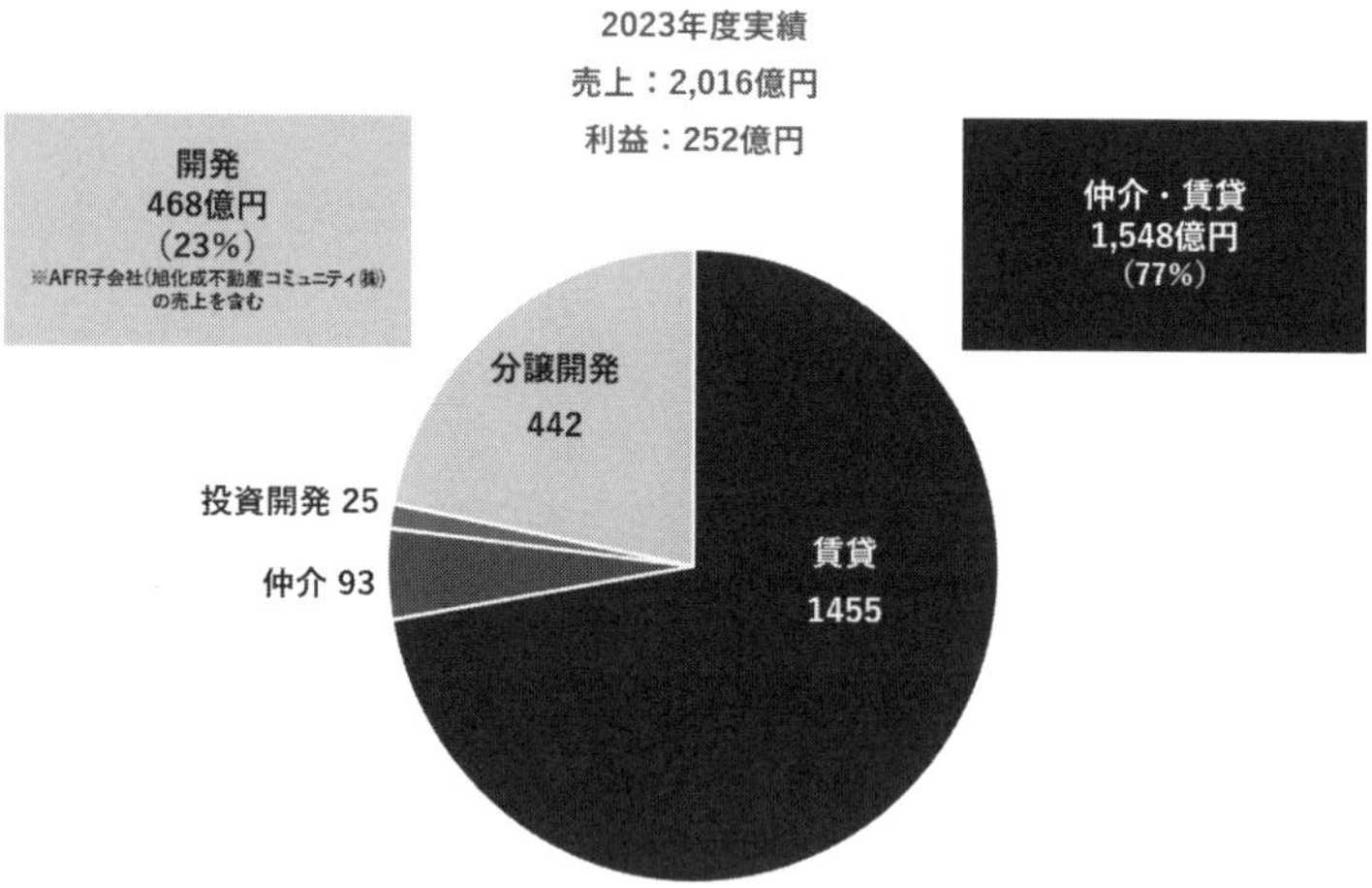

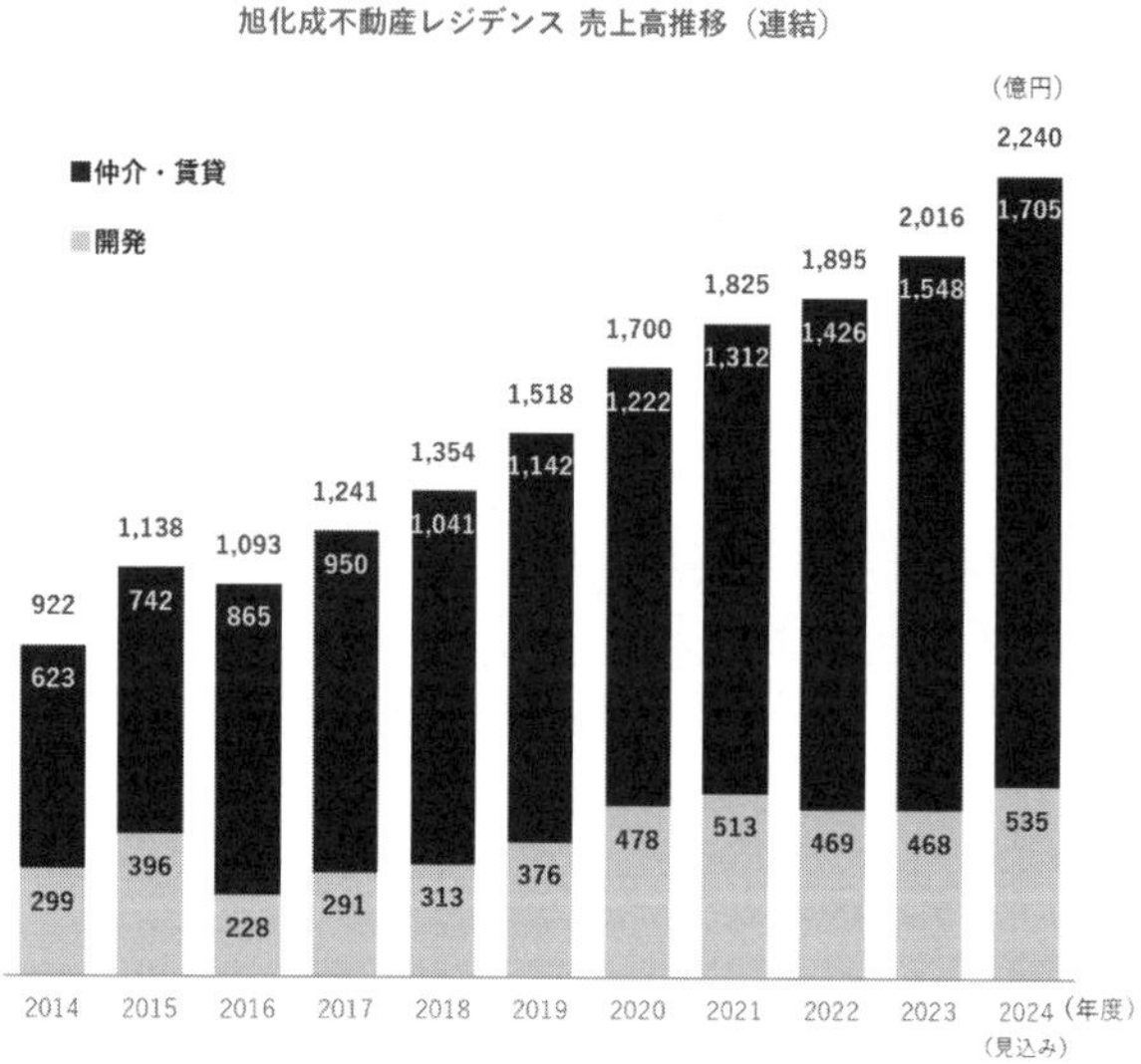

AFR事業規模推移（売上高）

が社内で使う略称、「ＡＦＲ」（AsahiKasei Fudosan Residence）と呼ばせていただく。

２０２４年３月期のＡＦＲの売上高は、遂に２０００億円を突破し、２０１７億円となった。10年前（８６１億円）と比べると何と２・34倍にまで伸びている。これはホームズグループ全体売上の22・１％を占める。対してホームズグループ売上は、海外事業、とりわけ米欧市場での伸びが大きく貢献し、連結ベースで９１２９億円となったが、ホームズ単独の売上は４０１０億円と公表されている。ＡＦＲの売上規模がホームズ単独売上の半分まで成長したというのは大したものではないか。旭化成グループ全体を見渡しても、親・子・孫関係なくＡＦＲは売上規模でかなり上位に食い込んでくる。孫会社だけで比べればトップに違いない。

プレゼンスを上げるために――経営戦略部を設ける

「売上高や利益が伸びていても、親から見ると子供はいつまでも子供です。でも私たちＡＦＲは、子供の気持ちで甘え続けているわけにはいきません。自分の知恵と力で前を向いて進んでいかなければならない。だからこそ、この事業を手掛けている私たち自身の視点で、私たちは一体どういう存在なのかということを考え、表現したいというのが、パーパスブランディングに踏み切るきっかけでした」

兒玉さんは、まずＡＦＲの「プレゼンスを上げたい」と考えた。

実際兒玉さんは、冒頭に紹介した社名変更10周年記念イベントに先立って、次のようにメッセージを発信している。

「設立後から５年間は、兄に守られる存在でした」

「5年前から10周年の今までの間に、ＡＦＲは兄から頼られる存在に成長しました」
「10年目のここからは、兄と肩を並べるプレゼンスを確立していきましょう」
（ホームズは親会社なので「親」という表現が正しいが、分かりやすく兒玉さんはそう表現していたのだろう）

プレゼンスを上げるためには、改革が必要だ。

そこで兒玉さんは、素早く動いた。改革を推進する新たな部署を設置することを決めたのだ。そしてその責任者となり自分の補佐役として仕事をしてくれる人物が必要と考え、ホームズで自分の部下として働いたこともある加藤さんを指名し、内示が出るようにした。

直ぐに加藤さんへ内示がくだった。ＡＦＲの経営戦略部長を命ず、と。

存在しなかった部署への辞令

ここからは加藤さんご本人と、経営戦略部 事業戦略室 室長の逆井温子さんのお二人に話を聞くことにした。二人は兒玉会長に言わせれば、このパーパスブランディングを軌道に乗せた立役者だという。

「本当に驚くべき内示でした。日頃から仕事でもＡＦＲとは関係があるので、赴く先にそういった名前の部署（経営戦略部）が無いことは分かっていましたから」と加藤さん。

内示を受けた日の夕方、加藤さんは兒玉さんに携帯で連絡を取った。すると兒玉さんは20～30分電話口でいろいろな思いを加藤さんに語ったのち、社内資料を送るから読んでおいてくれ、と言った。ほどなく1枚の紙が送られてきた。２０２１年のＡＦＲの新体制とミッションについてだった。

簡潔にＡＦＲの現下の状況も記されており、兒玉さんを助けるべく、経営戦略立案、対内活動（インターナルブランディングを含むＣＩに取り組むという意味）、人事制度の３つをやってほしいと書かれていた。人事制度とは、３部門間の異動も含め、組織活性化を図りたいという意味だったようだ。さらにこの３つのタスクのほか、仲介事業の担当までやってほしいというマルチタスク。これまでホームズで請負側（住宅を建築しオーナーへ提供する側）にいた加藤さんにとっては、不動産は未経験に近い。そんな自分に、これほど厳しいアサインが下りて来るとはと、再び驚いた。

経営戦略部始動――パーパスの開発

逆井さんもホームズ出身者だが、産休を取る前は、ＡＦＲの開発営業本部で分譲マンションの土地仕入れやマーケティング等を担当していた。産休、育休が終わって、開発営業本部への復帰を望んでいた逆井さんだったが、受け取った辞令には新設される経営戦略部へ行くよう示されていた。逆井さんも加藤さん同様驚いた。

取締役経営戦略部長の加藤宣広さん（右）と経営戦略部 事業戦略室 室長の逆井温子さん（左）

この経営戦略部の発足は２０２１年４月。部長は加藤さん。室長は逆井さんのほかに、請負で経験を積み、のちに全国市街地再開発協会にて経験を積んだベテランの馬場恒夫さんと、若い事務職の女性、笠原未穂さんが参加した。

ここからこの出来立てほやほやの経営戦略部は、先ず同年10月に控える社名変更10周年イベントに向けて、怒濤のような日々を過ごすことになるのだった。

もちろん、このプロジェクトの目的は、単なる「プレゼンスの向上」だけではない。その結果、社員の間に社を誇る気持ちを育んでいかねばならない。

対外的には、認知度不足、という悩みもあった。事業を通して社会課題の解決に向き合っているにも拘わらず、一般の人の認識は低かった。

そして10周年という契機に、企業としてのコンセプトを明快に描き直して、未来に向けて踏み出していかねばならなかった。

こうした多岐にわたる難題を、どうやって解決していくのか、悩ましかった。


まず加藤さんたちは、この活動（明確なプロジェクトネームはまだ無かった）のパートナーを外部へ求めることにした。時間が限られているので、経験豊富なファームを選定する必要があった。①かつて旭化成（事業持株会社）の理念体系策定などに携わった経験があった、②当時としては耳新しい「パーパス」という、自社の状況にプラスに働きそうな概念を示してくれた、③提案が具体的であり、限られた時間の中で、コンセプト策定にあたって社員の巻き込みも考えてくれていた、などの理由で1社を選定した。

「パーパスとは、当該企業・ブランドの『存在意義』であり、『人々がそこで働く確固たる理由』であり、社会とブランドを繋ぐものだ、とブランディングファームからは説明されました」と加藤さんは当時を振り返る。

さらにパーパスを基盤として会社の価値を高め、中へ外へと広めていくのだ、という説明を聞いて、「それだ！　それこそが兒玉さんが求めるものであり、当社の課題を解決へ導くものだ」と加藤さんは感じたそうだ。

国の資産になる仕事

プロジェクトは数多くの内部ヒアリングから始まった。トップからマネジメント層、各事業に携わる人々に対して、「この会社は世の中に何を提供しているのか」「どう役に立っているのか」「働く喜びとは何なのか」など多面的な問いかけをしていった。

クライアントへのインタビューも行ったし、完成し稼働しているへーベルメゾンや、アトラス名を冠したマンションをいくつも訪問して（サイトビジット）、それらに貫かれているＡＦＲクオリティや哲学を汲み取っていった。


トップインタビューは兒玉社長（当時）のほか、各事業の責任者、さらに親会社の立場として、ホームズの経営企画部長に対しても行われた。

その中で兒玉さんは、「私たちは、国の資産になる仕事をやっているのだ」と発言した。

兒玉さんが言いたかったことはこうだ。

例えば「開発事業」で行っているマンション建替え事業。築50年以上を経た老朽化マンションに住む人たちの意見をまとめ、管理組合での建替え決議を経て、老朽化した建物を建て替える事業だ。

現行の建築基準に従えば、現状よりもっと高い建物が建てられることが多い（特に都心部）。最新の技術で高層マンションに建て替え、延べ床面積を増やし、増えた分を一般のマンションと同じように販売することで利益を得て、これまでそこに住んできた住民が高い建設コストを負担することなく、真新しい建物に住み続けることが出来るというものだ。

老朽化したマンションをそのままにすれば、地権者にとっての価値は下落し、いずれ設備が機能不全に陥り、放擲された部屋は廃墟と化していくだろう。それによって住んでいた人々は幸せにならず、地域は美しく生まれ変わらず、街は朽ちていくのではないか。

開発部門は、さらに大規模な市街地再開発事業（以下、再開発事業）も手掛けている。防災の観点から、狭い場所に古い木造建築がひしめいていると、今後必ず起こると言われている大地震発生時、或いは火災発生時に災害が激甚化してしまう。地権者の意見を取りまとめながら町を良き方向へ作り替えていくというのも、国が取り組むような大事業だ。国土強靭化にも貢献するし、新たな街が出来ることで、安心な都市空間でにぎわいが創出され、コミュニティを育んでいく。地方にあっては、活性化や地方創生に寄与することとなる。

ＡＦＲは、こうしたマンション建替えや再開発事業で多くの実績を持ち、組織内に「マンション建替え研究所」という専門家集団も擁している。

他方、「賃貸管理」も重要な役割を担っている。

ホームズが手掛ける「ヘーベルメゾン」はオーナー（地権者）からホームズが一括借り上げて、

テナント（入居者）で部屋を満たし、施設管理をしていく業務が中心だ。この事業も、若いファミリーの子育てを支援するなど、単なる賃貸業の枠を超えて、都市の住宅事情を改善するという役割を担っている。

「仲介事業」では、国の役に立つ興味深い施策を追求している。

築後年数を経ても資産価値を高く評価される傾向にあるのが、自らロングライフ住宅を標榜するヘーベルハウスの強みである。頑丈な鉄の軀体と耐用年数60年以上の基礎で様々な震災を乗り越えて、その頑健さを知られるようになった。このリセールバリューが高い既築のヘーベルハウスを「ストックヘーベルハウス」、アトラスマンションを「ストックアトラス」と位置づけて、資産価値を的確に査定し、販売している。オーナーからAFRがヘーベルハウスを買い取ってリノベーションし、価値を向上させ販売することもある。

SDGsの目標12「つくる責任 つかう責任」とサーキュラーエコノミー実現に向けて取り組んでいるので、極めて社会価値の高い仕事といえるだろう。この仲介事業では、住み替えを支援する土地、戸建て、マンション等の売買も行っている。

兒玉会長の、「国の資産になる仕事」は、パーパスコンセプトを考える上で注目すべき発言だった。

さらにヒアリングを受けたホームズの経営企画部部長、長縄浩司さん（現在は海外事業本部 旭化成ホームズオーストラリア）からは、「AFRは、ホームズグループの一員として、社会的価値を打

ヘーベルメゾン

ち出す基盤になってくれることを期待している」と語ってくれた。「ホームズのようにお客様満足を目指すだけでなく、ＡＦＲは持続可能な街や社会を広い視点で捉えて、社会課題に取り組むことが出来る素地があるから」とも付け加えていた。

社員の想い、社員の声

その他の役員からは、自社の果たすべき役割や存在意義について、「世の中に認められ、頼ってもらえるような問題解決型の事業を営む」「社会課題に向き合って社会全体に貢献しながら、一人ひとりのお客様も大切にしていく」「地域や都市の再生に貢献する」「災害にも強く、付加価値・サービスが伴った、今日の多様なニーズに合った環境を実現する」などの見解が聞けた。「正義を実行していくこと」という意見も出た。これは、ホームズが長年掲げてきた企業理念にも由来する。

部課長職の社員からも、「社会課題を解決するオンリーワンの存在となる」という意見が出ていた。

７００名の社員には、アンケート調査を実施することにした。

それは、「現在のＡＦＲのイメージとは何か」と、「これからこうなってほしいと思うＡＦＲの新しいイメージとは何か」という2つの問いを投げ掛けるものだった。PCからでもスマホからでも10分程度で答えることが出来るシステムだった。スケジュールの関係もあり、回答可能な期間は僅か2週間だったにも拘わらず、8割近くの高い回答率となった。本プロジェクトに対する社員の興味・関心や期待が高かったということではないか。

アンケートの調査結果は極めて明快だった。社員が抱く現在の自社イメージは、「内向き」で「おとなしく」て「地味」。これは兒玉さんが社長に就任して社内を見渡したときの雰囲気と一致するものだった。一方今後なりたい姿として挙がったのは、より「スピーディ」で「行動力」があり「スマート」な印象。且つ「外向き」で「社交的」な印象だった。外向きで社交的というのは、コミュニケーションに長けた組織ということを意味している。

いったい我々の顧客は誰なのか

種々の調査を終えたあとの分析結果に、新たな気付きがあった。

AFRの人たちは、オーナーや地権者などの立場に立って考えることが多く、借り手や買い手の立場には、あまり目を向けない傾向が見られた。

たとえば、アトラスマンションに入居するのは元々の区分所有者だけではない。新しいアトラスが建つ立地は都市部の好立地であることが多く、増床分の居室を購入する人たちは結構な資金を要するのである。つまり、建て替えた後に建つマンションは、高級マンションなのである。

賃貸や仲介についても、オーナーに目が行きがちだが、物件の魅力を借り手側、買い手側（新しく住む人）に目を向けて伝えていくべきということだ。

トップヒアリングで、兒玉さんも「オーナーや売主に対するメッセージだけでなく、入居者や購入者に対するメッセージを発信していくべき」と発言していた。

分析結果が示していたのは、AFRが持つ「2つの顧客」の存在だった。それが、「クライアント」と「カスタマー」である。

つまり、①住宅や賃貸マンションのオーナーや、マンション建替えなら区分所有者を含む地権者という、これまでAFRがしっかり見つめてきた人たち（クライアント）だけでなく、②入居者や物件購入者、マンション購入者（カスタマー）にもAFRをしっかり訴求し、高い認知、理解、共感を得ていかねばならないということだった。

日本語にするとどちらも顧客になるが、英語のクライアントには「依頼主」、カスタマーには「購買者」というニュアンスが込められている。

パーパスを決めていくのに必要なセッション

AFRのパーパスを考えるにあたっては、社員自身が参画することが大事だ。トップが考えて下ろすのでもなく、多数決で決めるわけでもない。次世代を担う若手〜中堅の社員が、リサーチ段階で見えてきた自社の課題や、とりわけ社員が希望している「かくありたい将来像」を念頭に置き、議論しながら纏めていくこと。その後トップの意向を入れ、内部だけでなく対外的にも発信するので、ブラッシュアップするために専門家が調整をするが、基本は自分たちのパーパスは自分たちで考えはじめることだ。

AFRの場合は、社員代表として11名の課長職と若手メンバーに集まってもらい、3回にわたって、かなりタフなロングセッションを実行した。

ちなみにこのメンバー選びには、随分気を遣ったという。この先、メンバーにはパーパスを社内で広めていく上で、インフルエンサー的な存在になってもらいたいという思いもあったからだ。

セッションに集結するメンバーには、パーパスのほかに提供価値（AFRだからこそ提供出来る価値＝機能的価値＋情緒的価値）、ビジョン（AFRが目指すポジション）、パーソナリティ（会社や社員が持つべき価値観）についても検討してもらった。ブランドとしての立ち位置を多面的に検討し、輪郭を明確にしていくために必要な作業である。

このセッションでは、「社会に我々の会社が存在する意義は？」「事業を括る共通の価値観とは？」「競合からの差異化や優位性は？」「旭化成グループ、ホームズグループ内での位置づけ・役割は？」という4つの視点を強く意識しながら、対外的・社会的にはプレゼンスを上げていくこと。社内的には求心力を高めて事業間シナジーを生むこと、の2つが大きな目標となった。

まだコロナ禍の真っただ中の2021年7月。全3回のセッションのうち、1回目だけはリアルで集まってもらい、2回目と3回目は8月に、オンライン上で行われた。

日常業務ではあまり考える機会のないテーマだっただけに、本当に議論が進むのか、特にオンラインのセッションで本当に議論が盛り上がるのか、事務局となっている経営戦略部は不安を感じていた。しかし蓋を開けてみると事業混成で2チームに分かれた参加者は、高い意欲をもって真っ向からこの難しいテーマに取り組み、議論し、まとめて行ってくれた。

オンラインセッションでは、2チームがオンライン上の別々の部屋に入り、Zoom上のバーチャルホワイトボード上に、参加者が意見を書き込んでいき、共感出来る意見に他のメンバーがハートマーク（♡）を付けるなどして、意見の集約を図ったのだが、これも想定以上にうまく行った。そしてオンライン上で2チームが集まり、発表。

Aチームはこんな風にAFRのパーパス案をまとめた。

「まち・都市をつくり、人々の暮らしが今日よりもより良い暮らしとなる。私たちはそれを永続的に支えるために存在する」

Bチーム案はこうだった。

「私たちは、『かけがえのない時をつなぐ』ために存在する」

少し抽象的だが、AFRの仕事ぶりやお客様の期待を言葉にしたということだった。人々の生活に寄り添って、長い時間をかけて物事を整理していくAFRが、お客様の暮らしの今と未来をつないだり、その土地が持つ記憶（歴史）をつないだり、周辺に住むご近所さんとつないだりしていくことを表したのだという。ホームズが持つロングライフという概念も包含されているようだった。

当時、このプロジェクトに携わった人たちは、「私はあのパーパスプロジェクトに入っていたことを非常に誇りに思っている」と言ってくれるそうだ。そのころまだ課長ではなかったセッションの参加メンバーが、その後課長になり、こういう想いを胸に、部下にパーパスの意義などを伝えてくれているとのことだ。

パーパスや提供価値を議論するセッション1回目（リアル）

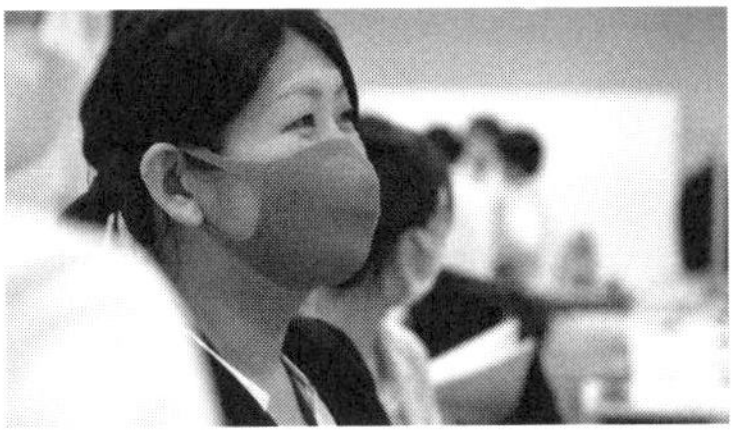

コロナ下だったため、全員マスクを着けて参加

チーム発表

2回目以降はオンラインセッションに

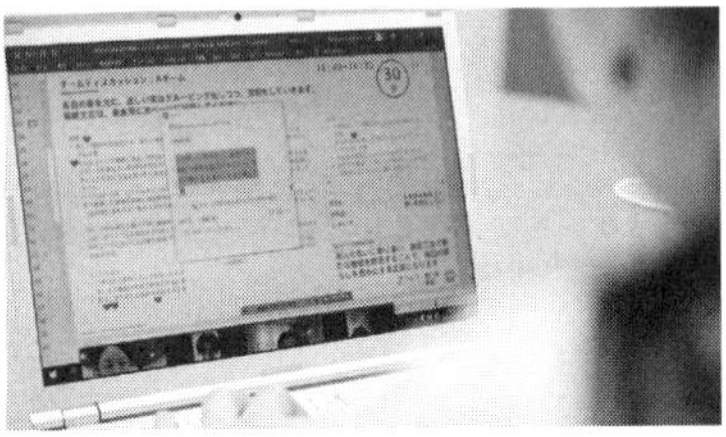

オンライン上でチームに分かれてディスカッション

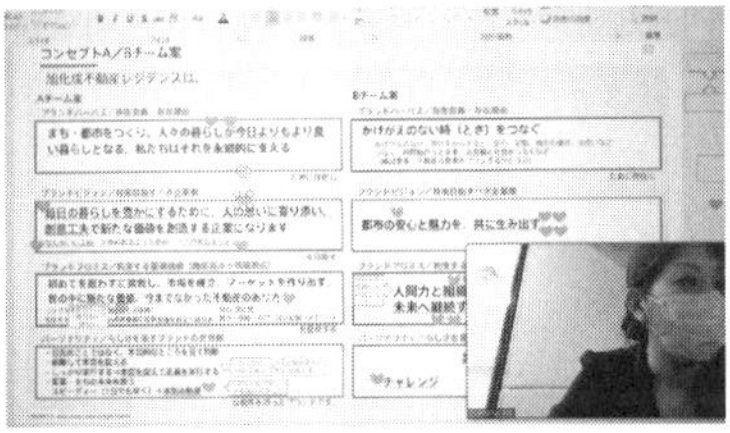

チーム発表後、参加者全員が共感した項目にハートマークを付けて意思表明

リサーチと社員セッションの結果を受けて

最終案が出来上がり、兒玉さんはじめマネジメントサイドへ社内プレゼンが行われた。セッションでの社員代表の意向も、トップやマネジメントの意向も、さらに500名以上から答えが返ってきたアンケート結果の反映も出来た。みんなが力を合わせて作ったパーパスコンセプトだと、胸を張れるものになった。最後は経営の意志で決めてもらった。結果パーパス、提供価値、ビジョン、パーソナリティが完成したのは、10月15日の発表会の29日前だった。さらにそこから微調整を入れ、パーパスロゴのデザインも奇跡的にイベントに間に合った。

◆パーパス

——主文

豊かな暮らしと街を、
あしたの人々へ。

——副文

私たち旭化成不動産レジデンスは、
都市開発事業及び不動産賃貸・仲介事業の力を結集し、
都市に安心と魅力を生み出します。
旭化成グループとともに真摯に社会課題に取り組む、
存在感のある総合不動産企業を目指します。

これらの事業を通して、私たちは豊かな暮らしと街を、あしたの人々へ継いでいきます。

◆ビジョン

真摯に社会課題に取り組む、存在感のある総合不動産企業

◆提供価値（バリュー。AFRしか顧客や社会に提供できない価値）

都市の安心と魅力を、ともに生み出す

——安心と魅力／機能的視点

グループ×不動産3事業の総合力による

・これまでになかった価値の創造　・広い視野で多面的な提案力

——ともに生み出す／情緒的視点

正義の実行による

・はじめてに挑み続ける開拓者精神　・人と人を結びつける人間力

◆パーソナリティ（業務にあたる社員の姿勢、ブランドイメージやブランドスタイルの根拠となるものでもある）

・お互いを理解し共創する多様性　・本質を考え抜く創意工夫　・ゴールまで挑戦し続ける熱意

時間を掛ければ良いものが出来る、というわけではない。どれだけ短期間であろうと、人々がその目的を理解し、真摯に調査結果を受け止め、真剣に議論と取り纏めに集中出来るかが重要だ。

アトラスのリブランディングも並走させるなど、今考えるとあり得ないと思えるような月日だった。でもこれは、〝スタートラインに立てた〟ということに過ぎず、真の勝負はここからだ。そう、加藤さんをはじめとする経営戦略部のメンバーは、決意を新たにしていた。

今回のインタビューで、経営戦略室室長の逆井さんはこう言い切った。

「力の配分としてはパーパスの制定で2割、浸透で8割。こんなバランスだと思います」

「創って終わりでは絶対ありません。推進する立場からいえば、今もその最中ですが、浸透に意識をきちんと向けていくことが何より大事です」

アトラスブランドの再生

ＡＦＲ自体のコーポレートとしてのパーパスブランディングと連携を取るかたちで、アトラスブランドのリブランディングは行われた。

アトラスは、冒頭にご紹介したとおり、２００３年、再開発に伴って生まれたアトラス北千住タワーを皮切りに、旭化成不動産時代から使われてきたＡＦＲのマンションブランドである。

ただ、マンション建替えや大規模な再開発の中で建設されてきたマンションであることから、創り手であるＡＦＲがクライアントを見続け、カスタマーファーストになっていなかったという事情もあって、他社のブランド（たとえば野村不動産のプラウド）のような誰もが知るメジャーブランドには育っていなかった。

しかし、購入を考えてくれる一般の生活者（価格を考えれば主に富裕層）の間には、都心好立地のハイエンドな物件としてもっと評価されるべきではなかったか。

事実、ブランディングファームがサイトビジットを行った結果、いずれも上質感があり、好立地・好環境に恵まれた素晴らしい物件ばかりだという評価を下した（このファームは著名マンションブランドの開発に携わった経験があるという）。

反面、コミュニケーションの質については、厳しい評価が下った。現地付近にデベロッパーが作るモデルルームの設えや、分譲を告知する広告、ウェブサイトなどのクオリティ。さらに当時使われていたロゴもカジュアル過ぎた。価格的に高額ないしは超高額であるにも拘わらず、そして建物の設計やデザインが素晴らしいにも拘わらず、そのブランドの世界観や知覚品質は危機的な状態だったということだ。


そこでブランディングファームは、次のようなレポートを上げてきた。

（アトラスの名前が悪い。新しいブランド名にすべき、という社内の声を受けて）
・アトラスという名称は決して悪くない。なぜならば覚えやすく、多くの人が知っている名称であるし、ネガティブなイメージもないため変更は不要。
・アトラスは特許庁に商標登録出来ており、権利も守られている。
・翻ってデザインという観点では、現行のアトラスが醸し出すブランドイメージは、価値を反映出来ておらず、ターゲットカスタマーである顧客層に受け入れづらいものである。

・ブランドコンセプトを明確化した上で、ロゴを改善し、ブランドとしての世界観を整えるべきである。

そこで、コーポレートのパーパスブランディングと並行して開発作業が行われ、以下のようなコンセプトが完成した。

まず、AFRのパーパスとしっかりつながるものであるべきとの考えからスタートし、アトラスブランドの提供価値を「一人ひとりが幸せを感じられる上質な都市生活を提供する」とした。そしてアトラスの将来像（ビジョン）としては、「都市型住宅として存在感のあるブランド」と定義した。これをスローガンとブランドメッセージにまとめたのが以下のものだ。

◆スローガン
（ブランドのメッセージを集約したものとしてあらゆるコミュニケーションに使用する）

こころ躍る、上質。

◆ブランドメッセージ
（コンセプトメッセージとして、あらゆるコミュニケーションの展開において使用出来る）

私たちがつくり続けているもの。

それは、上質な都市生活の豊かさです。

私たちの考える上質。
それは、ただ重厚で品格があるだけでなく、
最先端の技術と新しい発想を
柔軟に取り入れる上質。

地域の誇りにもなっていく美しいデザイン。
さまざまなライフスタイルに寄り添い生まれる、
快適で洗練された暮らしの提案。
そのすべてで、
住む人の期待を超えてゆく。

旭化成グループが培ってきた技術力と、
ヘーベルハウスの住み心地への
追求から生まれるアトラスが、
こころ躍る上質な日々をお届けします。

旭化成の都市型マンション
「ＡＴＬＡＳ」

アトラスのロゴ上には、「旭化成の都市型マンション」と、認知度の高い「旭化成」を含む説明のようなタグラインを付した。コンセプトワードでもある「こころ躍る、上質。」は、ロゴとは切り離して使うルールとした。

コンセプトもスローガンもメッセージもロゴも整い、ブランドスタイル（ブランドの世界観を醸成する各種規定）が出来てみると、内部であまり愛されていなかった「アトラス」という名称も輝いて見えるようになった。

この新・アトラスとしてのコミュニケーションは、10周年イベントのあと急速に変わり始める。大きかったのは2022年1月、マンションブランド「アトラス」の新コンセプトを体感できる「アトラスギャラリー渋谷」を東京・渋谷のマークシティ内にオープンしたことだろう。併せて、このギャラリーにプレス関係者を招いて、マンションブランド「アトラス」の新たなコンセプトをお披露目し、そのリブランディングをアピールしたことだ。クライアントだけでなく、カスタマーに向けてのコミュニケーションが加速する。

開発事業関係者のうち、まず技術系の人たちのプロダクト（彼らが設計するマンションそのもの）に対する誇りが高まり、地権交渉や販売に携わる人たちの間にも、自信がついてきた。そう加藤さんはいう。

逆井さんは、以前開発チームにいたのでよく知っているのだが、「マンション建替え実績への自負はあったが、モノに対する自負も持てるようになった」という。

社内には、マンションの「デザインレビュー（DR）」という手続きがある。どんな設備にするのか、どんな間取りにするのか、などだ。その承認条件の中に、今では「これは街の何かに役立っているのか」「何のためにこの事業をやるのか」など、パーパスに基づくレビューが加わった。そのことでアウトプットも変わってきたという。

DR1、DR2、と段階ごとに設定される会議体では、「豊かな街を」や「上質」がキーワードとして議論されるそうだ。

2024年8月、AFRは、ビルボード・ジャパンやオリコンでたびたび首位となる、若者にも、おじさんおばさんにも絶大な人気を博す著名なアーティストと契約し、CMを流し始めた。帰りたくなる家を想起させるムービーは、AFRの公式サイトでも視聴出来た。

そうか、そう来たか。きっと業界関係者は思ったに違いない。各方面で大きな反響があり、アトラスはマンションメジャーブランドの仲間入りを果たしつつある。

そして何よりも、CMや動画を視聴したAFR社員の気持ちは盛り上がったことだろう。カスタマーの心に刺さると同時に、インターナルブランディングとしての強力なコンテンツとなったことは間違いない。

「北極星は本当に大事です」

AFRでは、半年に1回、社員にアンケート調査を行って、その意識の変化などをトラッキングしている。

社員へのパーパス浸透度は、2024年10月の段階で77％に達している。

他方、日々の業務においてパーパスを意識するか、という問いに対しては、48％の人が「意識している」「非常に意識している」と答えている。

逆井さんはこう話す。

「2021年10月の10周年イベントのあとは、パーパスの言葉を覚え、理解してもらう段階でした。でも今はほぼその段階は終わっています。日々の業務でのパーパス意識は日増しに高まっていて、たとえばある社員にパーパスは何かと問うと、『KPIのその先にあるもので、お客様のことを考えて、お客様満足を得る過程で達成していく指標の1つだ』などと答えてくれます」

「今回のパーパスブランディングで、パーパスという明確な『北極星』が出来たのは、本当に良かったと思っています」

加藤さんは北極星という言葉を使った。別に空の星の話をしているわけではない。

「すべてのメンバーに共通認識を持たせ、成功のために目指すべき方向」という意味だ。目指すべき共通の目標や将来像、ノーススター。この言葉はパーパスやビジョンの説明にもよく使われる素敵な言葉である。

この北極星があることで、社員はもっと大きな視野を持つことが出来る。そうすると、タフな仕事も乗り越えられるし、仕事に対しても前向きになれる。それぞれの仕事人生を輝かせることも出来るのだ。

退職率、その他の改善

AFRでは新卒の採用もキャリア採用も順調だという。

「新卒で入ってきた人たちに新人研修の仕上げの課題を与えました。自分たちがリクルーターの立場に立って、採用ターゲットの前で自社をプレゼンテーションするというシミュレーションだったのです」

しかもそれを当社の経営トップの前でやって見せるという度胸のいる課題であった。

入社して1か月と少しの新人が、ここまで出来るのかと、社長も会長も他の出席者も感激した。彼らはパーパスについて熱心に説明し、だから当社はこういう事業を営んでいるのだ、ぜひ当社にいらっしゃい、と説得力のあるプレゼンをしてみせたのだ。

さらにキャリア採用でも変化が見られるようになった。

応募者の8割以上の人たちが、パーパスを知った上で来てくれるという。

「新卒もキャリアも、当社のパーパスに共感してくれているのでしょうね」と加藤さん。

離職率も改善されたという。

「一般的に4％以下なら健全な数値といわれていますが当社は業界の中でも極めて低い数値となっています」

日常の業務では心折れるようなことも起こるが、視点の置き方が変わり、北極星がはっきり見えてきたことで、前向きな気持ちで仕事に取り組めるようになったということのようだ。勿論、すべてがすべてパーパスブランディングの恩恵というわけではないだろうが、自分たちがなぜここで働いているのか、その意味が理解できるようになったことは大きいだろう。

浸透度アンケート結果

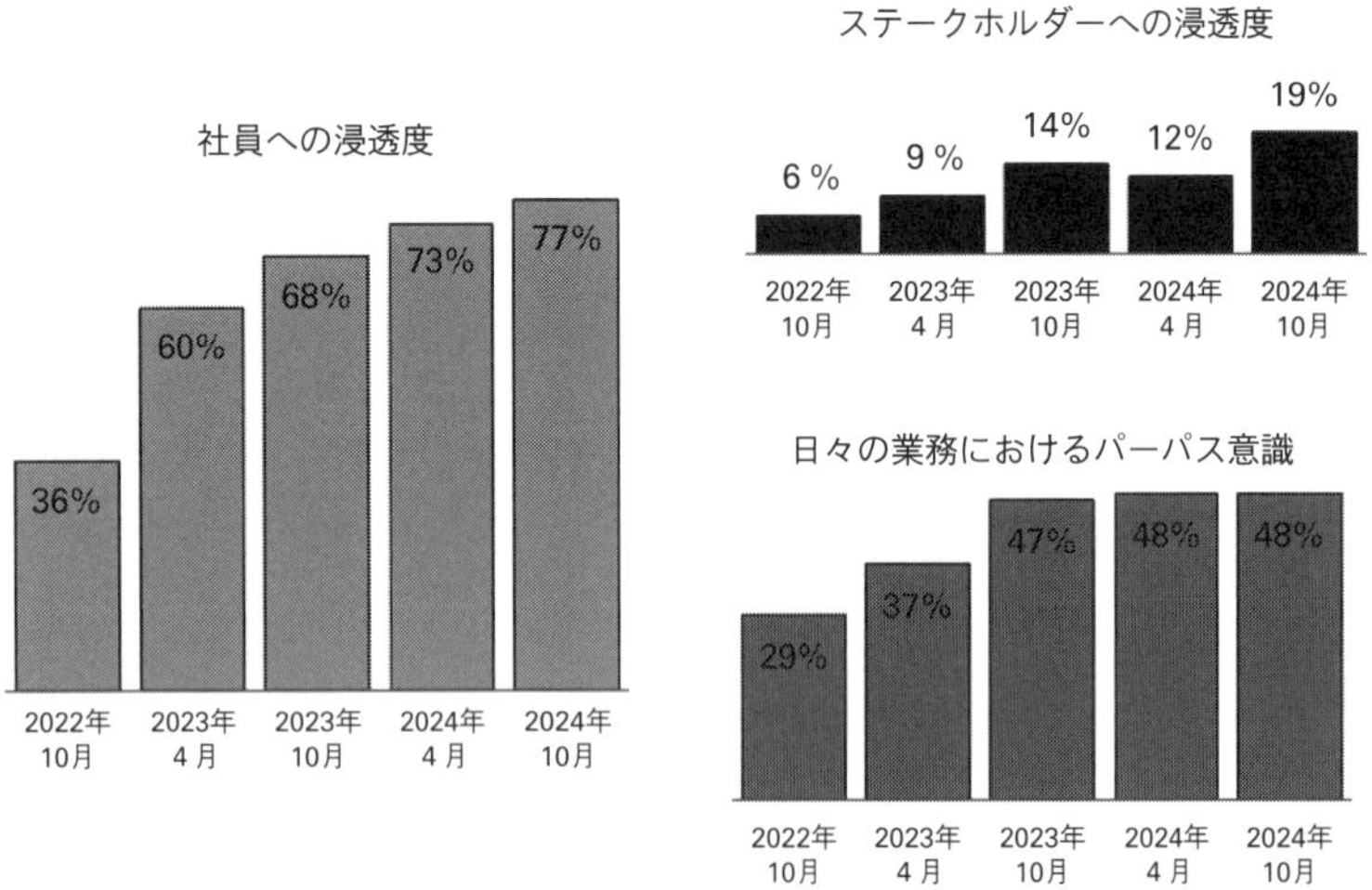

社員に5段階で聞いている各浸透度とパーパス意識（ステークホルダーへの浸透度については社員が顧客と接するなどした際の印象）

パーパスアワード

パーパスを組織内に浸透させた後は、実践の段階へと進むのだが、パーパスの精神に沿った成果を出した人やチームを讃えるために、パーパス導入企業で昨今行われるようになったのが「パーパス表彰（アワード）」である。他の項でも各社のパーパスアワードについて紹介しているが、各社各様の表彰方式があり、担当部署の腕の見せ所ともいえるだろう。

AFRにおけるパーパスアワードの定義はこのようなものだ。

「日々の業務において『あしたの人々』（＝ステークホルダー）に対して、意識改革や工夫をしたことで、感謝された取組みを考案、実施した社員またはグループを表彰する制度です。パーパスと各社員の業務のつながりの強化とともに、社会貢献へとつながる取組みが増えることを狙いとしています」

お客様と言わず、クライアントやカスタマーとも呼ばず、全ステークホルダーを、パーパスになぞらえて、「あしたの人々」と言い換えているのがなかなか上手い。

パーパスアワードのシステムとプロセスは次のとおりだ。

まず開催頻度について。AFRでは年2回アワードを開催している。前半期は10月〜3月、後半期は4月〜9月としている。

アワードにエントリーする意思を示した人（チームまたは個人）に対して、事務局（経営戦略部事業戦略室が聞き取り取材を行い、それを紹介記事にして、イントラネット上の社内報にアップする。

ここが同社の特徴なのだが、「全社員」がこの記事を読んで、各自の評価を「投票」する。つまり700余名の全社員が審査員になるのだ。投票結果は事務局で集計し、社員投票が多かった上位3組が表彰対象となり、表彰イベントで賞状をトップから手渡している。

2024年後半期の社員の投票参加率は何と87％だったというから、いかに多くの社員がパーパスアワードに注目しているかが分かる。

表彰された人にはこんな賞品が贈られている。

①大賞受賞チーム・個人にはちょっと贅沢な「食事券」が贈呈される。

誰もが知っているあの高級ホテルの高級レストランで食事会。慰労の意味があるだろうし、さらにチームであれば親睦を一層深めて次への英気を養ってもらう、ということか。

②アワード受賞を知らせる「メールシグネチャー用マーク」をプレゼント。

これは名刺交換などの機会が少ない人にもアワード受賞が対外的にアピール出来る名刺シールのようなものだ。メール末尾にある氏名・住所・電話番号・メールアドレスなどの欄（シグネチャー欄）に、このアワードのためにデザインされたメダルのような受賞マークを付けることが出来るのだ。

パーパスアワード実施後に、毎回社員にパーパスエンゲージメント調査をアンケート形式で実施している。パーパスアワードの回を重ねるたびに結果が向上しているという。

ただ逆井さんはアワードの在り方について悩んでいた。

「そろそろ次のステップを考えるときかも知れません」

「社内の注目は高まっているのに、なかなか手を挙げてくれる人が増えないのです。支店などに出向いてヒアリングをしてみると、『（活動に取り組んではいるのだけれど）まだアワードに出すレベルには至っていない』といった声が挙がります」

パーパスアワードも進化していく？

パーパスアワードについて、高橋さんは「エントリーをためらう人は、結果が出ていないと駄目なのではないかと思っているからです」と指摘する。

「パーパスに則した活動を促していくという意味では、このアワードは粘り強く続けていくことがとても大事です。ぜひ今後も継続していきたいと思います。ただし、この賞を受賞するために、私たちは仕事をしているわけではありません」

ここで高橋さんが新たなアイデアを出した。

結果が出たものを評価するだけでなく、チャレンジ精神をもって新しいことに取り組んだけれど失敗したという人を評価したい、という選考の視点だ。

というのも高橋さんは、パーパスを実現するためには「今までやっていない領域」をもっと追求していくべきではないかと考えている。

「どんどん皆が新しいことにチャレンジしているところを評価していきたいのです」

こんな挑戦の実例をパーパスアワードで採り上げて評価してあげれば、誰もがひるまずに挑戦していける環境が出来てくる、という考えだ。

この、失敗を評価する、という考え方は、本書に収めた他社のアワード事例にも出てくる。

今後AFRのパーパスアワードは、より進化しパワーアップするかもしれない。

前例主義からの脱却と、AFR未来構想プロジェクト

2024年度の組織目標として高橋さんが掲げたのは「前例主義からの脱却」だ。

プロフェッショナルな個、組織へと成長するために、新しいコトやモノにチャレンジし、過去事例に学びながらも、新しい環境や時代に合ったものへと変えていこう。そう呼びかけているのだ。

そこで「AFR未来構想プロジェクト」を立ち上げてメンバーを募集した。結果部署横断的に16名が集まった。これまでの事業の枠に捕らわれず、1年かけて未来を一緒に描く活動がスタートしている。2035年に向けて、社員がもっと元気になれる将来像を描く。

このようなプロジェクトを通して、経営視点を持った社員を育成することで、AFRの持続的な

成長を実現するのが狙いだという。まさに、未来とパーパスを結び付ける試みといえるだろう。

「こんなものを作ってくれたらもっとやれますよ、と親会社に対して提案するのも良いし、親会社に拘らず、もっと自分たちのサービスや管理などの価値を外へ売っていけば良いと思っているのです」

「不動産事業はものすごく幅が広いし、当社にはまだまだ伸びしろがありますから」

高橋さんはそう締め括った。

これからパーパスブランディングを目指す企業へ

兒玉さんは、「パーパスに裏と表があってはいけない。いい人材を採用しようと耳障りの良いパーパスを掲げて、中に入ってみたら実態がない。或いは真逆のことをやっているというのが一番ダメ」と厳しく指摘する。

高橋さんは「それを持つことで、社員のやりがい、働きがい、モチベーションが高まるようなものが本当のパーパスだと思う」と発言。

そしてAFRのパーパス仕掛人でもある加藤さんは、「世間やメディアやSNS受けするものを作ってしまう企業もきっと多いと思いますが、それは駄目です」

「経営層が密室で作って、トップダウンで『こんなパーパスが出来たので、明日からよろしく』という下ろし方をしても、全く浸透しないでしょう」と少しブームのように加熱しているパーパス導入ラッシュに苦言を呈した。

そして続けた。「社員の声をしっかりと拾っていくと、社員一人ひとりがその会社を選び、そこで働いている意義やその人の人生にとっての意味など、深い思いが聞けるはずです。それを掘り起こし、吸収して、皆の北極星になるものは何か、ボトムアップで上がって来たものを、事務局や経営層が本気で考え抜いて創り上げていくプロセスが絶対に必要です」

さらに加藤さんと逆井さんは口を揃えて、「経営トップには、決めたパーパス浸透のための旗を振っていただくこと。これが一番効くのです」

全社員に配布したパーパスブックとパーパスカード

「事務局だけでは無理です」と逆井さん。

最後に加藤さんが付け加えた。「トップが旗を振る船長になったとき、だれに主たる乗組員になってもらうかがとても大事です」「社員の皆と一緒にパーパスを作り上げて、制定された後には、インフルエンサーとして各現場でそれを皆に伝え、率先して実行してくれる人たちの存在は、非常に大きいと実感しています」

船の船員は、キャプテン（船長）、オフィサー（役職員）、クルー（乗組員）で構成されている。オフィサーがキャプテンとクルーの間をつなぎながら、皆がパーパスの下で一体となってこそ、AFRという船は、より大きな外海へと乗り出していくことが出来るのだろう。

重要な「追記」

この原稿を入稿する直前に、非常に大きな経営判断があったことを伝えられた。旭化成不動産レジデンスの加藤さん、逆井さんから緊急の連絡を受け、オンライン会議でその内容を伺ったのだ。それは、同社の開発事業部門が、２０２５年春をもって親会社である旭化成ホームズへ移管されるというものだった。これは、旭化成ホームズグループ全体の持続的成長を見据えて行った事業再編の一環であり、未来志向の経営判断ということだった。

旭化成不動産レジデンスがこれまで築き上げてきたパーパスブランディングの成果は、単に１つの事業部門だけにとどまらず、旭化成ホームズグループ全体にも大きな影響を与えている。今回の移管を通じて、旭化成不動産レジデンスと旭化成ホームズの連携がより深まり、グループ全体の中でもパーパスブランディングの精神がさらに根付くことを期待したい。アトラスをはじめとする開発事業が、グループ全体の成長と進化を支える新たな推進力となることだろう。

本稿の掲載を再検討する機会もあったが、加藤さんをはじめとする旭化成不動産レジデンスの皆さんの「次のステップに進むための原動力としたい」という想いと、著者として「この取り組みを未来に残す価値がある」という信念が一致した。事業構造が変化しても、旭化成不動産レジデンスが成し遂げた実績や理念が色褪せることはないだろう。この９つの物語の１つとして掲載することに決めた次第である。

9　ウェルエル
――世界で通用するアジア発のグローバルブランドになる

アジアの医療機器メーカーの覚醒

台湾・台北市の隣、新北市に本社を置くエイペックス・メディカル（以下エイペックス、正式な社名は雃博股份有限公司）は、1990年に設立された医療機器メーカーである。当初は、台湾の医療機器を米国の医療機関に販売する専門商社だったが、そののちに自ら製造設備を持って、製品をつくるようになった。

当初はOEMメーカーとして、おもに海外の医療機器メーカーの仕様に従った製品を作っていたが、その後、開発部門やリサーチ部門を強化するなどして、ODMメーカー、つまり独自に設計・製造した医療機器を顧客企業に提供し、顧客が自社ブランドで販売する、という業態に転じた。

その次のステップは明白だった。「自社ブランド」で製品を開発・製造・販売することだ。同社は「エイペックス（APEX）」というブランド名で、海外市場へ打って出た。ただ業績は一定の調子で伸張しているものの、まだ一段の成長力はあるはずだった。

創業者であり、当時社長兼CEOだったダニエル・リー（李 氷川）さんは悩んでいた。

海外市場で成長できないと、台湾企業は、自前の市場規模が大きくないため生きていけない。しかし、海外ネットワークの構築は道半ばとはいえ、粛々と進めているし、技術系やR&D系の人材、海外人材も強化しているところである。何が足りないのか、何をすればいいのか。

パーパスブランディングとの出会い

ダニエルさんは現在、会員数400社以上を擁する、1953年に設立された台湾の医療機器関連団体TMBIA（Taiwan Medical and Biotech Industry Association、台湾医療バイオテクノロジー機器産業協会）の理事長という要職にある。このことが彼の今後の成功を物語っているのだが、当時から、TEBA（Taiwan Excellent Brand Association、台湾精品ブランド協会）という業界横断的な協会のコアメンバーでもあった。

ダニエル・リー（李 氷川）さん。現在はウェルエルの会長職にある

「今度海外からブランドの専門家が来るから、セミナーをやることにしたんだ。君も来ればいい」

そう当時のTEBAの理事長だったチャンさん（張 永昌氏、オーロテックという精密機器メーカーの社長〔当時〕）から声が掛かった。2016年3月のことだ。

TEBAがそもそも「台湾精品（秀逸なもの）ブランド協会」を名乗る団体だから、ダニエルさんもブランドの大切さを知らないわけではない。ただそれまで、本格的なブランディング戦略に関する話を聴いたことがなかったので、ダニエルさんはためらいなくこのセミナーに参加してみることにした。そしてそこで彼は、手法の一端と効果を把握することが出来た。

①ブランディングには、他社と差異化する力がある

②ブランディングで、顧客を魅了することが出来る
③また、社員をも魅了して社内を活性化することが出来る＝誇りの源泉になる
④グローバルに戦う力を得ることも可能である
⑤BtoC企業だけでなく、BtoB企業でもブランディングが出来る

そのほかにいろいろな学びを得た。近年では、「パーパス（存在意義）」を軸としたコンセプトを開発することが重要なことも分かった。

リサーチ段階では自社の欠点や強みを洗い出せるし、ブランドコンセプトについては、社員によるセッションを開催して決めていくので、社内に求心力が生まれて幹部の育成にも効果がありそうだ。

「目から鱗が落ちる」とはこのことだ。ダニエルさんの脳裏には、何か閃くようなものがあった。そうか、ブランディングという手があったか！

グローバルマーケットを目指すには、先ず自らがグローバルブランドの条件を満たしたうえで、並み居る競合他社との戦いに打ち勝つことだ。

見えてきた自社の課題

ダニエルさんはこのセミナーをきっかけに、国外のブランディングファームを、自社のブランディングプロジェクトにアサインする決断をした。そしてこのファームのコンサルタントが来台した機会に、はじめての打合せを持つことになった。

ダニエルさんは、いずれは自社を継ぐ立場にある長男のデニス・リーさん（李弼凱、当時は別会社の経営者だった）を伴って、このファームとの打合せに臨んだ。

そこでダニエルさんは、自分が抱えている悩みや将来構想などについて打ち明け、このファームから有益なアドバイスを得た。

1、「貿易会社」「OEM／ODM会社」「独自ブランドで展開するメーカー」、と20数年のうちにポジションを次々と変えつつ進化してきたこともあり、現在の自社の立ち位置やコンセプトが不鮮明になってきているのではないか。きっと社員も不安を感じているだろう。「社員巻き込み型」で「自分が何者なのか」を見詰め直してみてはどうか。

2、その立ち位置やコンセプトを再構築する際に、グローバルレベルで通用する自社の強みは何かを、「製品」「事業」「価格」「価値」「顧客」などの視点から洗い直して、整理するべきではないか。同時に弱みも十分に把握しておくべきだろう。

3、「エイペックス（APEX）」は英語では「頂点」という一般語であるため、世界中で想像以上に多くの企業が同じ名前を使っている可能性がある（この打合せの場で、ダニエルさんからは、既に同業者にも同名の企業があると説明した）。つまりグローバル展開する際に、各国で商標を獲得できないことが予想されるため、思い切って社名またはコーポレートブランド名の変更も視野に入れるべきだろう。価値の蓄積先としての「器」（名称）を整えておかないと、ブランド力は永遠に高まらないからだ。

こうしたやり取りをしていくうちに、ブランディングファームからこんな質問が投げかけられた。

「一体、エイペックスのお客様は誰ですか?」

ダニエルさんは、そのときどう答えたのか、はっきり覚えていた。

「まずは医師ですね。開業医もあるし病院に勤めている医師もお客様です。そして病院。購入計画を立てて我々に発注する調達担当者もお客様になります」

睡眠時無呼吸症候群という病気がある。そうした病を抱える人たちが使用する小型の医療機器が、「CPAP（シーパップ）」だ。機械で圧力をかけた空気を鼻から気道に送り込み、気道を広げて睡眠中の無呼吸を防止するという装置だが、エイペックスは主力製品としてこの機器を製造していた。

このほかに、自分の力で寝返りが打てなくなった病人の床ずれ（専門的には「褥瘡《じょくそう》」という）を防ぐため、エアーマットに、加圧・減圧することで体を移動させたり、持ち上げたり、全身への除圧を自動化するベッド（同社では「サポートサーフェス・ベッド」と名付けている）も、同社の重要な基幹製品である。

後者は病院がまとめて買い上げてくれるので、病院がお客様であるし、前者は、使用するのは個人だが、医師の選んだものを使う患者が多いので、当社製品を推奨してくれる医師がお客様というわけだ。


それを聞いたブランディングファームのコンサルタントは、即座にこういった。

「それは間違いです。実際に〝ベネフィット〟を受けるのは患者自身です。皆さんにとって一番のお客様は患者さんなのです。その次には、ケアギバー（介護する人。患者の家族がケアギバーであることも多い）。勿論医師も病院もお客様でしょうが、皆さんが最も重視すべきはエンドユーザー、つまり患者さんなのですよ」

このコンサルタントの一言は、ダニエルさんとデニスさんの心に響いた。あぁそうなのだ、エンドユーザーは患者で、一番の顧客は患者なのだ。

ダニエルさんは思わずこう言ったそうだ。

「考えたこともありませんでしたね。ずっと医師や病院を私たちは見続けていましたから」

ＢｔｏＢ企業の人たちには、エンドユーザーではなく、目の前の人たちだけが顧客だと思い込む人が存外多いものだ。

台湾政府が補助するブランディング

日本でも、役所や地方自治体は様々な支援を事業者に与えているが、台湾では企業がブランディングを実施するにあたって、その一部資金を政府が提供するという制度がある。

ブランディングをリサーチ段階から丁寧にやっていこうとすると、相当額の投資が必要となる。そこでダニエルさんは、ＴＥＢＡと関係の深い政府機関、ＩＤＢ（台湾経済部工業発展局）と、ＩＤＢをサポートするＴＩＥＲ（財団法人台湾経済研究院）の援助を受けられないかと考えた。他方ダニエルさんは先のブランディングファームにプロジェクトサポートを依頼したいと思っていたが、そのためにはこのブランディングファームに対しても、ＩＤＢとＴＩＥＲのお墨付きが必要だった。

少し時間は掛かったが、ＩＤＢからプロジェクトへの補助金が下りることが決まり、このブランディングファームも公式に登録されて、いよいよエイペックスのブランディングを始めるお膳立てが揃った。

プロジェクトスケジュールを2年と想定していたが、1回1年という期限付きだったので、プロジェクトを2つに分けて、2年の間に2つのプロジェクトを行うという立て付けになった。

ブランディングのプロセスを辿る――まず3C調査

ブランディングの工程は、以下の通りだった。

―2019年度（2019年1月〜12月）：第一期
・事前調査
・ブランドコンセプトの開発
・ブランドネーミング開発
―2020年度（2020年1月〜12月）：第二期
・ブランドロゴ（VIビジュアルアイデンティティ）等の開発
・ブランドスタイル開発（ブランドの世界観の開発）
・これらの使用方法についての規定
・個別アイテムへのデザイン展開

第一期は、丁寧な調査から始まった。いわゆる3C調査である。

1つめのCはCompanyのC、2つめはCustomer、3つめはCompetitorのCだ。言い換えれば内部調査、外部調査、競合調査ということになる。

内部ではトップや社員へのヒアリングが行われた。

外部については、取引先や代理店へのヒアリングやアンケート調査、医療機器業界で影響力のある医師や専門家などの意見を聞いた。さらに、実際日常でCPAPを使用している患者へのアンケートも行った。販売ネットワークにおいては、今後強化していく市場であるため、日本の代理店の社長にも評価と今後への要望を聞いた。

3つめのCである競合に関しては、製品ごとに競う相手が異なるため、対象を広げた調査が行われた。

結構な時間をリサーチに費やしたが、世界の競合先を俯瞰出来る有益な調査が出来た。発信されているブランドイメージ構成要素やメッセージなども把握出来た。

◇Company—内部の声

内部の声（社員ヒアリング）は、ダニエルさんにとって耳が痛かった。

若手といっても、いずれ会社の経営を担っていくような中堅層（日本でいえば課長クラス、中間管理職）に聞いたためか、厳しい意見が多かったようである。

たとえば、人材育成が足りていない。やたらに忙しいが何を目指して忙しくしているのかが分からない。自社の将来像が分からない。自分たちが何者か分からない、等々。業界に似た名前の会社があって顧客を迷わせている、という意見もあった。

一方社員アンケートも実施したが、こちらの結果は現状に満足している人が多かったという。現状の理知的で現実的、誠実といった気質は残しつつも、今もある社交性や情熱、スピード感はより高めていきたい。そして（経営は）もっと大胆になってほしい、という結果に集約された。

◇Customer──外部の声

外部からは、サービス、とりわけビジネスパートナー向けのサポートが丁寧、誠実で、フレンドリーな企業文化が好感を持たれていた。販売先や使用者からは、安全性への配慮などを高く評価された。医療関係者からは、特定分野における専門性や信頼感が高かった。他方で、スピード感（特に開発か）、革新性などには劣るところがあり、何よりも「ブランド力がない」と決めつける関係者もいたらしい。

◇Competitor──競合の状況

グローバル展開を推し進めたい同社の競合として、世界の有力12社の調査を行った。CPAPの分野では、米国、オランダ、フランス、ニュージーランド、中国の競合ブランドにフォーカスした。米国のR社とオランダのP社は抜きん出た存在で、中国のB社は廉価であることが強み。加えてフランスのS社も存在感を放っていた。ダニエルさんは小型で旅先にも持っていける自社製品は有力で、今後も可能性を追求出来ると自信を持っていたが、この分野の価格競争は厳しかった。

一方の、床ずれ防止用のサポートサーフェス・ベッドの競合は、スウェーデンのA社、C社と英国のH社を点検した。その結果、各社の打ち出しは似たようなもので、自社製品には競争力があるように見えた。

◇Visual AuditあるいはCommunication Audit—視覚・表現監査（自社・競合）

自社と競合の自己表現に関する調査である。どのようなVIやスタイル（ブランドの世界観）で訴求しているのか。どんな理念やメッセージを発信しているのかを、自社と競合社で比較して調べた。

世界の多くの国々で展開し成功を収めている欧米の数社は、素晴らしいブランドの世界観を形成することに成功していた。CPAPでも、エアーマットベッド分野でもそうだった。

ウェブサイト、広告表現、プロダクトデザインの各顧客接点において、特に成功している米国R社やオランダP社などは、ブランドコンセプトを表出させるスタイルを、ロゴの表現、色の使い方、写真の撮影方法まで、完璧に貫いていた。それらは一貫性があるだけでなく、コンセプトに則ってイキイキと輝いていた。メッセージも端的で、分かりやすかった。

エイペックスはというと、十数年以上前に作成した写真撮影の指針が、敢えてソフトフォーカス（ピントをぼかすことで柔らかい印象にする手法）となっており、曖昧で古臭く映った。顧客接点でビジュアル表現を多用していただけに、ブランドの印象もぼやけて見えた。

何より問題だったのは、APEXというロゴが「読めない」ことだった。「A」のカタチが崩されていて、可読性を困難なものにしていたし、デザインのバランスも不安定だった。

エイペックスのコーポレートカラーであるやや薄めの赤色は、誠実でフレンドリーだと外部から評価されている企業文化に似合っていなかったし、技術力を訴求しづらい色調だった。

そもそも致命的だったのは、そのブランド名だ。当初からダニエルさんも問題視していたことだが、調べてみると、ＡＰＥＸという一般的な英語名称の登録は、世界で１４０以上あることが分かった。ブランド構築に欠かせない名称での識別性が無いという状態は、今回のブランディングで解消する必要があった。即ち、少なくともコーポレートブランド名の変更、または抜本的な社名、グループ名の変更をするべき、ということだった。

（コーポレートブランド＝社名と異なるが社名に等しいブランドネーム。松下電器産業が社名だったころのＰａｎａｓｏｎｉｃはコーポレートブランドだった）

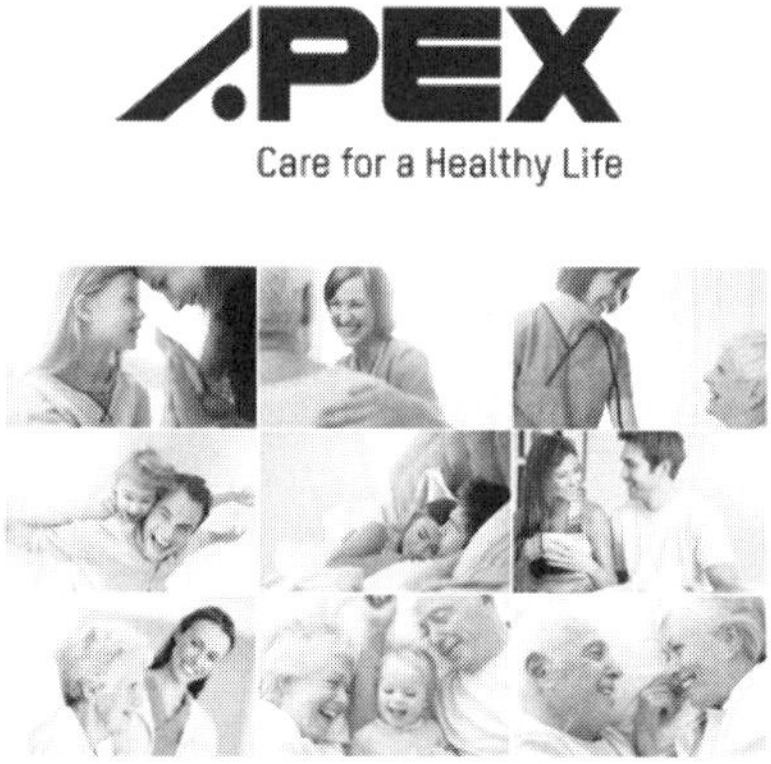

エイペックスロゴと使用されていた写真

全体を見渡した統合分析の結果

専門商社→ＯＥＭメーカー→ＯＤＭメーカー→エイペックスという段階を20数年で駆け抜けてきたのだが、恐らくそれぞれの時代に参画してきた人たちの間でも意識が異なっているだろうし、世界展開を仕掛けていく前に、社内・グループ内で共通の課題認識や新たな方向性を共有するなど、やっておくべきことが沢山あるという状況が見えてきた。

　統合分析報告書の結びには、次のように書かれていたという。

①戦略の明確化、企業理念（パーパスや顧客定義、以下の諸点を含む）の確立
・主力製品・サービス領域の定義を含む、今後における自社の強み
・エンドユーザーへの提供価値
②デジタル化対応の推進
・エンドユーザーの見守りやケアギバーの負担軽減、データ収集
③技術力とブランド力による価格競争からの脱却
・アップスケール・アフォーダブルとでも呼ぶべき、新しいポジションの構築
そして報告書には、いくつかの重要な着眼点も提示されていた。

◇人間中心の視点
内部調査の結果、エイペックスという組織は、内部人材を「大切にする」「人を重視した経営をしている」という評価があった。レポートはこの「人を大事にする」という視点を外（患者）へも向けて、新たな提供価値へと展開すべき、として次ページのような図式を提示してきた。
こうした意見を受けて、統合分析報告書は、より「高い志」を、これからのエイペックスは持たねばならないのではないか、と提言していた。

セッション、そしてパーパスコンセプトへ
第一期では、こうした事前調査やそれらの結果をまとめ、分析した統合分析報告を受けたのち、次世代を担う中堅社員によるブランドセッションが行われた。社内ヒアリングに参加した人もセッ

人間中心の視点

＜エイペックス・メディカルが持っているDNA＝人を重視＞
これを発想の起点として、「相手のことを考える」という外向きのスタンスに置き換える
↓↓
＜エンドユーザー（患者)の行動パターンをよく観察し、声を聴く＞
＜エンドユーザーの快適さのレベルに注意を払う＞
＋
＜エンドユーザーのニーズを商品化するテクノロジーへと発展させる＞
↓↓
＜人間中心の製品＞
＜誠実なアフターサービスとフロントエンドサービスの実現＞
・すべてのステークホルダーとの関係を構築し、もっとも考え抜かれたソリューションを提供する
・最先端というより、最も身近なテクノロジーでユーザーらの負担軽減だけでなく、生活品質を向上させること

ションメンバーに選ばれていた。参加者は20名に及んだ。

前出のTIERの幹部も、支援しているプロジェクトの進捗を見極めるべく、セッションの見学にも来てくれた。

セッションに先立って、事前調査の結果報告を共有し、それを受けたセッションでは、参加する社員の間で熱心な議論が行われた。

自分たちの会社の方向性は、ダニエルさんや役員が決めてくれる、と思っていた。だから、「自社の将来像が分からない」「人材育成が出来ていない」「いつも多忙を極めているけれど、何を目指して忙しくしているのかが分からない」「自分たちが何者か分からない」といったある種の不安や不満がヒアリングでは出ていたのだ。

ところが今度は、自らが全社員の代表としてこうしたセッションに臨んでいる。かつてない経験であるし、自社の会社の方向性を決

パーパスブランドコンセプトを検討する社員セッション　2チームに分かれて

めることに直接関わるというのはプレッシャーもあるが、望外の喜びだったという（台湾の人たちは、こうしたセッションに参加するのが不得意ではないようだ）。

セッションでは、存在意義（パーパス）、品牌願景（ブランドビジョン）、品牌價值（ブランド提供価値）、品牌個性（行動指針基盤も兼ねたパーソナリティ）について纏めていった。

セッションの結果はブランディングファーム側でまとめられ、ダニエルさんを含む上層部に報告された。そのうえで、上層部とブランディングプロジェクトチーム（事務局を兼ねる経営企画部門）、ブランディングファームとで、最終形へと詰められていった。

以下が決定したパーパスブランドコンセプトである。

◇存在意義：〃尊重生命價值，讓人們擁有健康自在的生活。〃

◇品牌願景：〃成為醫療產業中，專注創新且值得信賴的領導品牌。〃

◇提供價值：〃以顧客為優先，提供溫暖友善、可靠有效的使用者體驗。〃
—功能價值：
・療效：以病患為中心，用心承諾來提升使用者的健康及生活品質。
・獨創：致力於觀察和傾聽使用者的需求，提供獨創的使用者體驗。
・友善：以人性化設計思維，令使用者在生理及心理層面獲得滿足。
—情感價值：
・安心：透過熱忱的服務，讓使用者能全心信賴。
・體貼：主動發現需求，並竭盡所能服務使用者。
・滿足：支持使用者的日常生活，提升身心健康。
◇品牌個性：
・誠信正直（Honest）：遵守專業道德、並勇於承擔責任。
・熱情敏捷（Enthusiastic）：自我超越、追求改變與行動實踐。
・思想開放（Open-minded）：保持好奇心且持續拓展思維疆域。
・有同理心（Empathetic）：將心比心、以體察使用者的感受。
◇戰略客戶
・重視療效、舒適、易用性與設計的使用者及家屬。
・重視品質與服務的醫療機構及代理商。

これは公式な中文繁体字で決められたものだが、グローバル各拠点へ広げて行くことが欠かせないため、公式英語版も開発されている。

英語版と中文繁体字版では多少表現の違いはあるものの、伝えるべき意味やニュアンスは、限りなく合わせる努力がなされている。ちなみに英語版のパーパスは、次の通りである。

"Respect every individual, and make a contribution to ahealthy and carefree life."

また、同社の志を表した長期的なブランドビジョンはこうだ。

"Be a trustworthy and innovation-driven leading brand in the medical industry."

なお、以下は日本語訳である。ビジョンは同社の日本語サイトに掲載されているものを紹介しているが、それ以外は筆者側で翻訳しており、公式のものでないことをお断りしておく。

◇存在意義：「一人ひとりの生命の価値を尊重し、健やかで自由快適な生活に貢献する」
◇ブランドビジョン：「医療業界において、イノベーションをリードする信頼のブランドとなる」
◇提供価値：「顧客を最優先に考え、温かくフレンドリーで、信頼できる効果的なユーザー体験を提供する」
—機能的価値：
・効果：患者を中心に据え、ユーザーの健康と生活の質を向上させる。

・独創性：ユーザーのニーズを観察し、耳を傾け、独自のユーザー体験を提供する。
・フレンドリー：人中心のデザイン思考により、ユーザーが身体的にも心理的にも満足できるようにする。

—情緒的価値：
・安心感：熱意あるサービスを通じて、ユーザーが心の底から信頼できるようにする。
・思いやり：ユーザーのニーズを積極的に発見し、最善のサービスを提供する。
・満足感：ユーザーの日常生活をサポートし、心身の健康を高める。

◇ブランドの個性：
・誠実さと正直さ（Honest）：プロフェッショナルとしての倫理感と、責任を果たす勇気を持つ。
・熱意と敏速さ（Enthusiastic）：自己を超え、変革と実践を追求する。
・思想の柔軟性（Open-minded）：好奇心を保ち、常に思考の領域を広げ続ける。
・共感力（Empathetic）：他者の立場に立ち、ユーザーの感情を理解する。

◇戦略的顧客：
・効果、快適さ、使いやすさ、デザインを重視するユーザーやその家族。
・品質とサービスを重視する医療機関および代理店。

コーポレートブランドネーミングとスローガン

パーパスブランドコンセプトが完成すると、今度は懸案のコーポレートブランドネーミングだ。

ダニエルさんは、このブランディングの機会に、世界でひとつのブランドとなるためブランド名の変更を決意した。

「エイペックス・メディカルには愛着があるが、まったく新しい、そして世界に通用する名称に変更したい」

当面本社の中文社名は変更せず、従来からの「雃博股份有限公司」を残し、コーポレートブランドとして新ブランドを導入するという決定を下したが、海外の現地法人名などは社名を順次、新名称に変更していく前提とした。

このプロジェクトで特徴的なのは、全社員にコーポレートブランド案の公募を掛けたことだ。コーポレートブランド公募の次は、スローガンも公募する。全社員の巻き込みを図るべし、とコンサルタントに言われたことをダニエルさんは貫いた。

全社員（グループも含め）に、社内アンケート結果なども開示しながら、新しいブランドコンセプトの内容が配布された。

第1回のネーミング開発が行われた。社内公募では、300案ほどの応募があった。

この応募者の内訳は本社が7割を占めたが、3割は事業子会社。スペイン、フランス、ドイツ、米国、中国、タイなどからの提案もあった。ダニエルさんを含む経営者とブランディングプロジェクトチームで組成した選考委員会を設置し、一定の条件の下絞り込みが行われた。主要な展開市場で商標権が獲得出来ない案は、即選外となる。ブランディングプロジェクトチームがこのスクリーニングに追われる一方、直感的印象、ブランドパーパスコンセプトとの整合性、ネーミング由来などの観点から急ピッチで選考作業が行われた。

この結果、選考委員会が下した決定は、残念ながら「該当案無し」であった。

すぐに第2回のネーミング開発が行われた。2回目については、社内公募ではなく、1回目の社内公募で妙案を出しながら、商標調査で落とされた案の案出者などからなる社内選抜メンバーと、ブランディングプロジェクトチーム、ブランディングファームの3者で案出することになった。商標スクリーニングを同時並行で行う急ピッチの作業だった。なお、このネーミングプロセスは、年度内に終わらせるようIDB/TIERにも期限を切られていた。

出来上がった案の数は72案。その中からダニエルさんを含む経営者とブランディングプロジェクトチームで3案に絞り込み、最終の国際商標取得可能性調査を特許事務所に依頼。以下の案に決定した。

「ウェルエル（Welell）」である。


これはエイペックスと違い、完全な造語であった。とはいえその綴りにも表れているように、「Well-being」(健康で安心なこと・満足できる生活状態・福祉・幸福）と「Wellspring」(源泉)を掛け合わせたものだ。響きの滑らかさや優しさからも、提供価値に掲げた「安心」や「思いやり」を伝える着想だった。

発音をウェルエルにするのか、ウェレルと短くするのかで多少議論があったが、Well＋Wellで構成されている名称ゆえに、明瞭に「ウェル・エル」と発音することにした。

そして即座に、決定したネーミングとのバランスも見ながら、エイペックス社内でブランドスローガンを開発。最終的に「Be Well, Live Well」となった。同社の日本語版ウェブサイトでは、これを「健やかに、よく生きる」と邦訳している。「Be Well, Live Well ― Wellell」とは、素晴らしいブランドネームとスローガンの組合せではないか。

これで第一期が終了し、ＩＤＢ／ＴＩＥＲへの報告会を経て、いよいよ二期目に入ることとなった。

コロナ下で続けられたブランディング作業

第二期での実施内容は、冒頭で紹介したとおり以下のとおりであった。

・ブランドロゴ（ＶＩ＝ビジュアルアイデンティティ）等の開発
・ブランドスタイル開発（ブランドの世界観の開発）
・これらの使用方法についての規定
・個別アイテムへのデザイン展開

実施期間は２０２０年1月から12月である。この作業からはブランディングファーム側が中心となったが、ダニエルさんもデニスさんも、ブランディングプロジェクトチームのメンバーも、この作業を心待ちにしていたという。従って、ネーミング作業同様のキャッチボールをブランディングファームとやり取りしながら進める予定だった。

しかし、２０１９年12月、新型コロナ感染症の最初の患者が報告され、２０２０年3月には、世界保健機関（ＷＨＯ）が新型コロナウイルス感染症を「パンデミック」であると表明するに至った。台湾のコロナ対応は極めて速かった。たとえば日本でも4月に緊急事態宣言（1回目）が発出され、海外との往来が不可能となったのだが、このエイペックスのプロジェクトは一体どうなったのか。

「当然、一時中断もあり得ると考えたのですが、基本的に当年度の予算措置を受けているため、オンラインでつないででも作業を止めるわけにはいきませんでした」

そうダニエルさんは振り返る。

ブランディングファームが、コロナ禍前に台湾を訪問したのは2月末だった。既にこの頃、台湾では大型のショッピングモールなどが閉鎖されたり、営業規模を縮小したり、飲食店が入口で来店者の検温と手のアルコール消毒を始めるなど、特別な対応を始めていたが、このぎりぎりのタイミングで、今後のやり取りの方法などを、ダニエルさん、デニスさん、それにブランディングプロジェクトチームとブランディングファーム側で、ある程度詰めることが出来ていたのは幸いというべきだろう。

台湾もコロナ対策はしっかりやっていたが、あらゆる活動は停滞した。二期目のプロジェクトスタートに必要なIDB／TIERへの説明会は4月半ばまでずれ込み、正式にブランディングファームから最初のロゴ提案を受けたのは、6月初旬になった。

最初の提案の様子を、ダニエルさんは鮮明に覚えている。

「ブランディングチームがブランディングファームのメンバーと事前リハーサルをやってくれ、提案本番のときにはブランディングファームのオフィスと私のオフィスをつないで、テレビの生中継のようなプレゼンを受けました。東京のオフィスには全15案の提案がホワイトボードにずらりと並べられており、その前でデザイナーが一つひとつ説明してくれたのですが、台北のオフィスでも、事前にデータで送ってもらったロゴを、先方と同じ位置に同じ順番で貼り出して、両方の部屋がひとつの空間のようにつながっていました」

第1回提案では、15あるロゴ案を6案に絞り、2回目の提案に向けて、ダニエルさんの指示で修正が加えられ、第2回で1案を選定した。綴りがはっきり読めるワードマーク（可読性のあるロゴ）だったので、決定時には図形商標登録調査をする必要はなかった（勿論ロゴ決定後速やかに、商標登録は済まされている）。

これ以降ロゴのカラーの修正などのやり取りが行われ、新鮮で調和がとれ、上品さもある色、ターコイズブルーのような「ウェルエルブルー」の色も決まった。

この色は、後に紹介するとおり、ブランド体験のあらゆる場面で展開されていくことになり、ロゴ同様の存在感を放つ要素となった。

この後は、ブランディングファーム側でロゴ精緻化（形の磨き上げ）が行われ、最終形が決定したのは8月だった。

ここからはオンラインでの打合せにも慣れてきたのか、凄まじい速度で開発が進められた。

- ブランドスタイルを決定付けるフォトの選定（ブランディングファームから提示された大量の写真の中から、スタイルのベースとなるキービジュアルフォトが絞り込まれていった）
- ブランドスタイル決定

Be well, Live well

Wellell

新しいウェルエルロゴとスローガン

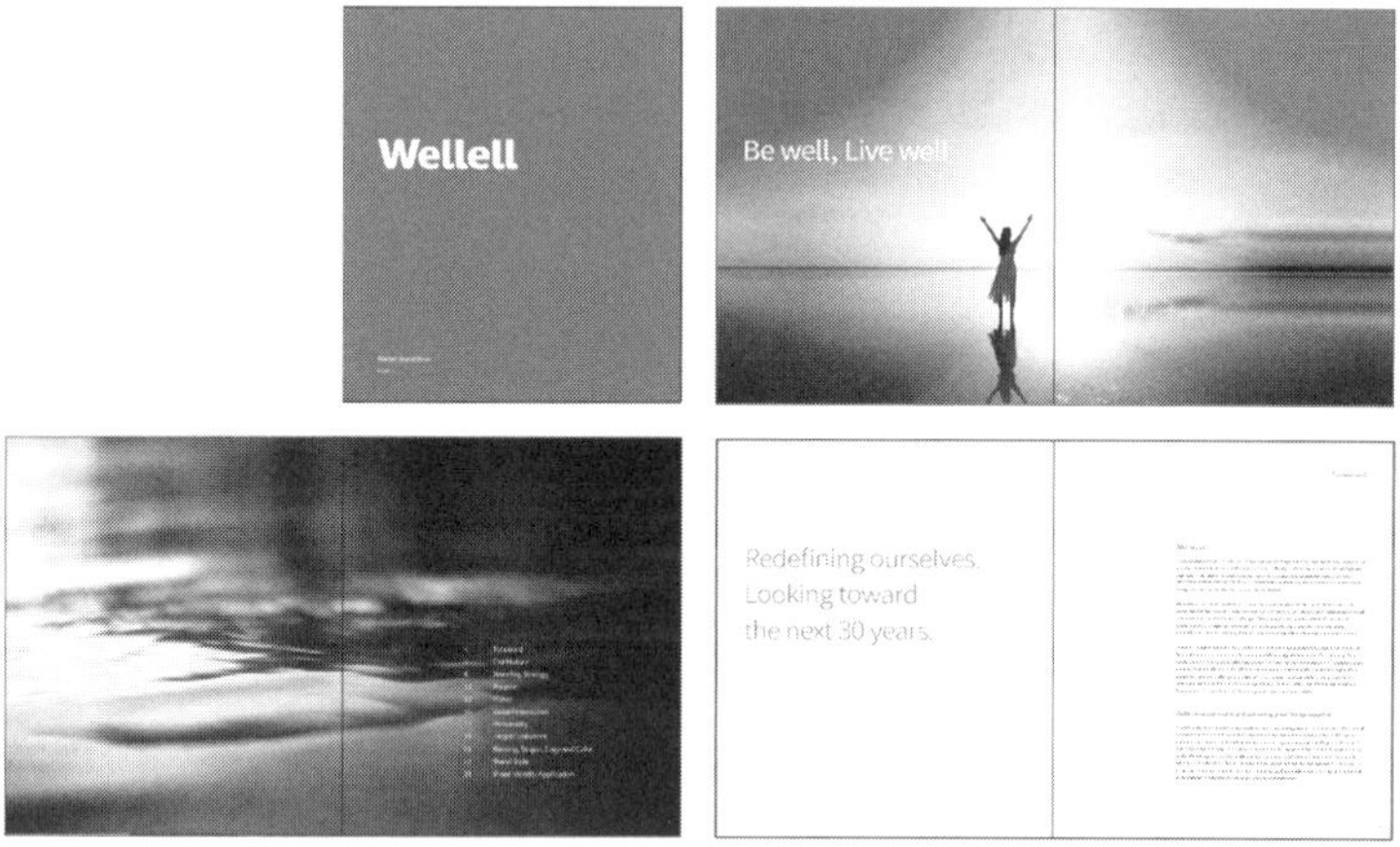

ウェルエルのブランドの世界観＝ブランドスタイル（上）と大型のブランドブック（下）

ブランドの世界観構成要素と展開

【ウェルエルロゴ】
＋
【ウェルエルブルー】
（メインとなるコーポレートカラー、今回はロゴ色がそれにあたる）
＋
【ブランドスローガンのロゴ化と、ロゴとスローガンの組合せ】
＋
【ブランドスタイル規定】
・コーポレートカラー以外の使用色カラーパレットの規定
・撮影またはフォトライブラリ利用時の写真やビジュアルの選考基準策定
・基本レイアウト規定　・使用書体規定　等々
（このほかにワーディング規定も必要だが、今回は実施しなかった）
↓↓
【ブランドデザインガイドライン（VIとスタイルのガイドライン）制定】
↓↓
【各種顧客接点（ブランドタッチポイント）へのアイテム展開（アプリケーション）】
・名刺、封筒、セキュリティカードホルダー、車両などのビジネスアイテム
・ブランドブックデザイン　・ウェブサイト
・広告フォーマット　・製品デザインへの落し込み
・製品配送用段ボール箱　・各種ノベルティ開発

・ブランドスタイルに則った「ブランドブック」の制作
・このスタイルに準じたウェブサイトなどのアプリケーションデザイン開発

どの接点で出会っても、ターゲットにウェルエルと分かってもらえるような一貫性をもつことが何より大事だ。そのためには、ロゴは最も重要ではあるけれど、以下に示す立て付けが揃わないとブランドの世界観は完成しない。

ブランドワールドの構成要素である。

ウェルエルの場合、「ワンボイス・ワンブランド戦略」と呼ばれる、ひとつの世界観で統一する構成とした。事業領域の幅

が医療機器ドメインにほぼ限定されているため、よりスムーズな新ブランドの浸透に効果的と思われたからだ。

表紙がウェルエルブルーに彩られた、縦27センチ×横24センチの、まるでレコードジャケットのような大判のブランドブックが、エイペックスの全社員に配布された。

このブランドブックの中では、ブランドの世界観を表す写真が数多く掲載された。

①パーパスブランディングコンセプト（企業理念体系）への理解促進とともに、

②ブランドスタイル（デザインやトーン&マナー）遵守の重要性が説かれた。

前者は、パーパスがあらゆる企業活動の根本的な指針となること、ウェルエルの一人ひとりがこの意識をもってエンドユーザーやケアギバー、クライアントや社会と向き合っていく必要性を力説した。後者については、ブランド／ブランディングとは何かを紐解き、その効果効用や、ブランドスタイルの一貫性が失われてはならないことが強調された。いわばウェルエル版パーパスブランディングのバイブルである。

各種イベントを振り返る

ウェルエルの社内への1回目のお披露目は、２０２１年10月28日に行われた。まずは対外発表する前に社内で共有するのがブランディングの鉄則。従業員ファーストである。まずは台湾の社員向けに、リブランディングの背景を説明し、ウェルエルブランドのパーパスブランディングコンセプトの発表を行い、従業員とのディスカッションが行われた。これに続く2回目の発表会は、グローバルの全従業員に向けて行われた。そしてここでも、どのようにウェルエルブランドを市場に届け

社外向け発表会。ブランドローンチ直後の2022年1月13日に本社で実施

ブランドスタイルに合わせてリノベーションされたオフィス

本社エントランスのレセプションカウンターやロビー

られるか、さらにブランドのパーパスを達成するために、一人ひとりがどのように努力していくべきなのかが強調された。

対外発表は、ブランドローンチ直後の2022年1月14日に実施された。本社に政府関係者も招待し、ロゴの除幕式や記念映像のお披露目などがあり、対外的により一層の進化を遂げることを宣言する場となった。

2023年8月11日、ダニエルさんが副会長を務めるTEBA（台湾精品品牌協会）の会合が、ウェルエルの本社で行われた。この日、2016年3月以来関わり続けた国外のブランディングファームのキーメンバーも久々に本社に招かれ、TEBA会員のために「ウェルエル誕生までのブランディングストーリーを語る」講演を行った。コロナ禍以前とは見違えるほどに、ウェルエルブランド体験の場として生まれ変わった本社の姿をみて、来訪者は皆歓喜の声を上げたそうだ。TEBAのメンバーも、講演後にショールームやオフィスを巡る本社内ツアーに参加して、改めてウェルエルの実力を感じ取ることが出来たようだ。

パーパスブランディング後のビジネス変化

経営戦略とブランド戦略は常に紐づいており、当然ウェルエルもその例外ではない。ブランディングが同社の経営にどのような影響を与えていったかを眺めてみよう。

まずビジネスの流れが変わった。何が強みか、何が差異化要素で、どのようにそれを訴求していくのか。調査段階でも指摘されていた「強みが見えない」「何者なのか」などの問いに、現在はパーパスを掲げて一つひとつ答えを出し始めている。

MEDICA2022国際医療機器展（デュッセルドルフ）

対外ローンチ後は、たとえばビジネスパートナー（代理店）との交流やコラボレーションを強化することに努めていった。ＥＷＭＡ（The European Wound Management Association、欧州創傷管理協会）が２０２３年５月、イタリア・ミラノで開催したイベントでは、イタリアのビジネスパートナーと協力して、「ＩｏＴソリューションの利点について」というテーマでウェルエルが登壇しスピーチを行った。

英国のパートナーからは、「ウェルエルとは単なる買い手と売り手の関係ではなく、常に協力して顧客へのサービスとサポートを行う信頼関係を構築している」との評価を受けている。この流れで、東南アジアにおいても、新たなパートナーとの提携を進めている。

ＥＷＭＡは、創傷ケアに関心を持つ各国の創傷管理団体、個人、グループを結びつける、欧州の非営利統括組織だ。この団体に加盟していることでも分かるとおり、現在ウェルエルでは、ＣＰＡＰを主力とする傍ら、床ずれ防止用の加減圧エアーマットベッド「サポートサーフェス」に一層力を入れるようになっている。高度なテクノロジーとノウハウに加え、ＩｏＴ活用で、耐圧分散の自動化を図るなど、競争力を高めているのだ。

このエアーマットベッドの技術を活かして、同社では「ＶＴＥ治療」への進出を果たしている。ＶＴＥとは静脈血栓塞栓症のことで、深部静脈に血栓が生じたり（ＤＶＴ）、肺に塞栓が起こる（ＰＥ）症状である。入院患者の合併症として1000人に1人が発症し、VTEに関連する年間死亡者数は、米国で29万6000人、欧州で37万人と推定されている（同社のウェブサイトより）。

同社は自動加圧する圧迫療法で、リスク低減を図りながら、患者の快適性、合併症予防、転帰を追求しているのだ。

つまり、「何が強みなのか分からない」という問いかけが、ブランディングの事前調査で提示されていたが、パーパスに則った姿勢で技術の革新やデジタル化を推し進め、優位性を発揮出来る領域をさらに広げているというわけだ。

デニス・リー（李 弼凱）さん。最後の取材時にはウェルエルの副社長兼CSO兼CBO

パーパスブランディングがもたらしたもの

本格的なパーパスブランディングの導入は、ウェルエルが台湾でのファーストケースとなった。

2024年夏、筆者らは、ダニエルさんとともに最初からブランド構築に携わってきたデニス・リーさん（前出）に、東京でインタビューを行うことが出来た。彼は自分の会社を立ち上げていたが、間もなくしてウェルエルに正式に参画、現在は副社長兼CSO（チーフストラテジックオフィサー／最高戦略責任者）兼CBO（チーフブランディングオフィサー／最高ブランド担当責任者）となって、同社の成長をけん引する役割を担っている。

デニスさんは実質的なこのブランディングプロジェクトの推進者であり、今もCBOとしてブランディングの全責任を負っている。いや、ウェルエルの経営を既に全体的に統括する立場にもある。シンプルに、このパーパスを主軸とするブランディングの制定は、社内にどんな影響を及ぼしたのか、問い掛けてみた。

「一言でいえば、ウェルエルのメンバー全員に明確なビジョンと価値をもたらしたということです。パーパスを定義したこのブランディングは、当社グループにとって、かつてなく明快に一元化され、社員に共有される理念となりました。このことで皆がひとつの『目標』を追求出来るようになったのです。これは、事業子会社はもちろん、各地域の代理店など一緒にビジネスに取り組むパートナーも含めてのことです。国際的に展開する企業グループが、全世界で同じブランドパーパスを持って、同じゴールに向けて取り組むこと。このことが何よりも重要です」

パーパス制定以前からも、定期的に世界の各国、各地域の責任者が本社に集い、意見交換したり情勢分析したりする機会があったと聞く。

もちろん各国、各地域での市場の事情や状況は異なるのが当然だが、このパーパス制定で、揺るぎない超長期的な目標を掲げることが出来た。これからは混迷の時代の中でも、本社や現地法人の責任者たちは困難を乗り切ってリーダーシップを振るっていけることだろう。

ブランドスタイルの確立が展開を推進する原動力

ウェルエルという名前の社名浸透はどうか尋ねると、デニスさんはこう答えた。

「台湾では2021年にコーポレートブランドとして導入して以来、社員の皆さんにはとても親しまれていると思います」

同社がユニークなのは、様々なロゴやコーポレートカラーを展開したアイテム、例えばショッピングバッグや水筒、折りたたみ傘など様々なアイテムを社員向けに販売していることだ。これらが今も良く売れるのだそうだ。ブランドネームやロゴ、カラーなどのデザインまで含めて、社員が愛してくれている証拠といえるだろう。

一方ボールペンやクリアファイル、Tシャツ、マスク（！）は無料で配布されているし、展示会の来場者に配られているお洒落なカード型USBには会社案内が入っている。

こうしたロゴ入りアイテムの豊富さは、同社のブランディングの際立った特徴といえるだろう。

そして本社の社屋内のあらゆる場所に、ロゴやコーポレートカラーが展開されているのも圧巻だ。基調色のウェルエルブルーをうまく什器のデザインなどに調和させていて、おしゃれな見せ方をしているのだ。エントランスのレセプションカウンターやロビーなどは素晴らしい出来栄えだが、パブリックスペースに留まらず執務エリアまでブランドデザインでコーディネートされているケースは珍しい。

前述のTEBA会員向けの発表会のときのように、オフィス内まで社外の人が入ることを想定しているようだ。まさに前述のとおり、本社がショールーム化しているのだ。

「ブランドのVIやスタイルは、社内外のあらゆるブランドコミュニケーションで、さまざまなレベルに使用され、さらに発展していっています」とデニスさん。

ウェブサイトも当然全世界統一のフォーマットとビジュアルで、ブランドの世界観を展開している。

「２０２３年からは、海外の事業会社名をすべてウェルエルに統一しました」

実際、Wellell America Corp. / Wellell Germany GmbH. / Wellell France S.A.S. / Wellell UK Limited / Wellell (Thailand) Ltd. と、海外法人名が揃えられた。

統一される以前は、M&Aで仲間に入った一部の会社の社名はもとのままにしておいたのだが、重要な海外におけるブランド接点としては、何としても名称の統一が必要だったのだ。これはパーパスを軸とした従業員意識の統一や一体感の醸成にもつながるはずだ。

このようにブランドの世界観を「ブランドスタイル」で一貫したものに変えていったウェルエルだが、ＣＢＯを兼務するデニスさんは、プロジェクトが始まった当初、父の会社とは距離をとって、自分の会社を経営していた。その会社は、プロダクトデザイン（インダストリアルデザイン）を専門としていた。センスや経験だけでなく、しっかりとした研究や事前リサーチを行い、人間工学の視点を込めた試作品を自社で作り込んでテストするなど、ある種科学的ともいえるアプローチでプロダクトをデザインする会社だった。この会社は現在閉じて、ウェルエル内に人材共々吸収したかたちとなっているが、出自がデザイン畑だけに、ブランドデザインへの造詣が深いのが強みだ。ぶれずにウェルエルスタイルが貫けているのも、彼のキャリアがもたらすプロデュース力と管理力の賜物といえるだろう。

「まだまだ世界的に知られるブランドになるには、努力が要る」そういうデニスさんだが、2024年には日本にも、パートナーと一緒にウェルエル・ジャパンを立ち上げた。

自由に使える自社オリジナルブランドを獲得し、且つブランドの世界観（ブランドスタイル）も確立した同社は、いよいよ世界展開へドライブを利かせていくことだろう。日本でもさまざまな場所で、ウェルエルロゴとウェルエルブルーを見かけるようになるかもしれない。

心に響く対外コミュニケーション

「もちろんコーポレートブランド名や社名を変更したわけですから、ウェルエルは医療業界ではエイペックスほどの知名度はまだありません。ですから、過去の（エイペックス時代の）実績と、将来の（ウェルエルとしての）目標の関係を築くことが対外発信の鍵となります」

エイペックスがウェルエルに変わった、ということをもっと知ってもらうこと。多分これは前述のとおり、ブランド接点が強化されつつあることで、比較的早い段階で解決出来るのではないかと思われる。

一方で、「パートナーはもちろん、エンドユーザーにとっても、私たちが何者で、どのような変化を世の中にもたらしたいのかを明確に理解してもらう必要がある、ということです」とデニスさんが言うとおり、ウェルエルのパーパスを広く世の人たちにも知ってもらうことが一番大切なことだ。

彼らは現在、多くの映像でのコミュニケーションを行っている。それはマスメディア向けに新ブランドの連呼をするという手法ではなく、人々のヒューマニティという琴線を刺激するようなショートムービーだ。

一例を挙げよう。

突然の不慮の事故で、寝たきりの生活になってしまった夫を介護する妻の物語だ。夫は病院での一定の治療が終わると、自宅に戻ることを強く望んだ。ただ体の自由が利かない夫は、ひとりで寝返りを打つことが出来ない。病院では看護師が2人掛かりで夫の体の向きを変えてくれるなど、床ずれが出来ないように動かしてくれていたが、これは大変な力仕事である。自宅で介護するのは妻一人なので、それが出来ない。

そこで彼女はウェルエルの介護ベッド「サポートサーフェス」の存在を知る。

この製品を家に導入すると、ベッドはエアーの力で夫の体を支え、体の向きを自由に変えてくれるので、妻一人で夫を動かすことが出来るようになった。本当に助かっている。

実はこのサポートサーフェスは病院専売品であり高額でもあったため、彼女から問合せを受けたウェルエルは、体験してもらうために無償で貸し出したのである。とても使い勝手がよく、介護の負担も軽減したため、彼女は喜んでショートムービーに出演してくれたというわけだ。ところどころに、夫が元気だったころの夫婦の映像がカットインされ、このショートムービーを情緒豊かなヒューマンドラマの高みに押し上げている。

この特殊なベッドは、今や同社の中心的な製品として成長している。世界に同様の製品を作れるメーカーが少ないことも手伝って、売上は好調だという。もともと病院向けに開発されたが、「本当の顧客（このケースではケアギバー）」にも提供されることになり、直接介護にあたる夫人の声が、同じ悩みを持つ人たちにも届けられたのが良かった。

こうしたユーザーズボイスを採り上げたムービーを、ウェルエルでは力を入れて作るようになった。

デニスさんは、「対外発信はかなり順調に進んでいます」と今後のブランドコミュニケーションに自信を見せた。

ちなみに、患者や介護者との「感情的なつながり」を確立していく「We'll Careキャンペーン」を展開し、ユーザーストーリーの継続的な収集と発信を行っているし、展示会でのプレゼンテーションも、ウェルエルのソリューションが患者の回復体験と介護者の負担をどう改善できるのか、ブースへの訪問者が実際の臨床シナリオを知ることで追体験出来るようにしているとのことだ。

10年後のウェルエルはどうなっているのか

デニスさんは、すでに10年後を見据えたチャレンジを始めている。

「ウェルエルは今まさに、ビジネスモデルの変革の真っただ中にいます。医療機器だけにとどまらず、デジタルヘルスサービスに技術開発の幅を広げて、パートナーやエンドユーザー向けのトータルソリューションを強化しています」

今や彼らのキーワードは、「Digital Well-Being」である。

新旧ブランド比較　エイペックスからウェルエルへロゴとスタイルの変化

「私たちは、今や、身体が不自由な患者さんの回復過程における『トータルソリューションプロバイダー』を目指しているのです」

　彼らのパーパスは、中文繁体字では「尊重生命價値，譲人們擁有健康自在的生活」である。生命の価値を尊重し、健康で自由快適な生活を送れるようにする、という意味であり、単に健康にします、とは言っていない。ここが肝心なところで、今10年後を見詰めてデニスさんたちがやっていることとは、「不自由な状態」を出来る限り「自由にしていく」という、強い意志を込めた研究開発なのだ。

　彼は最後に、こう付け加えた。

「ビジネス競争に注力する前に、会社のパーパスを定義することが、どんな企業にとっても重要です。まずは会社の存在意義を定義しないと、先へ進めません」

おわりに

大切なのはトップのリーダーシップ

２０２５年１月某日、著者はあるパーパスブランディングを導入したグループ企業本社の大会議室にいた。

この日行ったのは、パーパスブランディング導入後初の幹部研修会である。グラムコがサポートした事案のフォローアップセッションだ。

３時間弱のこの場では、グループの未来像を描いた長期経営構想にあたるＶｉｓｉｏｎ２０３０に掲げた社会への約束を、どのように具現化するかについてのチームディスカッションが繰り広げられた。最後には参加者全員がそれぞれの立場から、同社のグループパーパスを実現するためにどんな力を発揮するべきか、という問いに答える一言スピーチが披露された。

地域の人々の暮らしに多大な貢献をしてきた同社の基幹事業だが、これまでと同じ方法で続けていくと、持続可能性に影響を及ぼしてしまう。これからも基幹事業は核としながら、事業転換や新規事業領域開発を進め、それらを通してもこれまでのような地域への貢献が続けられるよう探っているのだ。

会の終わりに社長は、「2030年までに次の世代の社員たちに何を残すか、幹部社員にはよく考えてもらいたい」とスピーチした。「未来を創造したり予見したりして、次の世代のためにその基盤づくりをやっていきましょう！」と幹部社員を鼓舞したのだ。

さっそうとした演説だった。


さらに別の日には、とあるBtoB企業の社内向けパーパスブランディング発表会に参加した。私も一コマ頂戴して、パーパスとブランディングの意義について説明をさせていただいた。事前に申し込みを行ったリアルでの参加者に加えて、オンラインでも多数の参加があり、このプロジェクトへの社員の関心の高さが窺えた。

冒頭同社の社長は、パーパスと、それに同期させてデザインしたグループロゴやブランドスタイルとの関係や決定経緯などを、分かりやすい言葉で明快に説明していた。新ロゴも社長が自らお披露目するなど、ブランド価値向上に向けたトップとしての熱い思いを伝える素敵なプレゼンテーションスピーチだった。リアルで参加してくれた社員も、目を輝かせて聞き入っていた。

2025年の初めから、こうしたパーパスブランディング関連のイベントに参加する機会が相次いだ。各社のトップはじめ関係者の皆さんが大変真摯に取り組んでくださっていて、頼もしい限りだった。

事前にお断りもしていないので、今回これらのプロジェクトの詳細は企業名とともに伏すが、機会があったらまた正式にご紹介したい。

これらの会やイベントで改めて感じたのは、トップのプロジェクトへの真剣な対応やリーダーシップが何よりも大事であるということだった。

明かされることが少ない貴重な実践の物語

本書では9つの組織（企業、グループ、大学）におけるパーパスブランディングの状況を、「鼓動した9つの物語」としてご紹介した。読者の刺激になるようにと、先進的な台湾の事例も含めている。

今回は特にトップまたはトップに近い立場で指揮を執られた方々にお話を伺っている。お忙しいところ時間をお割きいただき、取材に応じてくださった皆さまには心より御礼申し上げたい。一般的に開示されていない部分までも言及くださり、また資料や写真を揃えていただくなど丁寧にご対応いただいたのは大変有難かった。こうした時間と手間を掛けて下さったのは、多分、取材に先立って示させていただいた私たちの出版趣意書の趣旨に賛同いただけたからだと思っている。その趣意書には、このように認めていた。

「昨今、パーパスブランディングが話題となっている。ただし言葉として『パーパス』が打ち出されてはいても、その実態が伴っていないケースがあるのは残念なことだ。

そこで本書では、パーパスブランディングで内的に従業員の仕事への取組み意欲を喚起し、企業活動を活性化させ、企業価値を高めている事例を紹介し、パーパスの本質をご存じない企業関係者への気付きを与えることを目的としたい。さらにこのパーパスブランディングが対外コミュニケーションにも表出し、ステークホルダーとの円滑な関係構築に寄与しているケースも紹介したい。

（中略）後段では、パーパスブランディングの好事例として、9つの企業・組織とその取り組みを挙げ、現在パーパスを掲げながらそれがうまく起動していない組織や、今後取り組もうとしている組織への道標となるように、その活動をご紹介していく。ブランディング全般もそうであるが、とりわけパーパスブランディングが、企業経営のぶれない『軸』となるものであり、経営者が真摯に取り組むべき戦略であることをご理解いただくための書である。」

さらに本書では、日本固有の問題解決の一法として、パーパスが有効であることも伝えたかった。道に迷われている企業のトップやご担当者には、必ずや役に立つ道標になっているのではないかと自負している。

なお、9つの物語の中には、個社ではどうすることも出来ない大きな組織改編のうねりに巻き込まれた例もあったが、パーパスの力を活かして、すでに前を向いて次の段階へと歩を進めておられる。案ずる必要はなさそうだ。

日本の大学にもっとパーパスを

なお、大学を9つのうちの1つに入れようと思い立ったのは、パーパスを宣言している（あるいはパーパスと呼ばないにしても、その存在意義なり志を掲げている）大学が、意外と少ないことに気付いたからだ。創設者の「建学の精神」などとは別の、今から未来へ向けた宣言やビジョンがあまり見当たらないのである。

本編でも触れたように、日本の私立大学の半分近くで定員割れが起こっている。少子高齢化が進む我が国ならではの現象だ。世界の大学ランキングでも、日本はじりじりとその地位を落としてきた。しかし、国力と学力が強く結び付いているのは確かだ。世界の中のジャパンブランドを復活させていく原動力ともなる教育機関には、存在意義を明確化できるような独自の取り組みや、日本が直面する課題を突破していく糸口を提示していただきたいものだ。

東京都下にキャンパスがある大学を中心に概観してみると、周年記念サイトが数多く立ち上がっていた。歴史を振り返るのはもちろん大事なことだが、同じ情熱をパーパスや自らのブランド力の強化に注いでいただきたい。

ひとつの例として挙げると、東京大学の取り組みは注目に値する。同学のパーパスは「世界の公共性に奉仕する大学、世界のだれもが来たくなる大学」だ。マテリアリティや、東京大学が目指す未来社会創造モデル（自律的で創造的な新しい大学モデル）を示し、国立大学で且つ日本における学府の頂点にありながら、「統合報告書」を出しているところもユニークである。

私たち自身のパーパスブランディング

紺屋の白袴ではまずかろう。そう考えて、仕込み期間約2年を掛けて、グラムコもリブランディングをやることにした。当社のメンバーは皆プロフェッショナルではあるが、仕事の傍らにタスクチームをつくって開発しているので、どうしても時間が掛かってしまう。結構大変なのである。ただパーパスは2023年に既に開発済みである（社内ではパーパスアワードもやっている）。そして今般は、そのパーパスをベースにしたブランドロゴとブランドスタイルの全面刷新を断行する。2025年3月にウェブサイトも切り替わるから、ぜひご覧いただければと願う。

ちなみに私たちのパーパスは「人、組織、世界を鼓動させる。」である。

副文から入るかたちで、パーパス主文とセットになっている。

鼓動させる。
あなたの中にある誇りと意志を。
鼓動させる。
あなたの中にある価値と可能性を。
鼓動させる。
あなたのブランドが世界を。

人、組織、世界を鼓動させる。

日本初、且つ日本発のグローバルブランディングファームとして、引き続き我が国の企業・組織のブランド力向上と強化に、我々の存在意義を認めていただけるよう尽くしていきたいと思っている。

最後に、本書を出すにあたって、前著「パーパスのすべて」以上に大変な忍耐を強いてしまった中央公論新社書籍編集局の疋田壮一さん、惜しみない協力をしてくれたグラムコの親愛なる提携先の皆様、内外アソシエイツの皆様、多忙な時間を割いて取材や資料作成・収集や本書の装丁デザインに貢献してくれたグラムコチームの皆さん、折々に有益な意見をくれた共著者の矢野陽一朗君、睡魔に襲われ筆が止まりそうになる私を叱咤激励してくれた優しい妻にこころから感謝する。

そして何よりも、本書をご購入・ご読了いただいた読者の皆様に御礼申し上げる。悲観的なことを沢山書き連ねたが、パーパスやブランディングを活用するなどして、皆様と皆様の組織の未来が、希望に満ちた明るいものとなることを願ってやまない。

２０２５年３月

グラムコ株式会社　山田敦郎

山田敦郎

グラムコ株式会社 代表取締役会長、エグゼクティブコンサルティングディレクター
慶應義塾大学法学部法律学科卒。大学在学中に企業イメージをデザインする組織を立ち上げる。卒業後総合商社の丸紅に入社。欧州での海外研修ののち海外駐在を経験。同社退社後、1987年、日本初のブランディングファーム、グラムコ株式会社を設立。代表取締役社長を経て、2022年3月より代表取締役会長。グラムコ上海法人董事長。日本グラフィックデザイン協会会員。内閣府沖縄美ら島ブランド推進会議座長。東京都東京ブランドのあり方検討会議、東京宝島推進委員会委員長。江戸東京きらりプロジェクト推進委員会委員。東京オリンピック・パラリンピック競技大会（TOKYO2020）各種委員。セミナー講師、企業内研修講師、著書多数。

矢野陽一朗

グラムコ株式会社 代表取締役社長、エグゼクティブコンサルティングディレクター
慶應義塾大学経済学部卒。アンダーセンコンサルティング（現アクセンチュア）でITコンサルティングに従事したのち、スカイライトコンサルティングの創業メンバーとして12年間にわたり広報・マーケティングを担当、ブランディングを推進。2012年、グラムコの顧問に就任。アビームコンサルティングを経て、2018年にグラムコに参画。ブランド戦略とコンセプトの立案を中心に、国内外の幅広い業種でクライアントをサポートする。

グラムコパーパス研究班

グラムコ株式会社／ GRAMCO LTD.
1987年設立の日系ブランディングファーム最大手。日本初のブランディングファームでもある。リサーチ・アナリシスからコンセプト開発、ネーミング・デザイン・コミュニケーション・空間設計まで一貫したブランド構築プロセスをサポートする。社内にコンサルティング・プランニング部門、制作部門、設計部門を擁する。本社は東京。2004年より中国・上海にグラムコ上海、北京にグラムコ上海の支社、グラムコ北京を設立。米国最大手のグローバルブランディングファーム、「Siegel＋Gale」と包括的業務提携を行うほか、デンマークのブランド戦略・ブランドデザインファーム「Kontrapunkt」、台湾の「Wellell」、シンガポールの「ABC Horizon」とも提携。ASEANへの新たな展開を含むグローバルネットワークを構築している。2014年以来「パーパスブランディング」の国内普及に尽力、「ブランドスタイル」にも注力する。

パーパスブランディング

——鼓動《こどう》した9つの物語《ものがたり》

2025年3月25日　初版発行

著　者　山田《やまだ》 敦郎《あつろう》
　　　　矢野陽一朗《やのよういちろう》
　　　　グラムコパーパス研究班《けんきゅうはん》

発行者　安部 順一

発行所　中央公論新社
　　　　〒100-8152　東京都千代田区大手町1-7-1
　　　　電話　販売 03-5299-1730　編集 03-5299-1740
　　　　URL https://www.chuko.co.jp/

DTP　嵐下英治
印　刷　共同印刷
製　本　小泉製本

Published by CHUOKORON-SHINSHA, INC.
Printed in Japan　ISBN978-4-12-005905-6 C0034